Predavanja o Jevanđelju po Jovanu

Koraci Gospoda II

Dr. Džerok Li (Jaerock Lee)

"Osana u visinama!"
U sredini uzvikivanja mase,
Isus ulazi na mjesto Njegove patnje

Put ulazka (Jevanđelje po Jovanu 12:12-15)
U skladu sa proročanstvom Starog Zavjeta, odmah prije Njegove patnje, Isus ulazi u Jerusalim jašući mlado magare.

Palmino drvo (Jevanđelje po Jovanu 12:13)
palmino drvo, simbol pobjede.

Grad Jerusalim gledan iz crkve Dominus Flevit (Jevanđelje po Luki 19:41-44)
Znajući da će Jerusalim biti centar rata i sukoba i predvidjevši uništenje Hrama, Isus je bio veoma tužan.

Zid plača (Jevanđelje po Mateju 24:2)
Kao što je Isus prorokovao, ostaci Hrama u Jerusalimu posle Rimske vojske uništeni su u godini 70 posle Hrista.

Kamen agonije (Jevanđelje po Luki 22:44)
U noći prije nego što je On uzeo krst, Isus se u agoniji revnosno molio u vrtu Getsimanije. Kamen nad kojim se Isus klanjao u molitvi da danas je u svom prirodnom stanju.

Put suza

Via Dolorosa na latinskom znači „Put suza" ili „Put patnje." Od mjesta gdje je Isusu suđeno od Pilata, do Golgote gdje je On razapet, pa do grobnice gdje je On bio sahranjen-sva razlika oko 800 metara-obilježeno je na 14 mesta.

Kako udarac biča proliva
Njegovu svetu krv a Njegov krv boji zemlju
Isus je pogledao na duše
koje će On spasiti od smrti, i nastavi
Njegov put patnje
samo sa zahvalnošću.

Stanica 9

Stanica 12

Stanica 13

Stanica 1

Stanica 14

Stanica 1	Mjesto gdje je Isusu suđeno d Pilata
Stanica 2	Mjesto gdje je Isus dobio krunu od bodlja i ljubičasti plašt i gdje je bio ismijavan
Stanica 3	Mjesto gdje je, dok je nosio krst, Isus prvi put pao
Stanica 4	Mjesto gdje je Isus sreo ožalošćenu Mariju
Stanica 5	Mjesto gdje je Simo Kirenski preuzeo krst umjesto Isusa
Stanica 6	Mjesto gdje je žena Veronika obrisala Isusovo lice
Stanica 7	Mjesto gdje je Isus pao drugi put
Stanica 8	Mjesto gdje je Isus utješio ženu iz Jerusalima
Stanica 9	Mjesto gdje je Isus pao treći put
Stanica 10	Mjesto gdje je vojnik skinuo Isusu Njegove haljine
Stanica 11	Mjesto gdje je Isus zakovan na krstu
Stanica 12	Mjesto gdje je Isus umro na krstu
Stanica 13	Mjesto gdje je Josif iz Arimateje donio Isusovo tijelo i obukao u lanenu odeću
Stanica 14	Mjest gdje je Josif iz Arimateje sahranio Isusa

Crkva Svete Grobnice (Jevanđelje po Jovanu 20:1-8)
Crkva izgrađena po Gospodovoj grobnici.

Crkva primata Petra
(Jevanđelje po Jovanu 21:12-14)

Mjesto gdje se Isus pojavio pred učenicima treći put i jeo sa njima.

Statua Isusa i Petra

Sa istim nježnim očima sa kojima je On gledao Petra, Gospod gleda na nas i pita nas: „Ljubiš li me?"

Kamen vaznesenja

Isus... uništivši

put smrti

postao je prvi plod

vaskrsenja

i ispunio je

proviđenje sapasenja...

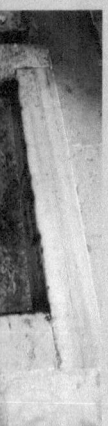

men za koji se
 e da je bilo
sto gdje se Isus
neseo.

Kapela vaznesenja
Crkva smještena u gori Maslinskoj za koju se vjeruje da je mjesto gdje se Isus vaznesao na nebesa.

Gornja soba (Djela Apostolska 2:1-4)
Nakon što se Isus vazneseo na nebesa, mjesto gdje je došao Sveto Duh nad učenicima na dan Duhova.

Dok čekamo
drugi dolazak
Gospoda koji,
nakon što pripremi prelijepo mjesto
na nebesima za nas,
će se vratiti ponovo...
jašući oblak slave,
u sredini uzvikivanja,
čuće se arhanđeli i trube...

Na moru Galilejskom za vrijeme hodočašća

Koraci Gospoda II

Predavanja o Jevanđelju po Jovanu

Koraci Gospoda II

Dr. Džerok Li

Koraci Gospoda II:
Predavanja o Jevanđelju po Jovanu dr. Džerok Li
Izdaje Urim Books (Predstavnik: Johnny H. Kim)
73, Yeouidaebang-ro 22-gil, Dongjak-gu, Seul, Koreja
www.urimbooks.com

Sva prava su zadržana. Ova knjiga ili njeni pojedini dijelovi ne smiju biti reprodukovani u bilo kojoj formi, ili biti smješteni u bilo kom renta sistemu, ili biti transmitovana bilo kojim načinom, elektronski, mehanički, fotokopiranjem, snimanjem, ili slično, bez prethodnog pismenog ovlašćenja izdavača.

Autorska prava © 2020 od strane dr. Džeroka Lija
ISBN: 979-11-263-0634-3, 979-11-263-0632-9(set) 04230
Prevodilačka Autorska Prava © 2015, OD STRANE dr. Ester K. Čung (Dr. Esther K. Chung). Korišćeno uz dozvolu.

Prethodno objavila na korejskom jeziku Urim knjige u 2009.g.

Prvo izdanje marta 2020

Uredio dr. Geumsun Vin
Dizajnirao urednički biro Urim Books
Štampa Prione Printing
Za više informacija kontaktirajte: urimbook@hotmail.com

 **Primjedba autora**

Prateći Njegove stope...

Dok sam se vraćao unazad Gospdovim koracima za vrijeme mog hodočašća u Svetu zemlju, došao sam do plavih voda Galilejskog mora. Osjećao sam se kao da sam se vratio unazad 2000 godina u vrijeme našeg Gospoda. Nisam mogao da prođem niti pored jednog kamenčića, niti pored jedne travke a da ne budem zadivljen njihovim značajem. Kad god sam zatvorio oči na nekoliko sekundi, to je izgledalo kao da sam mogao jasno da čujem glas Gospoda. A dok sam gledao iza trag prašine nogu hodočasnika koji su koračali da bi pratili Gospodove korake, prošlost i sadašnjost su postali zamršeni u jednoj mreži i sam sam osjetio kao da sam stajao na baš tom mjestu gdje je Gospod sprovodio Njegovu službu. Možda je to bilo zbog moje iskrene želje da pratim Njegove korake.

Postoje četiri jevanđelja u Bibliji koja prate korake koje

je Gospod napravio za vrijeme Njegovog službovanja. Ta jevanđelja su: po Mateju, po Marku, po Luki i po Jovanu. Među četiri jevanđelja, Jevanđelje po Jovanu, zapisano od strane Jovana – koji je bio toliko blizu Gospoda da je nazvan „ljubljeni učenik," a koji se susreo sa svime iz prve ruke-nosi najdublje duhovno značenje. Jevanđelje po Jovanu je to koje najjasnije pokazuje da spasenje dolazi od samog Isusa Hrista i da je On pravi Sin Božji.

Svaki put kada čitam jevanđelja, ja postajem prepravljen emocijama. Naročito kada čitam Jevanđelje po Jovanu, Sveti Duh me obasjava sa dubokim duhovnim značenjem riječi zapisanim u njemu i ja ne mogu a da ne podjelim ovo sa svakim koga poznajem. Baš kao što je Gospod rekao apostolu Pavlu: „Hrani ovce Moje," ja sam takođe osjetio potrebu da nahranim sve vjernike sa dubokim, duhovnim tajnama pronađenim u Jevanđelju po Jovanu. Zbog toga sam ja u Julu 1990 god., počeo da dajem seriju od 221 propovjedi o Jevanđelju po Jovanu.

Predavanja o Jevanjđelju po Jovanu: Koraci Gospoda I

& *II* jasno zahvataju sliku Isusa od prije 2000 godina kao što se vidi u očima Jovana, koji je bio svjedok života Isusa iz prve ruke. I prolazeći kroz vrijeme vječnosti, tajne o početku vrijemena, kao i informacije o porijeklu Isusa i Njegove ljubavi i proviđenju koje nas na kraju dovode do našeg spasenja, su sve razmršene.

Bilo da je On bio u Hramu, na mjestu sastajanja, ili u planinama ili poljima, Isus je učio ljude koristeći slike iz svakodnevnog života kako bi svako mogao Njega lako da razumije. Njegove poruke su uglavnom bile o Bogu, Njegova dužnost kao Spasitelja i vječni život. Čak iako visoki svještenici i Fariseji nisu mogli da razumiju duhovno značenje Njegovih poruka, dobri ljudi poput Nikodima, žene Samarićanke na izvoru Sihar i Lazara, našli su nove živote kroz Gospodove poruke. Dok su deljene poruke života koje nisu nigdje drugdje mogle da se čuju, Gospod je donio utjehu i nadu bolesnima, siromašnima i zanemarenima. Međutim, oni ljudi koji su odbili da razumiju Božju ljubav okrenuli su leđa Isusu, jer On nije bio nalik Mesiji kojeg su oni čekali. I na kraju, ti isti ljudi vikali su na Njegovom raspeću na krstu. Sada, šta mislite da je prolazilo kroz Isusove misli dok je On bio raspet na krstu?

Kada mi shvatimo žrtvu koju je načinio Isus – trpeći sve vrste boli i mučenja zato što je krst bio jedini put Božjeg proviđenja – mi samo možemo ponizno da se poklonimo pred Njim. Od Njegovog rođenja, do znakova i čuda koje je On izvodio, pa od poruka koje je On prenosio, do Njegove patnje na krstu i na kraju Njegovog vaskrsenja, svaki korak koji je Isus načinio je bio značajan. Kada shvatimo duhovni značaj iza svakog slučaja, mi možemo jasno da razumijemo duboku ljubav koju Bog ima za nas.

Tajna vječnog života koja je pronađena u Jevanđelju po Jovanu se odnosi i na nas danas. Ako mi otvorimo naša srca i prihvatimo Gospoda sa dobrim srcem, mi ćemo otkriti nevjerovatno blago, a ako živimo u skladu sa Riječju, Bog će odgovoriti na naše molitve i daće nam nezamislive blagosove i snagu.

Ja bih želio da dam posebnu zahvalnost dr. Geumsun Vin,

direktorki Izdavačkog biroa i osoblju koji su marljivo radili na izdavanju ove knjige, a ja se i nadam da će svako ko čita ovu knjigu iskusiti Božju veliku ljubav. Ja se takođe molim da kako pratite korake Gospoda i živite u skladu sa Njegovim učenjima, da ćete dobiti odgovore na sve vaše molitve i da će vam Bog darovati nevjerovatne blagoslove odozgo!

Januar 2009 god.
Džerok Li *(Jaerock Lee)*

Predgovor

Kako je nastalo Jevanđelje po Jovanu

1. O autoru Jevanđelja po Jovanu

Autor Jevanđelja po Jovanu je apostol Jovan. Iako se ne pominje u Jevanđelju po Jovanu ko je njegov autor, mi lako možemo da zaključimo da je autor Jovan. Ovo je zato što je kao Gospodov „ljubljeni učenik" (Jevanđelje po Jovanu 13:23, 19:26, 20:2, 21:7, 20) Jovan, iz prve ruke iskusio Gospodov život.

Jovan je sin Zevedeja i Salomije i mlađi brat Jakova. Zajedno sa svojim bratom Jakovom, Jovan je bio jedan od prvih Isusovih učenika. Zbog njegove plahovite naravi, Jovan je bio nazvan „sin gromova." Međutim, on je bio toliko voljen od strane Gospoda da je imao priliku da bude svjedok Isusovom duhovnom preobraženju na gori Preobraženja i povratku u život Jairove kćeri. I nakon što je Isus uhvaćen od strane Jevreja, dok su svi učenici od straha pobjegli, Jovan je ostao uz Gospoda do momenta dok On nije umro na krstu. I zato što je Isus vidio Jovanovu pouzdanost, Isus je povjerio Jovanu djevicu Mariju, nekoliko trenutaka prije nego što je umro na krstu.

Nakon što je bio svjedok Isusovog vaskrsenja i nakon što je primio blagoslov Svetog Duha, Jovan je bio druga osoba. I on je posvijetio svoj život u širenju jevanđelja (Djela Apostolska 4:13) i proveo je njegove poslednje godine u Efesu. Onda, nakon oštre tiranije cara Domicijana, Jovan je prognan na ostrvo Patmos. Napravljeno u potpunosti od granita, ostrvo Patmos je sačinjeno od jalove zemlje gdje je voda za piće bila rijetka i gdje se vegetacija teško razvijala.

Tokom dana, pod nadzorom rimskih vojnika, Jovan je bio primoran da radi u kamenolomu pod teškim uslovima. A tokom noći, dok je trpio zbog zime i gladi, Jovan je svu njegovu energiju usmjerio ka molitvi. Čak i sada, ako posjetimo pećinu za koju se kaže da se Jovan u njoj molio svaki dan, mi još uvijek možemo da vidimo njegove otiske ruku koji nam govore kakvi su tu uslovi bili dok je Jovan tamo boravio. Nakon smrti Domicijana, Jovan se vratio u Efes i tamo umro. U njegovim zapisima, uključujući Jevanđelje po Jovanu, Prvu, Drugu i Treću Poslanicu Jovanovu i knjigu Otkrivenja Jovanovog, Jovan spominje ljubav preko 120 puta, zbog čega je i često nazvan „Apostolom ljubavi."

2. Zašto je napisano Jevanđelje po Jovanu

U Jevanđelju po Jovanu 20:31, apostol Jovan jasno tvrdi zašto je napisao Jevanđelje po Jovanu.

> „A ova se napisaše, da vjerujete da Isus jeste Hristos, Sin Božji, i da vjerujući imate život u ime Njegovo."

U to vrijeme, mnogi Jevreji su mrzeli Isusa i čvrsto su poricali da je On Hrist, na kraju su Njega ubili na krstu. Ali prema onome gdje je on bio svjedok iz prve ruke, apostol Jovan je jasno svjedočio da je Isus pravi Sin Božji i da je On Hrist.

Tema Jevanđelja po Jovanu je „Hrist, ljubav, život i Svjetlost svijeta." I ono nam govori o Hristu koji je došao na ovu zemlju da bi nama dao život, hristu koji je došao da osvjetli svijet iz tame i Hristu koji je pokazao Božju ljubav svijetu žrtvujući Sebe.

3. Šta čini Jevanđelje po Jovanu posebnim

Generalno, tri jevanđelja koja bilježe službu i učenja Isusa, Matej, Marko i Luka, su slična po sadržaju, strukturi i perspektivi; zbog čega su ova jevanđelja nazvana sinoptička jevanđelja. Međutim, svakako da postoji nešto što čini Jevanđelje po Jovanu drugačijim od ostalih jevanđelja.

Prvo, sinoptička jevanđelja zapisuju službu Isusa gdje je Galileja glavna scena događaja, ali Jevanđelje po Jovanu zapisuje službu Isusa i fokusira se uglavnom na Jerusalim i Judeju.

Drugo, iako je pasha samo jednom spomenuta u sinoptičkim jevanđeljima (Jevanđelje po Mateju 26:1-5; Jevanđelje po Marku 14:1; i Jevanđelje po Luki 22:12), Jevanđelje po Jovanu spominje pashu tri puta (Jevanđelje po Jovanu 2:13; 6:4; i 11:55), označava da je Isusova služba trajala ukupno tri godine.

Treće, sinoptička jevanđelja se fokusiraju na kraljevstvo

Nebesa, Jevanđelje po Jovanu se fokusira na odnos između Isusa i Boga i vječni život (Jevanđelje po Jovanu 3:16; 5:24; 11:25; 17:2-3).

Jevanđelje po Jovanu objašnjava poreklo isusa Hrista i kako je On bio sa Bogom od početka i fraza: „Ja sam ---" se pojavljuje mnogo puta kroz Jevanđelje po Jovanu. Fraza kao što je: „*Ja sam hljeb života*" (Jevanđelje po Jovanu 6:35), „*Ja sam vidjelo svijetu*" (Jevanđelje po Jovanu 8:12), „*Ja sam put i istina i život*" (Jevanđelje po Jovanu 14:6), „*Ja sam pastir dobri*" (Jevanđelje po Jovanu 10:11), „*Ja sam pravi čokot*" (Jevanđelje po Jovanu 15:1) jasno pokazuju ko je Isus. I događaji kao što je prvi znak koji Isus izvodi na svadbenom veselju u Kani, ili Njegova posjeta Samariji i mnogi drugi koji nisu zapisani u sinoptičkim jevanđeljima, zapisani su u Jevanđelju po Jovanu.

Naročito u Jevanđelju po Jovanu, mi vidimo zapis kako Isus govori: „*Zaista, zaista vam kažem,*" u mnogim prilikama. Ovo snažno naglašava čitaocu apsolutnu vrijednost Božje Riječi.

Sadržaj

Primjedba autora

Predgovor

Poglavlje 11
Isus spašava Lazara ■
1. Lazarova smrt (11:1-16) ■ 3
2. Lazar izlazi iz grobnice (11:17-44) ■ 13
3. Zavjera da se ubije Isus (11:45-57) ■ 24

Poglavlje 12
Pobjednički ulazak u Jerusalim ■
1. Marija se sprema za Isusov pogreb (12:1-11) ■ 33
2. Ulazak u Jerusalim (12:12-36) ■ 40
3. Učenja Mesije (12:37-50) ■ 54

Poglavlje 13
Poslednja večera ■
1. Isus pere učenicima noge (13:1-20) ■ 65
2. „Jedan između vas izdaće me" (13:21-30) ■ 80
3. „Novu vam zapovijest dajem" (13:31-38) ■ 87

Poglavlje 14

Isus, put, istina i život ■

1. Isus tješi učenike (14:1-15) ■ 95
2. Obećanje utješitelja, Svetog Duha (14:16-31) ■ 106

Poglavlje 15

Isus je pravi čokot ■

1. Parabola o vinu i granama (15:1-17) ■ 119
2. Svijet i učenici (15:18-27) ■ 133

Poglavlje 16

Utešitelj, Sveti Duh ■

1. Dolazak i služba Svetog Duha (16:1-15) ■ 141
2. Proročanstvo Isusove smrti i vaskrsenje (16:16-24) ■ 148
3. Isus, koji je imao pobjedu nad svijetom (16:25-33) ■ 155

Sadržaj

Poglavlje 17
Isusova posrednička molitva ■
1. Molitva za uzimanje krsta (17:1-5)■**163**
2. Molitva za učenike (17:6-19)■**169**
3. Molitva za vjernike (17:20-26)■**180**

Poglavlje 18
Isus koji je patio ■
1. Juda Iskariotski, onaj koji je izdao Isusa (18:1-14)■**189**
2. Isus stoji pred Visokim svještenicima (18:15-27)■**199**
3. Isus stoji pred Pilata (18:28-40)■**207**

Poglavlje 19
Isus na krstu ■
1. Pilat odobrava smrtnu kaznu (19:1-16)■**219**
2. Isus je zakovan na krstu (19:17-30)■**230**
3. Isus je sahranjen u grobnici (19:31-42)■**242**

Poglavlje 20

Isus koji je vaskrsao ■

1. Ljudi koji su došli da posjete praznu grobnicu (20:1-10) ■253
2. Ljudi koji su sreli vaskrslog Gospoda (20:11-23) ■260
3. „Pošto me vide vjerovao si?" (20:24-31) ■268

Poglavlje 21

Gospodova ljubav prema Njegovim učenicima ■

1. Gospod se pojavljuje na moru Galilejskom (21:1-14) ■275
2. „Ljubiš li me?" (21:15-25) ■282

Epilog

Poglavlje 11

Isus spašava Lazara

1. Lazarova smrt
(11:1-16)

2. Lazar izlazi iz grobnice
(11:17-44)

3. Zavjera da se ubije Isus
(11:45-57)

Lazarova smrt

Za vrijeme Njegove službe, Isus je iscjeljivao sve vrste bolesti; čak i sa urođenim poremećajima. Ne samo to, poput sina udovice iz Naina i ćerke vođe sinagoge Jaira, On je čak uzdizao mrtve ljude i vraćao ih opet u život (Jevanđelje po Luki 7:8). Isus je čak i vratio u život Lazara iz Vitanije koji je bio sahranjen četiri dana i mirisao na trulež. Isus je uvijek činio u skladu sa Božjom voljom. Čak i kada pogledamo na ovaj događaj, kada je vratio iz smrti Lazara, mi možemo da otkrijemo posebno proviđenje Božje.

Lazareva porodica živjela je u Vitaniji

„Bijaše pak jedan bolesnik, Lazar iz Vitanije iz sela

Marije i Marte, sestre njene. A Marija, koje brat Lazar bolovaše, bijaše ona što pomaza Gospoda mirom i otre noge Njegove svojom kosom. Onda poslaše sestre k Njemu govoreći: 'Gospode, gle, onaj koji Ti je mio bolestan je.'" (11:1-3)

Negdje oko 3 kilometara jugoistočno od Jerusalima, u malom gradu nazvanom Vitanija, živjele su dvije sestre i brat: Marta, Marija i Lazar. Kada god je Isus putovao kroz Vitaniju, On je često svraćao u njihov dom.

Lazarova sestra, Marija, je dobro-poznata kao žena koja je prolila parfem na Isusove noge. Ovaj događaj se u stvari dogodio nakon što je Lazar vraćen iz mrtvih. Međutim, u vrijeme kada je Jevanđelje po Jovanu napisano, ovaj događaj je bio dobro poznat, tako da je Marija predstavljena kao ona koja je „pomazala Gospoda sa mašću." Ljudi ponekad miješaju ovu Mariju sa Marijom Magdalenom, ali ove dvije su totalno različite osobe.

Od nekog trenutka pa nadalje, narastao je veliki problem. Lazar je počeo da bude bolestan. Čak i poslije dugog vremena, umjesto da postane bolje, njegova bolest se sve više i više pogoršavala. Marta i Marija su poslale hitnu poruku Isusu, zato što su znale da Isus može da iscijeli bilo koju bolest.

„Gospode, gle, onaj koji Ti je mio bolestan je." Glasnik koji je bio upućen ka Isusu nije rekao ko je bolesna osoba bila. On je samo nazvao: „onaj koji Ti je mio." Marta i Marija su znale da je to sve što su trebale da kažu, a da će Isus znati na koga su mislile. Po ovome, mi možemo da kažemo da je ova porodica imala veoma blizak odnos sa Isusom. Šta može biti uzrok ovako bliske veze? Bila je to Marija, koja je voljela Isusa veoma mnogo. Čak i prije nego što se Lazar razbolio, Marija je voljela Isusa i služla Mu na svaki mogući način. Da bi Njemu uzvratila milost što joj je pokazao put istine i vječnog života, ona je tražila bilo koji posao koji je trebao da se uradi i revnosno služila. Svjedočeći Marijinoj predivnoj transformaciji, njena porodica je takođe počela da voli Isusa veoma mnogo i oni su takođe željeli da učine sve što su mogli da bi Njemu služili.

Nako što je započeo Njegovu službu, Isus nije mogao niti da jede niti da se odmori u miru. On je uvijek bio okružen mnogim ljudima i nije imao priliku da se čak ni makar malo odmori. Znajući ovo, Marija i njeni rođaci su se uvijek pitali: „Kako možemo da ugodimo Isusu?" Tako da, kada god bi Isus bio u blizini njihove kuće, on su Njega pozvali u dom i Njemu služili najbolje što su mogli (Jevanđelje po Luki 10:38).

Oni su vjerovali da je Isus Božji Sin i sa Njim su sve dijelili. Oni su Njemu služili i Njega vjoleli ne očekujući ništa zauzvrat i Isus je to znao. Isus je takođe i njih volio veoma mnogo. Marijina porodica je takođe voljela Isusa i primala Njegovu ljubav. Ovo je bio za ovu porodicu ključ u dobijanju Božje milosti i blagoslova. Slučaj Lazarove smrti, sestrino pozivanje Isusa i Lazarov povratak u život, nisu se samo tek tako dogodili.

Isus saznaje za Lazarovu bolest

„A kad ču Isus, reče: 'Ova bolest nije na smrt, nego na slavu Božju, da se proslavi Sin Božji s nje.' A Isus ljubljaše Martu i sestru njenu i Lazara. A kad ču da je bolestan, tada osta dva dana na onom mjestu gdje bijaše." (11:4-6)

Dok je krštavao u rijeci Jordan, Isus je čuo da je bolestan onaj koji Mu je mio. Ali Isus je odgovorio na ovu poruku kao da je On znao već za nju.

„Ova bolest nije na smrt..." Iako je Isus čuo da je lazar teško bolestan, On nije žurio da ide; umjesto toga, On je ostao gdje je boravio još dva dana. Taj potupak je izgledao malo hladan, ali Isus je čekao Božji čas. On je znao da će kroz ovaj događaj, Lazar dati slavu Bogu i da će to biti slava za Isusa Samog kada učini tako.

U Brojevima 16:22 je zapisano: „*Bože duhovima i svakom tijelu,*" a u Psalmima 36:9 se kaže: „*Jer je u Tebe izvor životu.*" Knjiga o Djelima Apostolskim 17:25, bilježi sledeće o Bogu: „*On sam daje svima život i dihanje i sve.*" Život svakog čovjeka je u Božjim rukama i samo je Bog tvorac života i smrti. Ali ako osoba vrati drugu osobu u život, zar to ne bi bilo čudno? Običan čovjek ne može da imitira-a kamoli da zamisli-da učini nešto tako!

Uz moć da je jedan sa Bogom, Isus je znao da će jednog dana, ispred mnogih svjedoka, On moći da vrati u život mrtvog Lazara. On je takođe znao da će kroz ovaj događaj, On pokazati da je Sin Božji, koji je tvorac života i smrti i da će mnogi ljudi početi da vjeruju da je On Hrist. Zbog toga je Isus rekao: „Ova bolest nije na smrt, nego na slavu Božiju, da se proslavi Sin Božji s nje," a onda je čekao Božje vrijeme.

„Nije li dvanaest sahata u danu?"

„A potom reče učenicima: 'Hajdemo opet u Judeju.' Učenici Mu rekoše: 'Ravi, sad Judejci htjedoše da Te ubiju kamenjem, pa opet hoćeš da ideš onamo?' Isus odgovori: Nije li dvanaest sahata u danu? Ko danju ide ne spotiče se, jer vidi vidjelo ovog svijeta. 'A ko ide noću spotiče se, jer nema vidjela u njemu.'" (11:7-10)

Dva dana nakon što je primio vijest iz Vitanije, Isus je rekao: „Hajdemo opet u Judeju." Judeja, južna oblast Palestine, ne uključuje samo Jerusalim i Vitlejem, već takođe i Vitaniju, mjesto gdje je Lazar živio. Čuvši riječ: „Judeja," učenici su se uznemirili i pitali: „Ravi, sad Judejci htjedoše da Te ubiju kamenjem, pa opet hoćeš da ideš onamo?"

Razlog zašto su učenici oklijevali, je bio taj zato što su nekoliko dana prije toga, za vrijeme praznika posvećenosti, Jevreji pokušali da kamenuju Isusa. Kada je Isus rekao: „Ja i Otac jedno smo," ljuti Jevreji su pokupili kamenje i kamenovali su Isusa (Jevanđelje po Jovanu 10:22-31). Zato što još nije bilo Božje vrijeme, niko još nije mogao ni na jedan način da uhvati Isusa, ali zbog toga što su učenici imali jedno takvo iskustvo, oni su bili zabrinuti. Isus je znao šta ih muči.

Isus je onda uznemirenim učenicima dao odgovor koji nisu očekivali, govorivši: „Nije li dvanaest sahata u danu? Ko danju ide ne spotiče se, jer vidi vidjelo ovog svijeta. A ko ide noću spotiče se, jer nema vidjela u njemu."

Na prvi pogled ovo možda izgleda kao slučajni odgovor, ali postoje dva duhovna značenja iza ove izjave koju je Isus dao.

Prvo značenje je da Isus ima još malo preostalog vremena za djela. On im daje do znanja da još nije vrijeme da On bude uhvaće i zakovan na krstu. Za narod Jevrejski, „jedan dan" traje od zore jednog dana do zore drugog dana. U tadašnje vrijeme u Judeji, jedan sat nije bio preciziran kao 60 minuta. Jedan čas je bio dan podjeljen na 12. Pošto se dnevno vrijeme ralikovalo u zavisnosti od sezone, dan je bio duži leti a kraći zimi. Tako da za vrijeme najkraćeg dana, jedan sta bi možda trajao oko 45 minuta, a za vrijeme najdužeg dana, negdje oko 71 minuta.

Pošto je dan bio podjeljen na 12 bilo da je duži ili kraći, za Jevreje, dan se oduvijek sastojao od dvanaest sati. Tako da kada je Isus pitao: „Nije li dvanaest sahata u danu?" On je njima govorio da je još vremena preostalo za djela. „Dan" je kada sunce sija. U 1. Jovanovoj Poslanici 1:5, govori se: „*Bog je vidjelo i tame u Njemu nema nikakve.*" Tako da je vrijeme, koje je Bog koji je Svjetlost, povjerio Isusu, još uvijek preostalo. Učenike koji su bili zabrinuti, dok su razmišljali: „Šta ako uhvate Isusa? Šta ako ljudi pokušaju da Njega kamenuju?" Isus ih učio da zato što Bog gleda i Njega štiti, bez obzira sa koliko teškom mukom pokušaju Jevreji ne mogu Njega da uhvate.

Drugo, Isusova izjava takođe označava da u skladu sa Božjom voljom, Isus će vratiti u život mrtvog Lazara bez greške. Učenici nisu znali, ali zato što je Isus prebivao sa Bogom, On je već znao ishod Njegovog djela. Bog nema apsolutno nikakvu tamu u Sebi tako da se duhovna svjetlost odnosi na Boga. Mi ne činimo pogriješan korak niti klizimo dok hodamo tokom dana. Slično tome, kada živimo u sredini Božje Riječi-istinie-mi samo možemo da budemo bezbjedni. Isus, koji je uvijek pratio Božju volju, nikada nije načinio pogriješan korak. I vrativši Lazara u život, On je ispunio Božju volju i proviđenje.

Ma koliko opasno da izgledala situacija, zato što je Isus hodao po danu, On je činio sve u skladu sa Božjom voljom, On je bio bezbedan. Tako da, suprotno tome, ako se plašimo čovjeka i ne činimo u skladu sa Božjom voljom, to je isto kao da hodamo u tami; prema tome, mi možemo da načinimo pogriješne korake ili možemo pasti u zamku.

„Lazar zaspa..."

„Ovo kaza, i potom im reče: 'Lazar, naš prijatelj, zaspa; nego idem da ga probudim.' Onda Mu rekoše učenici Njegovi: 'Gospode, ako je zaspao, ustaće.' A Isus im reče za smrt njegovu, a oni mišljahu da govori za spavanje sna." (11:11-13)

Nakon ohrabrivanja učenika koji su se plašili da se vrate u oblast Judeje, Isus je rekao: „Lazar, naš prijatelj, zaspa; nego idem da ga probudim." Na ovaj način im je rekao zašto On treba da se vrati tamo. Kada je glasnik došao kod Isusa dva dana ranije moleći Ga da iscijeli Lazara, Isus nije imao mnogo toga da kaže. Ali sada je On govorio da treba da ode i da ga probudi. Učenici su bili prilično zbunjeni. Oni su vjerovatno mislili: „On nije otišao kada je čovjek bio bolestan. A sada On govori da ide da probudi zaspalog čovijeka." Sada, Isus je mislio na Lazarovu smrt; ali učenici su pokušavali da razumiju situaciju dok su je samo površinski posmatrali. Oni nisu shvatali duhovno značenje Isusovih riječi.

„Gospode, ako je zaspao, ustaće." Ljudi obično misle da ono što vide svojim očima je sve. Ali zato što je Isus znao Božju volju, on je mislio drugačije. Čak iako je Lazar bio mrtav, On je znao da će se vratiti u život. Zbog toga je On rekao: „On zaspa, Ja ću ga probuditi."

„Pusti nas k njemu"

„Tada im Isus kaza upravo: 'Lazar umre i milo Mi je vas radi što nisam bio onamo da vjerujete; nego hajdemo k njemu.' Onda Toma, koji se zvaše Blizanac, reče učenicima: 'Hajdemo i mi da pomremo s njim.'" (11:14-16)

Učenicima koji još nisu Njega razumijeli, Isus je jasno rekao: „Lazar umrije." Oni su znali kakva je stvarna situacija bila. Ovo je bilo tako da kada stignu u Vitaniju, oni mogu da imaju vjeru kada On vrati u život Lazara.

Šta bi se dogodilo da je Isus otišao u Vitaniju u trenutku kada je čuo vijesti o Lazaru? Čak i da je Lazar bio iscjeljen, ljudi ne bi vjerovali da je to bilo Božje djelo. Oni bi vjerovatno vjerovali da se on slučajno oporavio. Oni bi možda mislili da je to trik ili neki privremeni fenomen. Šta više, da je Lazar iscijeljen dok je Isus bio tamo, neko bi to vjerovatno tajno odabrao kao osnovu za raspravu.

Sa datom situacijom, Isus je tačno znao kada je potrebno

da On čini da bi pokazao Božju moć. Zbog toga je On čekao određeno vrijeme Boga da ode u Vitaniju i vrati u život Lazara, koji je bio mrtav četiri dana.

Jevreji su tada vjerovali da kada osoba umrije, duša osobe luta po grobu tri dana a zatim odlazi. Ali u Lazarovom slučaju, bilo je četiri dana od njegove smrti, tako da ljudi nisu čak ni razmiljali o tome da on može da se vrati iz mrtvih. Međutim, kao što je zapisano u Jevanđelju po Jovanu 5:21: „*Jer kao što Otac podiže mrtve i oživljuje, tako i Sin koje hoće oživljuje*" u skladu sa Božjom voljom, Isus, Sin Božji mogao je da podigne mrtvu osobu i da povrati njoj život.

Nakon objavljivanja Lazarove smrti, Isus je rekao: „Hajdemo opet u Judeju." Toma, jedan od učenika, dao je slučajni komentar: „Hajdemo i mi da pomremo s njim." Sa jedne strane, izgleda kao da je hrabro rizikovao njegov život za Isusa, ali u duhovnom smislu, ovo je tužan odgovor. Isus je izričito rekao učenicima da će Lazarova bolest pokazati Božju slavu; ali on još nije razumio.

Da je Toma shvatio duhovno značenje iza Isusovih riječi, on bi rekao: „Hajde i mi da idemo, kako bi bili svjedoci Božje slave." Razlog zbog koga je Bog dozvolio da Tomovo priznanje bude zapisano u Bibliji je da mi, koji čitamo o tome i danas, možemo da provjerimo da li ličimo na Tomu na neki način i učimo od njega. To nije bilo da bi se Tomova slabost iznijela na vidjelo.

Dok je putovao sa Isusom, Toma je čuo riječi i bio je svjedok Božjoj moći u mnogim slučajevima. On je vidio iscjeljenje svih vrsta bolesti, on je vidio znak dvije ribe i pet hljebova i vidio je čak i Isusa kako hoda po vodi. Međutim, zato što nije imao iskrenu vjeru, u momentu istine kada je zaista trebao da pokanje njegovu vjeru, on je završio tako što je dao priznanje koje pokazuje nedostatak vjere. Čak iako je Toma znao da je Isus imao veliku moć i da je Bog bio sa Njim, on nije imao još duhovno buđenje, tako da je dao priznanje koje je zasnivano na tjelesnom rasuđivanju.

Lazar izlazi iz grobnice

Nakon što su čuli vijesti o Lazarovoj smrti, mnogi ljudi su došli da tješe Martu i Mariju. Na četvrti dan od kada je Lazar umro i bio stavljen u grob, Isus je došao da vrati njemu život. Vitanija je bio grad veoma blizu Jerusalima. Prema tome, mnogi Jevreji su došli iz Jerusalima. Ovi isti ljudi su bili svjedoci Lazaravog vraćanja u život. Među ovim Jevrejima, neki od njih su bili čak i ljubazni prema Isusu.

„Brat će tvoj ustati"

„A kad dođe Isus nađe ga, a on već četiri dana u grobu. A Vitanija biješe blizu Jerusalima oko petnaest potrkališta; i mnogi od Judejaca bijahu došli k Marti i

Mariji da ih tješe za bratom njihovim. Kad Marta dakle ču da Isus ide, izađe preda Nj, a Marija seđaše doma. Onda reče Marta Isusu: 'Gospode, da si Ti bio ovdje ne bi moj brat umro. A i sad znam da šta zaišteš u Boga daće Ti Bog.' Isus joj reče: 'Brat će tvoj ustati.' Marta Mu reče: 'Znam da će ustati o vaskrsenju, u poslednji dan.'" (11:17-24)

Četiri dana nakon što je Lazar umro, Isus je stigao u Vitanbiju gdje je Lazar živio. Neko je Marti poslao vijest: „Isus dolazi." Sa togom zbog gubitka voljenog, ona vjerovatno nije bila u stanju da se pomjera; ali kada je čula da Isus dolazi, ona je potrčala Njemu u susret.

Sahrana se završila. Sve je bilo gotovo. Kada je Marta izašla da se sretne sa Isusom, sa kojim stanjem misli je ona bila, šta mislite?

„Gospode, da si Ti bio ovdje ne bi moj brat umro." Marta je voljela Isusa, tako da je ona uvijek bila veoma zainteresovana da čuje o stvarima koje je Isus činio da bi dao slavu Bogu. Pošto je Isus imao moć da iscjeli sve vrste bolesti i slabosti, ona je mislila da je On bio ovdje prije nego što je Lazar umro, Lazar ne bi preminuo.

Ali stvarnost situacije nije bila tako jednostavna jer je Lazar samo bio bolestan. On je bio mrtav četiri dana i njegovo tijelo već je smrdjelo na trulež. Sa datim okolnostima, niko na svijetu ne bi mogao čak ni da zamisli da Lazar može da se vrati u život. Međutim, Marta je dala neočekivano priznanje.

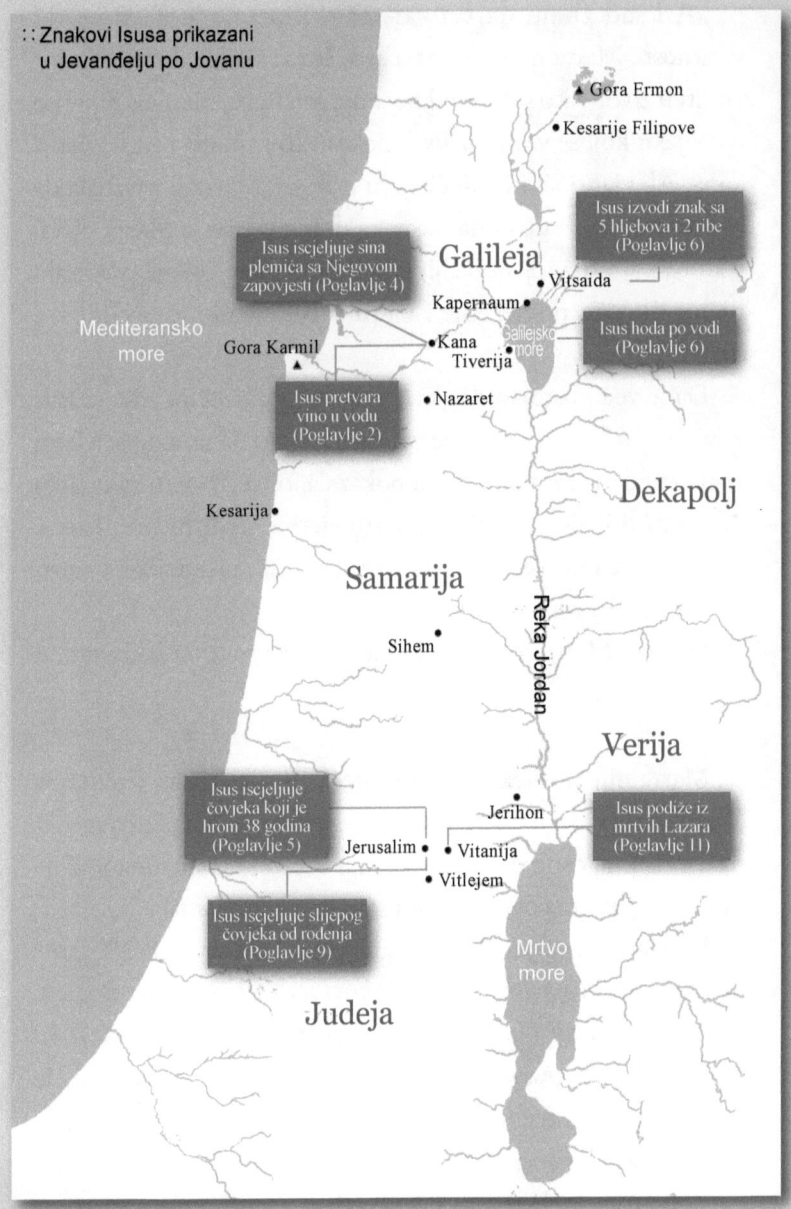

„A i sad znam da šta zaišteš u Boga daće Ti Bog." U stvarnosti, Marta nije ovo rekla zato što je mislila da će se Lazar vratiti u život-zato što još od početka stvaranja, niko još nije čuo o čovjeku koji se vratio u život nakon što je umro i trulio četiri dana. Ali vjerujući i imajući vjeru u Boga, Marta je priznala da je Isus mogao da učini da se svašta dogodi. Iako je Marta bila u jako teškoj i tužnoj situaciji, njeno priznanje, koje je pokazalo njeno iskreno povjerenje i vjeru u Isusa, bilo je prelijepo i dragocijeno.

Da je već postojao događaj prije ovog vremena gdje je Isus vratio u život čovjeka koji je već mrtav četiri dana, a da je Marta znala za takav događaj, ona bi pokazala još veću vjeru za razliku od ove. Ali ipak, vidjevši ovu vrstu vjere u središtu srca, Isus je poveo Martu do većeg nivoa vjere koja čak prevazilazi i smrt, govoreći: „Brat će tvoj ustati."

Na ovo, Marta Mu reče: „Znam da će ustati o vaskrsenju, u poslednji dan."

Marta nije porijekla Isusove riječi. Ali nakon što je čula da će se Lazar vratiti u život čak i sada, zato što ona nije ovo mogla da zamisli na osnovi njenog znanja i rezonovanja, ona je dala duhovnu izjavu sa ograničenim znanjem koje je imala.

Kao što je zapisano u Jevanđelju po Jovanu 5:28-29: *„Jer ide čas u koji će svi koji su u grobovima čuti glas Sina Božjeg, i izići će koji su činili dobro u vaskrsenje života, a koji su činili zlo u vaskrsenje suda,"* gdje god da je On išao, Isus je učio ljude o vaskrsenju i sudu dok je propovjedao jevanđelje kraljevstva nebeskog.

Zbog toga kada je Isus rekao: „Brat će tvoj ustati," Marta je rekla da zna da će Lazar vaskrsti poslednjeg dana. Međutim, njeno priznanje je zasnovano na znanju, a ne iskrenom, duhovnom vjerom. Ali Marta nije bila sama. Većina ljudi koji su vjerovali u Isusa, uključujući Njegove učenike, svi su mislili na isti način.

Oni koji su čuli o vaskrsenju poslednjeg dana imali su veliko znanje o tome, ali skoro niko od njih nije imao duhovnu vjeru u vezi toga. Zbog toga je Isus odlučio da im pokaže moć Božju koja može čak i da uzdigne mrtvog Lazara. On zna da je potrebno samo jedno iskustvo da bi se pomoglo osobi sa dobrim srcem da stekne potpunu vjeru i nadu u vaskrsenje.

„Ja sam vaskrsenje i život"

„A Isus joj reče: 'Ja sam vaskrsenje i život; koji vjeruje Mene ako i umrije živjeće, i nijedan koji živi i vjeruje Mene neće umrijeti vavijek. Vjeruješ li ovo?' Reče Mu: 'Da, Gospode, ja vjerovah da si Ti Hristos, Sin Božji koji je trebalo da dođe na svijet.'" (11:25-27)

Kada je Marta rekla: „Znam da će ustati o vaskrsenju, u poslednji dan," Isus joj je odgovorio: „Ja sam vaskrsenje i život; koji vjeruje Mene ako i umrije živjeće, i nijedan koji živi i vjeruje Mene neće umrijeti vavijek. Vjeruješ li ovo?"

Kada je Marta rekla „Amin" na ovo bez uključivanja tjelesnih misli u to, njena vjera se smatrala za nivo višlje od ostalih i ovo je vjera gde će dobiti odgovor na njenu molitvu To je zato što Isus, koji je vaskrsenje i život, stoji ispred nje. Zato što je Isus u potpunosti jedan sa Bogom, koji je jedan i jedini tvorac života, On je mogao da vrati u život mrtvu osobu. Zbog toga je Isus rekao: „Ja sam vaskrsenje i život; koji vjeruje Mene ako i umrije živjeće," da bi Marta mogla da vjeruje u ovu istinu.

Isus je takođe mislio kroz ovaj izraz da oni koji vjeruju i primaju Isusa kao njihovog Spasitelja i Gospoda će imati obećanje vječnog života. Kada osoba vjeruje u Isusa Hrista i oprošteno mu je od grijehova, Sveti Duh dolazi nad njim i njegov duh, koji je bio mrtav, vraća se u život. Ovo se naziva „duhovno vaskrsenje" i moguće je samo kroz Isusa Hrista. Prvobitno, kada je stvoren čovjek, imao je živi duh. Ali kada je prvi čovjek Adam zgriješio, njegov duh je umro. Tako da, svi njegovi potomci su takođe imali duhove koji su bili mrtvi. Međutim, za one koji prime Isusa Hrista i kojima je oprošteno od grijehova, Sveti Duh ulazi u njihova srca i oživljava duh i on se vraća u život.

Zbog toga je Isus rekao: „Koji živi i vjeruje Mene neće umrijeti vavijek" za svakog koji je dijete Božje, čak iako njegovo fizičko tijelo umre, njegov duh nastavlja da živi i živjeće vječno na Nebesima. U poslednjem danu, kada se Gospod vrati u vazduhu, tijela koja su trulela u grobu će vaskrsti i preobratiće se u besmrtna tijela. Ovo se naziva: „vaskrsenje tijela." Vaskrsenje tijela je samo moguće kroz Isusa Hrista. Zbog toga je On rekao: „Ja sam vaskrsenje."

Samo nekoliko trenutaka prije ovoga, Marta je imala neograničeno oslanjanje na Isusa, ali nakon što je slušala Njegove riječi, ona je dala čvrsto priznanje njene vjere: „Ja vjerovah da si Ti Hristos, Sin Božji koji je trebalo da dođe na svijet."

Marija pade na Isusove noge

„I ovo rekavši otiđe te zovnu tajno Mariju, sestru svoju govoreći: 'Učitelj je došao, i zove te.' A ona kad ču, usta brzo i otiđe k Njemu. Jer Isus još ne bijaše došao u selo, nego bješe na onom mjestu gdje Ga srete Marta. A Judejci onda koji bijehu s njom u kući i tješahu je, kad vidješe Mariju da brzo usta i iziđe, pođoše za njom govoreći da ide na grob da plače onamo. A Marija kako dođe gdje bijaše Isus, i vide Ga, pade na noge Njegove govoreći Mu: 'Gospode, da si Ti bio ovdje, ne bi umro moj brat.'" (11:28-32)

Nakon što je duhovno prosvjetljena, Marta se vratila njenom domu i rekla je njenoj sestri: „Učitelj je došao, i zove te." Onda je Marija brzo ustala i potrčala ka Isusu. Jevreji koji su je tješili mislili su da ide na grob da žali, pa su je pratili. Isus još nije došao do sela. On je još bio na mjestu gdje se On susreo sa Martom. Odmah nakon što je vidjela Isusa, Marija je pala na Njegove noge uplakano tugujući i davala je isto priznanje kao i njena sestra: „Gospode, da si Ti bio ovdje, ne bi umro moj brat."

„Onda Isus kad je vide gdje plače, i gdje plaču Judejci koji dođoše s njom, zgrozi se u duhu, i Sam postade žalostan i reče: 'Gdje ste ga metnuli?' Rekoše Mu: 'Gospode, hajde da vidiš.' Udariše suze Isusu. Onda Judejci govorahu: 'Gledaj kako ga ljubljaše!' A neki od njih rekoše: 'Ne mogaše li ovaj koji otvori oči slijepcu učiniti da i ovaj ne umre?'" (11:33-37)

Kada je Marija plakala, Jevreji koji su je pratili plakali su sa empatijom; ljudi su šmrkali tu i tamo. Vidjevši one koji nisu imali ni malo vjere; Isus je takođe osjetio žalost. Ali, vidjevši Mariju koja plače na Njegovim nogama, On je osjetio tugu i plakao je zajedno sa njom. Ova scena pokazuje Isusovu ljubav. Isus je došao na ovaj svijet i iskusio je radost i bolove života sa čovječanstvom. Kada su ljudi prolivali suze i žalili, Isus je osjećao njihovu bol. Kada je vidio slijepog čovjeka, On je osjećao njihovu patnju. Zbog toga je On imao milosti nad njima i otvarao je njihove oči. On je posjegao za ljubavlju i iscjeljivao leprozne, koji su bili odbačeni od drugih ljudi. Ali Jevreji koji su vidjeli Isusa koji plače imali su različite reakcije.

„Gledaj kako ga ljubljaše!"
„Ne mogaše li ovaj koji otvori oči slijepcu učiniti da i ovaj ne umre?"
Neki su mislili da je Isus zaista volio Lazara. Neki su se pitali kako je mogao On da otvori oči slijepim, a nije mogao da spasi Lazara od smrti.

„Uzmite kamen"

„A Isus opet se zgrozi u Sebi, i dođe na grob. A bieše pećina, i kamen ljećaše na njoj. Isus reče: Uzmite kamen. Reče Mu Marta, sestra onog što je umro: 'Gospode, već smrdi; jer su četiri dana kako je umro.' Isus joj reče: 'Ne rekoh li ti da ako vjeruješ vidjećeš slavu Božju?'" (11:38-40)

Isus je znao šta se nalazi u srcu svakoga. I dok je imao sažaljenje prema njima, On je otišao do groba. Mnogi ljudi su se okupili oko Lazarovog groba da bi utješili Martu i Mariju. U Izraelu u tadašnje vrijeme, pećine su služile kao grobnice. Mrtvo tijelo se postavljalo u pećinu a veliki kamen je prekrivao otvor pećine. Kako bi izveo Lazara, koji je bio mrtav, Isus je zapovjedio jednu stvar. „Uzmite kamen."

Marta koja nije mogla da razumije Isusove riječi, odgovorila je u šoku: „Gospode, već smrdi; jer su četiri dana kako je umro." Isus joj odgovorio: „Ne rekoh li ti da ako vjeruješ vidjećeš slavu Božju?"

Marta je dala priznanje njene vjere na ulazu u njeno selo, gdje je dočekala Isusa, ali stvarnost njene okolnosti se nije promjenila. Zato što Bog čini po striktnom poštovanju duhovnog zakona, čak i Isus, Sin Božji, ne može da blagoslovi svakog nasumice. Osoba koja prima blagoslov mora da ipuni posebne uslove da bi primila blagoslov. Zbog toga su oni trebali da pomjere kamen; da bi pokazali njihovu vjeru kroz fizičko djelo.

Pošto mrtav Lazar nije mogao da pokaže svoju vjeru, Isus je naveo njegove članove porodice da pokažu vjeru umjesto njega—kroz njihova djela pokornosti. Ma koliku da je vlast moći Isus imao, a čak iako je Lazar izabran da bude taj koji će pokazati Božju volju, ništa od toga se ne bi dogodilo.

Prema tome, oni bi vjerovali i oslonili bi se na Isusa, kada je On rekao Lazarovoj porodici: „ako vjeruješ vidjećeš slavu Božju?" Pri tome, oni su mogli da se zadovolje sa svim uslovima koji su im bili potrebni da bi iskusili Božju moć.

„Lazare, iziđi napolje"

„Uzeše, dakle, kamen gdje ležaše mrtvac. A Isus podiže oči gore, i reče: 'Oče, hvala Ti što si me uslišio. A Ja znadoh da Me svagda slušaš; nego rekoh naroda radi koji ovde stoji, da vjeruju da si Me Ti poslao.' I ovo rekavši zovnu glasno: 'Lazare, iziđi napolje.' I iziđe mrtvac obavit platnom po rukama i po nogama, i lice njegovo ubrusom povezano. Isus im reče: 'Razriješite ga i pustite nek ide.'" (11:41-44)

Onog momenta kada su članovi porodice pomjerili kamen sa ulaza u pećinu, sve ljudske oči bile su uperene u Isusa. „Šta će On učiniti sada?" Svi su se pitali i zadržavali dah u neizvesnosti. U momentu Isus je podigao Njegov pogled ka nebu i dao ovo priznanje: „Oče, hvala Ti što si me uslišio. A Ja znadoh da Me svagda slušaš; nego rekoh naroda radi koji ovde stoji, da vjeruju da si Me Ti poslao." Razlog zbog koga je Isus dao ovo priznanje u trenutku kada su svi gledali ka Njemu u neizvesnosti, bio je taj da je On mogao da povede što je više moguće ljudi da steknu vjeru i prime spasenje.

Uskoro poslije toga, Isus je viknuo jakim glasom: „Lazare, iziđi napolje." Ljudi nisu mogli da vjeruju da Isus govori mrtvom čovjeku da izađe napolje. Ali nešto nevjerovatno se dogodilo. Lazar, koji je bio mrtav, izašao je! Sa rukama i nogama obavijenim platnom, i licem prekrivenim platnom, Lazar je izašao. Ljudi koji su tu bili okupljeni bili su toliko šokirani da nisu imali šta da kažu. Kako su stajali zapanjeno, čuli su Isusa kako opet govori: „Razriješite ga i pustite nek ide."

:: Lazarov kamen iz grobnice, smješten u podrumu u crkvi Svetog Lazara

Kako je mogla mrtva osoba koja je već počela da truli da se vrati u život, samo zato što ga je Isus pozvao? Ovo je bilo moguće zato što je Bog garantovao za Isusovu riječ sto posto. Bog Stvoritelj, Gospodar cijelog univerzuma i tvorac života i smrti je bio sa Njim, prema tome ma koju da je Isus zapovjest dao, sve i svašta je moralo Njemu da se povinuje.

Zavjera da se ubije Isus

Kada se Lazar vratio u život, koliko su samo sretne bile Marta i Marija! One vjerovatno nisu mogle da zaborave ovu milost do kraja njohovog života! Ali ovo nije bio samo značajan događaj za Lazara i njegovu porodicu. Mnogi Jevreji koji su u stvari bili svjedoci ovog događaja počeli su da vjeruju u Isusa kao u njihovg Mesiju.

Međutim, visoki svještenici, Fariseji i svi moćni Jevreji nisu imali interesa u dobrim djelima Isusa. Oni su pokušavali da nađu bilo kakvu Njegovu manu i kovali su zavjeru da Njega ubiju.

Ljudi koji su sazvali savjet

„Onda mnogi od Judejaca koji bijehu došli k Mariji

i vidješe šta učini Isus, vjerovaše Ga. A neki od njih otiđoše k farisejima i kazaše im šta učini Isus. Onda glavari svještenički i fariseji sabraše skupštinu, i govorahu: 'Šta ćemo činiti? Čovjek ovaj čini mnoga čudesa. Ako Ga ostavimo tako, svi će Ga vjerovati, pa će doći Rimljani i uzeti nam zemlju i narod.'" (11:45-48)

Mnogi ljudi koji su iz prve ruke bili svjedoci Lazarovog povratka u život, počeli su da vjeruju u Isusa. Čak iako je bilo teško da se ne povjeruje nakon takvog neospornog događaja Božjeg, postojali su neki ljudi koji su išli kod Fariseja da im ispričaju šta se dogodilo. U trenutku kada su čuli ovu vest, visoki svještenici i fariseji su sazvali savjet i razgovarali su o ovom događaju.

„Čovjek ovaj čini mnoga čudesa. Ako Ga ostavimo tako, svi će Ga vjerovati, pa će doći Rimljani i uzeti nam zemlju i narod."

Oni su znali da je postojalo mnogo ljudi koji su vjerovali u Isusa i koji su Njega pratili zato što je On izvodio mnogo znakova. Povrh toga, On je čak čovjeka koji je bio mrtav četiri dana, vratio opet u život! Bilo je jasno kao dan da je još više ljudi počelo da vjeruje u Njega i Njega prate. Mnogi ljudi su vjerovali da je Isus prorokavan Mesija i da će ih On spasiti od Rimskog ugnjetavanja i da će im garantovati bezbjenost i napredak. Oni su smatrali Isusa kao njihovog Spasitelja i političkog vođu, ili kralja.

Postojala je bojazan, da ako se kralj zaista pojavio-kako su ljudi očekivali-i ako ljudi počnu da ga prate, da će Rimska vlast vjerovatno pojačati njenu vojnu snagu i ugnjetavati Izraelce još više. Onda bi status visokih svještenika i fariseja, čija je moć i vlast bila zaštićena od strane Rimske vlasti, postala nestabilana. Tako da, kada su visoki svještenici i fariseji osjetili da su njohova sloboda i vlast bili u opasnosti, oni su mislili da je Isus bio uzrok svih njihovih problema. Kroz mnoge okolnosti, oni su počeli da shvataju da je Isus bio izuzetna osoba. Zbog toga su oni unajmili ljude da Njega prate i da se vraćaju sa izvještajima o svakoj sitnici koju je Isus činio. I bez vjerovanja da je On Sin Božji, oni su Njega smatrali kao nekoga ko je bio pretnja njihovoj moći i vlasti. Tako da bez obzira koliko mnogo dobrih djela je Isus učinio, oni nisu bili zainteresovani za takva dobra djela. Koristeći zakone i tradiciju vođa, oni su samo pokušavali da nađu bilo koju manu u Isusu i kovali su zavjeru da Ga na nekako ubiju.

Visoki svještenik prorokuje Isusovu smrt

„A jedan od njih, po imenu Kajafa, koji one godine bijaše poglavar svještenički, reče im: 'Vi ne znate ništa, i ne mislite da je nama bolje da jedan čovjek umre za narod, negoli da narod sav propadne.' A ovo ne reče sam od sebe, nego, budući poglavar svještenički one godine, proreče da Isusu valja umrijeti za narod, i ne samo za narod, nego da i rasejanu djecu Božiju skupi ujedno." (11:49-52)

Nakon vaskrsenja Lazara, Jevreji koji su se okupili da bi došli do nekog plana bili su ispunjeni mišljenjima ali bez ikakvog rešenja. U to vrijeme, visoki svještenik Kajafa je progovorio: „Vi ne znate ništa, i ne mislite da je nama bolje da jedan čovjek umre za narod, negoli da narod sav propadne."

Ove riječi sadrže implikaciju da kroz pravedno djelo bezgriješnog Isusa koji je umro na krstu, mnogi ljudi mogu da budu vođeni ka sticanju života. Tako da kroz ovo, mi možemo da vidimo da će se Isusova smrt dogoditi, ne zato što je On grješnik, ili zato što je poveo mnoge ljude pogriješni putem, već samo kao dio Božjeg božanskog proviđenja.

Poslanica Rimljanima 5:18-19 kaže: „*Zato, dakle, kao što za grijeh jednog dođe osuđenje na sve ljude, tako i pravdom jednog dođe na sve ljude opravdanje života. Jer kao što neposlušanjem jednog čovjeka postaše mnogi griješni, tako će i poslušanjem jednog biti mnogi pravedni.*" Isto tako, kao što je navedeno u Poslanici Galaćanima 3:28: „*Nema tu Jevrejina ni Grka, nema roba ni gospodara, nema muškog roda ni ženskog; jer ste vi svi jedno u Hristu Isusu,*" Isusova smrt je za ljude svih nacija, u skladu sa Božjim proviđenjem.

Međutim, Kajafa nije zaista znao pravo značenje iza njegovih sopstvenih riječi. Tako da, zašto je Bog imao visokog svještenika, koji je bio prvi čovjek toliko jake opozicije protiv Isusa, i izjavio takvu vrstu proročanstva? Ovo je bilo zato što su u tim danima riječi visokog svještenika imale veliki uticaj. Ljudi su slušali šta je on govorio i čuvali su njegove riječi u njihovim srcima.

Da je visoki svještenik progovorio u skladu sa njegovom voljom, on bi vjerovatno rekao: „Hajde brzo da uhvatimo Isusa, Njega se otarasimo i spasimo našu naciju!" Ali čak i u tom momentu, Bog je kontrolisao njegove usne. Visoki svještenik je govorio sa takvom namjerom da ljudi trebaju da uhvate Isusa i Njega ubiju, ali Bog je učinio da Njegovo proviđenje bude prikazano kroz njegove riječi. Slično tome, mi možda mislimo da planiramo i tražimo mnoge stvari po sopstvenoj volji, ali sve stvari se dešavaju u skladu sa Božjim metodama i proviđenjem, koje daleko nadmašuju ljudsku mudrost.

Odmah nakon što je visoki svještenik rekao da smrt jednog čovjeka Isusa, će biti od koristi cijeloj naciji, zavjera da se ubije Isus počela je da se odvija svom snagom. Ovi ljudi nisu imali od samog početka namjeru da ubiju Isusa. Prvo, oni su bili samo probodeni u njihovim srcima zato što je Isus ukazao na zlo u njihovim srcima. Problem je u stvari ono što se nakon toga dogodilo. Oni su trebali da dođu do shvatanja i da se pokaju odmah nakon što su bili ukoreni prvi put; ali umjesto toga, nastavili su da gomilaju još više grijehova. Negirali su da su znakovi i čuda koje je Isus izvodio djela Boga i umjesto toga oni su radije optuživali Isusa da je demonom opsednut i na taj način su govorili i činili protiv Svetog Duha.

Kao što je zapisano u Jakvoljevoj Poslanici 1:15: „*Tada zatrudnjevši slast rađa grijeh; a grijeh učinjen rađa smrt,*" zato što oni nisu odbacili njihove zle misli, zle riječi i djela koja su brzo izlazila iz njih; na kraju, oni su završili tako što su koračali ka putu vječne smrti gdje nisu mogli da prime spasenje.

Ljudi koji su željeli da zarobe Isusa

„Od toga, dakle, dana dogovoriše se da Ga ubiju. A Isus više ne hođaše javno po Judejcima, nego odande otide u kraj blizu pustinje u grad po imenu Jefrem, i onde hođaše s učenicima Svojim. A bieše blizu pasha jevrejska, i mnogi iz onog kraja dođoše u Jerusalim prije pashe da se očiste. Tada tražahu Isusa, i stojeći u crkvi govorahu među sobom: 'Šta mislite vi zašto ne dolazi na praznik?' A glavari svješteničk i fariseji izdaše zapovijest ako Ga ko opazi gdje je, da javi da Ga uhvate." (11:53-57)

Isus je znao da je zavjera da se On ubije ozbiljno započeta. U oblasti Judeje, već je došlo do odluke visokih svještenika i fariseja, koja je glasila: „Svako ko zna gdje je Isus treba da prijavi da On može da bude uhvaćen." Zbog toga je Isus otišao u Jefrem, negdje oko 20 kilometara sjeverno od Jerusalima. I tamo je On ostao sa učenicima Njegovim sve do Pashe. Zato što je Pasha bila toliko veliki praznik, svi ljudi su odlazili u Jerusalim da bi ga proslavili. Međutim, svako k bi došao u kontakt sa prljavom ili nečistom životinjom ili predmetom, ili ko je počinio nečisto djelo, nije mogao da učestvuje u proslavi Pashe.

Tako da za vrijeme Pashe, Jerusalim je vrveo od ljudi. U hramu Jerusalima, ljudi su bili u grupama i tamo su održavali razgovore. Najvećim dijelom, tema njihovog razgovora je bio Isus. Šta više, neki ljudi su se probijali kroz gužvu da bi tražili Isusa, a razgovor o Isusu je cvjetao na sve strane. „Šta vi mislite?" „Da li mislite da On ne bi došao uopšte na Pashu?"

Sa datim okolnostima, ljudi su olako mislili da se Isus neće pojaviti u Jerusalimu zbog straha da ne bude uhvaćen. Međutim, to nije bilo ništa viiše od pukih ljudskih misli. Isus nije mislio na ovaj način. Jedan koji zaista voli Boga će staviti sve u Njegove ruke i osloniće se na Njega.

U Jevanđelju po Mateju 10:28 čitamo: „*I ne bojte se onih koji ubijaju tijelo, a dušu ne mogu ubiti; nego se bojte Onog koji može i dušu i tijelo pogubiti u paklu.*"

Poglavlje 12

Pobjednički ulazak u Jerusalim

1. Marija se sprema za Isusov pogreb
(12:1-11)

2. Ulazak u Jerusalim
(12:12-36)

3. Učenja Mesije
(12:37-50)

Marija se sprema za Isusov pogreb

Pasha je bila već za nekoliko dana, a to je takođe bila i poslednja nedjelja Isusovog kratkog trogodišnjeg javnog služenja. Znajući za zavjeru Jevreja da Ga ubiju, a i volju Boga Oca i proviđenje spasenja Njegovom smrću na krstu, ovo vrijeme nije bilo ni nalik nekom drugom vremenu za Isusa. Kada je došlo vrijeme Pashe, Isus je prekršio očekivanja svih ljudi i vratio se u Vitaniju, gdje je živjela Lazarova porodica. Iako je On znao za opasnosti koje su tamo ležale čekajući Ga, On se pojavio pred Jevrejima da bi ispunio Božju volju. I pored tolike tenzije u vazduhu, bilo je onih koji su za Isusa pripremili gozbu.

Marija iz Vitanije sipa miris mira na Isusova stopala

„A Isus prije Pashe na šest dana dođe u Vitaniju gdje bijaše Lazar što umrije, koga podiže iz mrtvih. Onde Mu, pak, zgotoviše večeru, i Marta služaše, a i Lazar seđaše s Njim za trpezom. A Marija uzevši litru pravog nardovog mnogocijenog mirisa pomaza noge Isusove, i otre kosom svojom noge Njegove; a kuća se napuni mirisa od mira." (12:1-3)

Kad su čuli vijesti da Isus dolazi u Vitaniju, Lazarova porodica je za Njega pripremila veliku gozbu. Marta je bila vrlo zauzeta pripremanjem hrane za goste. Bila je to slavljenička atmosfera; a ljudi su ponovo doživljavali uzbuđenje kada je Lazar bio vraćen u život iz mrtvih. Isus, koji je bio počasni gost večeri, sio je da večera sa svojim učenicima i Lazarom.

U tom trenutku, Marija držeći ćup sa vrlo skupocijenim mirisom, prišla je Isusu sa strane. Onda ona pomaza Njegove noge. Miris parfema čistog narda ispunio je kuću. Za razliku od ljudi koji su posmatrali Marijine postupke sa iznenađenjem i radoznalošću, Marija je bila vrlo svječana. Nakon što je sipala miris, ona se duboko nakloni i obrisa Isusova stopala svojom kosom.

Tih dana je bilo nezamislivo za ženu da opere nečija stopala svojom kosom. Povrh toga, oprati nečija stopala značilo bi da je onaj koji to čini iz najniže klase. Ali Mariji nije značilo ništa ono što su ljudi vidjeli ili mislili. Za Mariju ništa nije značilo to što je miris bio skupocijen. Za Mariju je to značilo učiniti šta god je bilo potrebno da izrazi istinsku ljubav i poštovanje koje je imala u svom srcu za Isusa, jer je On podigao Lazara iz mrtvih. Kada pogledamo duhovni značaj ćupa sa mirisom, mi možemo bolje razumijeti koliko je bilo lijepo to što je Marija učinila.

„Ćup" je u to vrijeme bila posuda u kojoj se čuvala vrlo vrijedna roba ili blago. Ona nije imala gornji dio ili poklopac. Da bi se iz nje izvukao miris, morao se razbiti otvor ćupa. „Ćup" simbolizuje tijelo. Tako, kada je Marija razbila ćup, to je pokazalo da je ona žrtvovala svoje tijelo da bi služila Gospodu. Kao Marija, samo onda kada ostavimo po strani naš status i položaj i brigu o tome šta bi drugi mogli misliti o nama, i kada se predamo, mi istinski možemo služiti Gospodu.

„Nard" je posebna vrsta biljke koja raste na Himalajima. Ona ne samo da je rijetka, već je i sam proces dobijanja parfema prilično težak. Jedna funta čistog narda bi koštala oko tri stotine denara. Jedan denar je vredeo kao dnevna plata. Tako je tri stotine denara bila velika svota novca, što bi bilo jednako godišnjoj plati—i to ako bi je radnik sačuvao, bez da išta potroši.

Toliko je vredeo parfem koji je Marija sipala na Isusova stopala. Ona je davala sve što je imala i sve što je ona bila, Gospodu. To što je Marija učinila bilo je prelijepo. Zbog toga do dana današnjeg, kad god čitamo o tome što je Marija učinila, mi još uvijek možemo osjetiti miris istog prelijepog parfema u našim srcima.

Juda Iskariotski kritikuje Mariju

„Onda reče jedan od učenika Njegovih, Juda Simonov Iskariotski, koji Ga posle izdade: 'Zašto se ovo miro ne prodade za trista groša i ne dade siromasima?' A ovo ne reče što se staraše za siromahe, nego što bješe lupež, i imaše kovčežić, i nošaše što se metaše u Nj. A Isus reče: 'Ne dirajte u nju, ona je to dohranila za dan Mog pogreba. Jer siromahe svagda imate sa sobom, a Mene nemate svagda.'" (12:4-8)

Kad su ljudi vidjeli ovu scenu, oni su počeli da pričaju. Neki su bili iznenađeni njenim neočekivanim djelom, a neki su govorili među sobom pitajući se: „Zašto ona to čini?" Upravo tada, Juda Iskariotski poslao je pogled neodobravanja i kritikovao je Mariju. On je korio jer je protraćila skupocijeni miris, umjesto da ga iskoristi da pomogne siromašnima. Iz prva, ovo što je on rekao, djeluje ispravno. Ipak, srce Jude Iskariotskog nije bilo na ispravnom mjestu kada je rekao ono što je učinio.

Kao jedan od Isusovih učenika, on je vodio finansije. Često je pomagao sebe tim novcem kojim je trebalo da upravlja. Da je Marija prodala miris a novac dala Isusu, Juda bi mogao da uzme dobar dio tog novca za sebe. Što je više mislio o mirisu koji je bio prosut na Isusova stopala, to je više žudeo za tim novcem koji je mogao da ima. Na kritiku Jude Iskariotskog, Isus je odgovorio: „Ne dirajte u nju, ona je to dohranila za dan Mog pogreba. Jer siromahe svagda imate sa sobom, a Mene nemate svagda."

U Jevanđelju po Marku 14:8, mi možemo da vidimo šta je Isus rekao o onome što je Marija učinila: „*Ona šta može, učini: ona pomaza naprijed tijelo moje za ukop.*" I kao što je On rekao, nekoliko dana kasnije, Isus je umro na krstu. Naravno da Marija nije sipala miris na Njega znajući da će se to dogoditi— ona Ga je voljela, i živjela je život za Njega, te je ona samo željela da izrazi svoju ljubav za Njega.

Tako je kao rezultat, Marija odigrala značajnu ulogu pripreme za Njegov pogreb prije vremena. I iz ovog razloga, Isus je izgovorio sledeće o Mariji: „*Zaista vam kažem: gdje se god uspropovjeda jevanđelje ovo po svemu svijetu, kazaće se i to za spomen njen*" (Jevanđelje po Marku 14:9). Ovo je učinilo da Marija postane vrlo blagoslovena žena.

Juda Iskariotski je sa druge strane, bio već frustriran zbog mirisa. Ali kada se Isus zauzeo za Mariju, on je postao još ljući. On je osjećao da se njegove riječi ne poštuju. On je čak osjetio da on više ne treba da bude sa Isusom. Dok je bio sa Isusom, on je vidio mnogo znakova i čuda koje običan čovjek ne može da učini. Onda, zašto on ražalošćuje Isusa i govori da bi bilo bolje da se Juda uopšte nije ni rodio (Jevanđelje po Mateju 26:24)?

Spolja, Juda Iskariotski je izgledao kao da prati Isusa i da Mu pomaže. Ali duboko u njegovom srcu, on je bio pohlepan i sebičan. Kao rizničar, on je primjetio da je količina ponuda koje su dolazile od ljudi koji su primili Božju milost kroz Isusa, bila prilično velika suma. Čak i kad je sebi pomagao sa nešto novca, to niko nije znao. Vođen svojom sopstvenom pohlepom, on je nastavio da krade iz blagajne i nije promjenio svoj put. I kao jedan od Isusovih učenika, on je znao da će biti poštovan i on je čak izračunao da ako Isus postane moćni vođa, on će takođe imati udjela u nekoj od te vrste moći.

Ali okolnosti su nastavile da odstupaju od njegovih očekivanja. Isus je nastavio da bude objekat mržnje i osude od strane visokih svještenika i fariseja. Niko nije znao kada bi On mogao da bude uhvaćen. Povrh toga, Isus je branio Marijine postupke, provocirajući kod Jude dalju ozlojeđenost. Osjećanja razočarenja i frustriranosti rasla su sve dublje i dublje u Judi. Tada je on odlučio da preda Isusa visokim svještenicima i od tada on je tražio povoljnu priliku da izda Isusa (Jevanđelje po Mateju 26:14-16).

Glavni svještenik je takođe planirao da ubije Lazara

„Razumije, pak, mnogi narod iz Judeje da je onde i dođoše ne samo Isusa radi nego i da vide Lazara kog podiže iz mrtvih. A glavari svještenički dogovoriše se da i Lazara ubiju; jer mnogi njega radi iđahu iz Judeje i vjerovahu Isusa." (12:9-11)

Na putu za Jerusalim da bi se pripremili za Pashu, u obližnoj Vitaniji je počelo da se okuplja mnogo ljudi, jer su čuli da je Isus bio tamo. Oni su željeli da vide iz prve ruke ko je bio taj Isus, koji je podigao mrtvog čovjeka iz groba u kome je bio četiri dana.

Podignuti osobu koja je bila u grobu četiri dana, bio je dokaz koji je ljudima pomogao da u Isusa vjeruju još više. Da Bog nije bio sa Isusom, ovakav dokaz ne bi bio moguć. Ali čak i nakon što su vidjeli ovaj dokaz, visoki svještenici su odbili da povjeruju. A pošto je mnogo Jevreja počelo da vjeruje i prati Isusa zbog Lazara, oni su čak planirali da ubiju i Lazara. Kao ljudi koji imaju oči ali ne mogu da vide, i uši ali ne mogu da čuju; jer su njihova srca bila zla, oni su vidjeli Božju moć ali oni nisu ni znali, niti su razumijeli istinu.

Ulazak u Jerusalim

Da bi otišao u Jerusalim, Isus, koji je bio u Vitaniji sa Njegovim učenicima, morao je da prođe kroz Vitfagu, koja je bila locirana u podnožju jugoistočne strane gore Maslinske. Sa Pashom koja se približavala, On je išao u Jerusalim da ispuni Njegovu misiju na krstu. Pošto je ulazak u Jerusalim prikazan vrlo kratko u Jevanđelju po Jovanu, mi ćemo takođe koristiti Jevanđelje po Mateju, poglavlje 21 i Jevanđelje po Marku, poglavlje 11, kao reference.

Ljudi su uzvikivali: „Osana!" dok su dočekivali Isusa

„A sutradan, mnogi od naroda koji bješe došao na praznik, čuvši da Isus ide u Jerusalim, uzeše grane od finika i iziđoše Mu na susret, i vikahu govoreći: 'Osana! Blagosloven koji ide u ime Gospodnje, car Izrailjev.' A Isus našavši magare usjede na nj, kao što je pisano..." (12:12-14)

Upravo prije nego što je ušao u Jerusalim, Isus je rekao dvojici Njegovih učenika da odu u selo na suprotnoj strani i da odatle dovedu jednog magarca (Jevanđelje po Marku, poglavlje 11). Znajući da će se učenici pitati: „Zašto On odjednom želi da Mu dovedemo magarca?" Isus im je rekao: *„I ako vam ko reče: 'Šta to činite?' kažite: 'Treba Gospodu;' i odmah će ga poslati ovamo"* (Jevanđelje po Marku 11:3).

Znajući da Isus ništa ne govori bez razloga, učenici su odmah otišli u selo na suprotnoj strani od njih. Niko nije znao koliko dugo je ždrebe bilo tamo, ali tamo je bila kuća sa ždrebetom vezanim za nju. Kada su učenici odvezali ždrebe, ljudi koji su stajali u blizini pitali su: „Zašto odvezujete ždrebe?"

Kada su im učenici rekli tačno ono što im je Gospod rekao da kažu, oni su im dali odobrenje. Čim su se vratili sa ždrebetom, učenici su skinuli njihove ogrtače i položili ih na magarca (Jevanđelje po Mateju, poglavlje 21; Jevanđelje po Marku, poglavlje 11). Isus je jahao na magarcu do vrha gore Maslinske. Odatle se može vidjeti cio Jerusalim kao na dalnu. Zastavši na trenutak, Isus je pogledao ka hramu u Jerusalimu i osjećao se kao da Mu je srce slomljeno. On je znao da će jednog dana hram u Jerusalimu biti uništen. On nije mogao ništa drugo, osim da žali.

„Jer će doći dani na tebe, i okružiće te neprijatelji tvoji opkopima, i opkoliće te, i obuzeće te sa sviju strana, i razbiće

tebe i djecu tvoju u tebi, i neće ostaviti u tebi kamena na kamenu, zato što nisi poznao vrijeme u kome si pohođen" (Jevanđelje po Luki 19:43-44). Isus Sam će biti zakucan na krstu u skaldu sa Božjim proviđenjem, ali kad je On mislio o patnjama kroz koje će narod Izraela proći nakon što Njega budu zakucali za krst, Njemu je vjerovatno bilo teško da načini još jedan korak.

U Jerusalimu, kako se Pasha približavala, grad je bivao ispunjen ljudima. Kada su se vijesti o dolasku Isusa u Jerusalim raširile, ljudi su počeli da se okupljaju na ulicama. Svaki čovjek je u ruci držao grančicu palminog drveta—neki u trku, neki u pratnji—ljudi su klicali sa entuzijazmom. Neki ljudi su položili svoje ogrtače ili svoje grančice na put za Isusa: „Osana! Blagosloven koji ide u ime Gospodnje, car Izrailjev."

Palmino drvo je simbol pobjede, a „osana" znači: „Spasi nas! Molim te!" Ljudi su vjerovali da je Isus bio njihov Mesija, kralj koji će ih osloboditi tlačenja od strane Rimljana i koji će im doneti slobodu i mir. Ali Isus jednostavno nije bio politička figura, niti kralj koji je došao da oslobodi Izrael.

Isus je bio Spasitelj svijeta koji će umrijeti na krstu zbog grijehova čovječanstva i vaskrsnuti uništivši moć smrti. Kao sveti i kraljevski Božji Sin, On će sedeti pored desne ruke Boga Oca. Zašto je onda jedna tako važna osoba ušla u Jerusalim jašući na mladom magarcu?

Ispunjenje Zaharijovog proročanstva

„'Ne boj se kćeri Sionova, evo car tvoj ide sedeći na

magaretu.' Ali ovo učenici Njegovi ne razumiješe prije; nego kad se proslavi Isus onda se opomenuše da ovo bješe za Njega pisano, i ovo Mu učiniše." (12:15-16)

Isus je bio Kralj svih kraljeva, Spasitelj svijeta, Gospod svega stvorenog, ali On je ušao u Jerusalim jašući otrcanog, mladog magarca. Ovo je bilo u skladu sa tim, da ispuni proročanstvo Zaharije:

„Raduj se mnogo, kćeri sionska!
Podvikuj, kćeri jerusalimska!
Evo, Car tvoj ide k tebi;
pravedan je i spasava,
krotak i jaše na magarcu,
i na magaretu, mladetu magaričinom"
(Zaharija 9:9).

Mladi magarac koji je bio nedavno rođen, koga niko nikad ranije nije jahao, simbolizuje čistotu. Isus, Božji Sin, koji je došao na ovaj svijet i postao rano voće vaskrsnuća, bio je sveta i čista osoba. Zbog toga je i ono na čemu je On jahao moralo da bude čisto.

Mlado ždrebe simbolizuje i poniznost. Isus je do sada bio vrijedan primanja najveće slave i časti od bilo koga drugog na svijetu, ali kao što magarac nosi težak teret prtljaga čovjekovog, Isus je morao da nosi teret grijehova čovječanstva i da umre na krstu. Zbog toga je On ponizno ispunio Božju Riječ koja je propovjedana u Starom Zavjetu.

„Sion" označava Jerusalim, koji je David imenovao za glavni

grad. On takođe označava i cio Izrael, ili mjesto u kome Bog obitava. Na isti način, „kćer Sionska" označava ljude koji vjeruju u Boga, ili Božju djecu. A „vaš kralj" označava Isusa, Božjeg Sina.

„Ne plaši se kćeri Sionska," govori nam da se ne plašimo, jer će Isus ući u Jerusalim jašući ždrebe da bi ispunio Božji plan spasenja. Prvobitno, čovječanstvo je moralo da drhti od straha, jer je od trenutka kada smo postali subjekti neprijatelja đavola i moći Sotone kroz naš grijeh, mi nismo mogli biti spašeni od vječne smrti—Pakla. Ali sa Isusom koji je podnio patnje na krstu, put ka spasenju je otvoren; tako da svako ko vjeruje i ko stane pred Boga, nema čega da se plaši.

U to vrijeme, učenici nisu znali zašto je Isus jahao na ždrebetu, i zašto su ljudi mahali palminim grančicama i vikali: „Osana!" dok su dočekivali Isusa. Nakon Isusovog vaskrsnuća oni su shvatili zbog čega su se sve ove stvari desile, i da je proročanstvo Zaharije zaista bilo o Isusu.

Fariseji su postali zabrinuti zbog dobrodošlice od strane ljudi

„A narod svjedočaše koji bješe prije s Njim kad Lazara izazva iz groba i podiže ga iz mrtvih. Zato Ga i srete narod, jer čuše da On učini ovo čudo. A fariseji govorahu među sobom: 'Vidite da ništa ne pomaže; gle, svijet ide za Njim.'" (12:17-19)

Kada je Isus podigo Lazara iz mrtvih, mnogo Jevreja je bilo tu sa Njim. Ovi ljudi su rekli drugima tačno šta su vidjeli svojim očima. Vijesti o ovom događaju su se tako brzo proširile i imale tako veliki uticaj, da nije postojala osoba u regionu koja o tome nije znala. Svako ko je čuo vijesti—o tome kako je čovjek vraćen u život nakon što je četiri dana bio mrtav—želio je da vidi Isusa. Tako, kada su ljudi saznali da ovaj Isus dolazi u Jerusalim, šta mislite da se dogodilo? Ljudi su se sručili na ulice i povici odobravanja i bodrenja ispunili su vazduh.

Ali bilo je i onih koji su ovu scenu gledali uznemirenim i nervoznim pogledima. To su bili visoki svještenici i Fariseji. Oni su se plašili da bi im moć i autoritet mogli biti oduzeti i počeli su da se plaše da njihov plan da ubiju Isusa neće biti tako lak kao što su mislili. Oni su govorili jedni drugima: „Vidite da ništa ne pomaže; gle, svijet ide za Njim."

Bilo je dokaza da je Bog bio sa Isusom i mnogo ljudi Ga je pratilo. Ovo je trebalo da bude dovoljno da fariseji shvate da je njihov sud bio pogriješan, te da promjene svoje puteve. Ali iz nekog razloga, iako su oni zasigurno imali oči da vide i uši da čuju, oni su djelali i govorili kao da su bili slijepi i gluvi. Ovo je bilo zbog toga što oni nisu imali istine u njihovim srcima. Ali tužan dio ovoga je što oni nisu bili neznabošci koji nisu znali istinu—oni su bili vođe i učitelji koji su tvrdili da bogoluže Bogu sa većom revnošću od bilo koga drugog. Oni su bili vođe koji su trebali da vode narod ka spasenju; ali oni su bili ti koji nisu prepoznali Isusa i koji su išli putem suprotnim od spasenja, i ka osudi.

Grci koji su željeli da vide Isusa

„A bjehu neki Grci koji bjehu došli na praznik da se mole Bogu; oni dakle pristupiše k Filipu, koji bješe iz Vitsaide galilejske, i moljahu ga govoreći: 'Gospodine, mi bismo hteli da vidimo Isusa.' Dođe Filip i kaza Andriji, a Andrija i Filip opet kazaše Isusu. A Isus odgovori im govoreći: 'Dođe čas da se proslavi Sin Čovječiji.'" (12:20-23)

Među onima koj isu došli u Jerusalim da proslave Pashu bilo je Grka. Nekoliko od ovih Grka došli su Filipu, jednom od Isusovih učenika: „Gospodine, mi bismo hteli da vidimo Isusa."

Filip je o tome rekao Andriji, a obojica odoše i rekoše Isusu. Kada je čuo da Grci žele da vide Njega, Isus im govori značajnu poruku: „Dođe čas da se proslavi Sin Čovječiji."

Grci nisu samo stranci. Oni označavaju „duhovnu žeđ koja dolazi jer je čas blizu" (Amos 8:11-13). Isus je podučavao Božje riječi tri godine. Tokom tog vremena, svi ljudi koji su čuli Njegove riječi bili su zahvalni i radosni kao jalova zemlja koja je primila hranljivu kišu.

Što se više približavao „čas da se proslavi Sin Čovječji," to su više ljudi postajali duhovno žedni—oni ljudi koji su voljeli i tražili istinu. Naravno da oni nisu znali da će Isus uskoro umirati na krstu, ali kao da su to osjetili, i željeli su da Ga vide još jednom i da slušaju Njegove riječi još jednom.

Parabola o zrnu pšenice

„Zaista, zaista vam kažem, ako zrno pšenično padnuvši na zemlju ne umre, ono jedno ostane; ako li umre mnogo roda rodi. Koji ljubi dušu svoju izgubiće je, a ko mrzi na dušu svoju na ovom svijetu, sačuvaće je za život vječni. Ko Meni služi, za Mnom nek ide, i gdje sam Ja onde i sluga Moj nek bude; i ko Meni služi onog će poštovati Otac Moj." (12:24-26)

Govoreći o tome kuda On mora da ide, Isus je ispričao ljudima parabolu o zrnu pšenice, propovjedajući o Njegovoj smrti i vaskrsnuću. Ako posijete jedno zrno pšenice, iz toga možete požnjeti 50-100 plodova. Ali ako ga ne posijete, bez obzira na to koliko dugo čekate, nećete dobiti ništa.

Isus je ponizio samog Sebe i predao se Bogu do tačke umiranja na krstu. Ovaj proces ispunjenja puta na krstu, bio je neophodan da bi poveo grešnike od smrti ka životu. Rezultat? Svakome ko prihvati Isusa kao svog Spasitelja, oprošteni su mu grijesi i prima vječni život. Kao što je Isus rekao: „Zaista, zaista vam kažem, ako zrno pšenično padnuvši na zemlju ne umre, ono jedno ostane," kada je Isus, jedinorodni Sin umro na krstu, mnoga Božja djeca su tada mogla biti stečena kao plodovi.

Isus je takođe rekao: „Koji ljubi dušu svoju izgubiće je, a ko mrzi na dušu svoju na ovom svijetu, sačuvaće je za život vječni." „Duša svoja" ne znači samo čovjekov život. To takođe označava bilo šta što neko skupo cijeni kao njegov život. Novac, slava, moć, znanje, djeca, samopouzdanje, mogu biti te stvari. Svako ko voli ove stvari koliko i svoj sopstveni život, na kraju ih sve gubi. Ali ako ljudi odbace sve ove tjelesne stvari iz njihovih srca, oni će moći da steknu stvari koje su vječne.

Nakon što je upoznao Gospoda, sve ovozemaljske stvari koje je apostol Pavle nekada cijenio, on je smatrao za gluposti (Poslanica Filipinjanima 3:8). On je znao da je znanje Hrista Isusa najvrijednije blago na svijetu. Kao rezultat, on je postao Božje dijete koje je tražilo istinu i primio je Božje vodstvo. Kao što je Isus rekao da svako ko mrzi dušu svoju, sačuvaće je za vječnost, Pavle je bio uzdignut na poziciju slave, sjajne kao sunce na Nebesima. Tako, kada neko služi Isusu, Bog ga poštuje (Jevanđelje po Jovanu 12:26).

Isusova molitva

„'Sad je duša Moja žalosna; i šta da kažem: Oče, sačuvaj Me od ovog časa?' Ali za to dođoh na čas ovaj. Oče, proslavi ime Svoje." Tada glas dođe s neba: 'I proslavio Sam i opet ću proslaviti.' A kad ču narod koji stajaše, govorahu: 'Grom zagrmi,' a drugi govorahu: 'Anđeo Mu govori.' Isus odgovori i reče: 'Ovaj glas ne bi Mene radi nego naroda radi.'" (12:27-30)

Za kratko vrijeme, onaj koji je bio besprijekoran i koji je bio bez mane, Isus koji je bio sveti, morao je da preuzme sve grijehove čovječanstva i da primi istu kaznu kao okoreli kriminalac. Tako se Isus ispovjeda Bogu: „Sad je duša Moja žalosna; i šta da kažem: Oče, sačuvaj Me od ovog časa?"

Iz ove ispovjesti mi možemo vidjeti Isusovu ljudsku prirodu.

Ali kada je On rekao: „Sačuvaj me od ovog časa," On nije govorio da On neće da podnese krst—On je ovo govorio da bi pokazao koliko je težak teret grijeha, koji je On morao da ponese.

„Ali za to dođoh na čas ovaj. Oče, proslavi ime Svoje." Kroz ovu izjavu mi možemo vidjeti Isusovu božansku prirodu. Kada je On priznao da je On želio da slavi Boga ispunivši Njegovu svrhu došavši na ovaj svijet, glas je sišao sa neba: „I proslavio Sam i opet ću proslaviti."

Ovaj razgovor nam pokazuje koliko Bog voli Isusa. Bog je govorio da je On već slavljen kroz Isusa i da će On ponovo biti slavljen nakon Isusove smrti na krstu, kao i kroz Njegovo vaskrnuće kasnije.

Kad je snažan glas sišao sa neba tokom Isusove molitve, ljudi su govorili da je to bio grom ili da Mu se obratio anđeo. U to vrijeme, Isus je rekao da glas nije došao zbog Njega, već „radi naroda." Razlog za to je, Bog, koji je u osnovi jedno sa Isusom, nije imao potrebe da odgovori glasno, već je On to učinio da bi posadio vjeru u ljudima koji su se tu nalazili.

Isus je došao na ovaj svijet da ispuni Božju volju. Ova volja je bila da se spasi čovječanstvo, da mu se podari istinski život i da im se omogući da povrate ispravnu sliku, koja je jednom stvorena u liku Boga. Bilo je vremena kada je On bio gladan i žedan, ali On je činio najbolje da širi Božju volju i jevanđelje i da podari život što većem broju ljudi.

Isus govori o Njegovoj smrti na krstu

„'Sad je sud ovom svijetu; sad će biti istjeran knez ovog svijeta napolje. I kad Ja budem podignut od zemlje, sve ću privući k Sebi.' A ovo govoraše da pokaže kakvom će smrti umrijeti. Narod Mu odgovori: 'Mi čusmo iz zakona da će Hristos ostati vavijek; kako Ti govoriš da se Sinu Čovječijem valja podignuti?' Ko je taj Sin Čovječiji?" (12:31-34)

„Knez ovog svijeta" se odnosi na neprijatelja đavola i Sotonu, koji je vladar ovog svijeta. Na ovom svijetu postoje zakoni kojima ljudi moraju da se povinuju. Kad im se ljudi ne povinuju, oni primaju kaznu. Na isti način u duhovnom svijetu, ako neko zgriješi, on se suočava sa kaznom smrti (Poslanica Rimljanima 6:23). Neprijatelj đavo i Sotona su došli da prekrše duhovni zakon, jer je on ubio Isusa, koji je bio bezgrješan. Tako su neprijatelj đavo i Sotona postali prestupnici. Na to je Isus mislio kada je On rekao: „Sad je sud ovom svijetu."

Isus nije mogao biti vezan smrću jer je On bio bezgriješan. Zbog toga Ga je Bog oslobodio samrtnih muka i vaskrsnuo Njega ponovo u život. A pošto je Isus uništio moć smrti, sada bilo ko, ko primi Isusa Hrista više nije subjekat tlačenja Sotone. Kao rezultat kršenja duhovnog zakona, neprijatelj đavo i Sotona su bili odbačeni, a čovječanstvo, koje je nekad bilo grešno se sada nazivalo pravednicima i može vladati u životu kroz Isusa Hrista (Poslanica Rimljanima 5:17).

„I kad Ja budem podignut od zemlje, sve ću privući k

Sebi." Kada je Isus ovo rekao, On je govorio da preuzimajući sve grijehe i umirući na krstu, On je vodio ljude iz tame na svjetlost; i iz smrti u život. Ovo je moguće jer iako je Isus morao da umre, On će vaskrsnuti, a kroz ovaj događaj mnogo ljudi će povjerovati da je Isus Hrist i otići će na Nebesa. Isus je znao kako će On umrijeti. Isus je dobro poznavao proviđenje o krstu, tajnu koja je bila sakrivena prije mnogo stoljeća. Zato je On govorio o Njegovoj smrti na krstu prije vremena i tako u potpunosti ispunio Njegovu msiiju.

„Mi čusmo iz zakona da će Hristos ostati vavijek; kako Ti govoriš da se Sinu Čovječijem valja podignuti?" Ko je taj Sin Čovječiji? Ljudi koji nisu znali šta će se dogoditi, niti su razumijeli duhovno značenje Isusovih riječi bili su zbunjeni mnogim mislima.

„Zakon" označava Toru ili pet knjiga Mojsijevih—Postanak, Izlazak, Levitski Zakonik, Brojeve i Knjigu Ponovljenog Zakona. Ljudi su rekli da su čuli za Zakon „da će Hristos ostati vavijek." Ali da budemo precizni, ova informacija ne postoji u Pet Knjiga Mojsijevih. Tačnije, ona se nalazi u proročanstvima Starog Zavjeta.

U Isaiji 9:7, kaže se: „*Bez kraja će rasti vlast i mir na prijestolju Davidovom i u carstvu njegovom da se uredi i utvrdi sudom i pravdom od sada dovijeka, to će učiniti revnost GOSPODA nad vojskama.*" A u Danilu 7:14 čitamo: „*I dade Mu se vlast i slava i carstvo da Mu služe svi narodi i plemena i jezici. Vlast je Njegova vlast vječna, koja neće proći, i carstvo se Njegovo neće rasuti.*"

U to vrijeme, Zakon, na koji su ljudi mislili vrlo se razlikovao od svog originala. Fariseji i sadukeji su označavali i najtrivijalnije stvari u zakonu, a vremenom su oni tumačili Zakon ili ga menjali u sopstvenu korist. Zbog toga oni, čak i nakon što su bili svjedoci svih čudesnih stvari koje je Isus činio, nisu razumijeli. Oni takođe nisu razumijeli proročanstva iz Starog Zavjeta koja su se odnosila na Hrista. Oni su tumačili Božju volju u okviru ograničenja ljudske misli. Ipak, sa sigurnošću, kao što je prorečeno u starom Zavjetu, Isus Hrist ostaje zauvijek i Njegova moć je nepromjenljiva.

Isus ostavlja narod i krije se

„A Isus im reče: 'Još je malo vremena Vidjelo s vama. Hodite dok Vidjelo imate da vas tama ne obuzme; jer ko hodi po tami ne zna kuda ide. Dok Vidjelo imate vjerujte Vidjelo, da budete sinovi Vidjela. Rekavši ovo Isus otiđe i sakri se od njih.'" (12:35-36)

„Vidjelo" ovdje označava Isusa (Posalnica Rimljanima 9:5). Kao Vidjelo (svjetlost), Isus je pomogao ljudima da shvate njihov pravi identitet i On im je dao pravac u životu: U svemu što činite—bilo da jedete ili pijete—činite sve u slavu Bogu. Dokle god neko ostane u Hristu, taj više ne luta i taj može dobiti rješenje za sve životne probleme.

Ali kada je Isus govorio o umiranju na krstu, čak i ljudi koji su vjerovali da je Isus bio Mesija, bili su poljuljani u svojoj vjeri. Da bi spriječio da se njihova vjera poljuja, Isus im je rekao da se Njegova smrt na krstu neće odmah dogoditi.

On im je rekao da pošto je ostalo još malo vremena, oni treba istinski da vjeruju u Njega i da hodaju putem Svjetlosti. Čak i onda kada tama izgleda moćnije, On ih je upozorio da ne dozvole da ih ona obuzme. On je time mislio, da iako će On umrijeti na krstu, da ne misle da je to kraj i da ne gube nadu.

Vidjevši da se vjera ljudi poljuljala samo time što su čuli o onome što slijedi, Isus ih je ponovo podstakao: „Dok Vidjelo imate vjerujte Vidjelo, da budete sinovi Vidjela." Ovo je značilo, da ako oni budu vjerovali u Isusa, kroz njih, Bog će pokazati da je On živ, i svaki od njih će postati svjetlost svijeta. Nakon što je ovo kazao, Isus je otišao i sakrio se. On je ovo učinio da tiho izbjegne one ljude koji nisu mogli da razumiju Njegove duhovne riječi i koji su i dalje sumnjali i nisu vjerovali.

Učenja Mesije

Baš pred Pashu, Isus je ušao u Jerusalim ponizno jašući na ždrebetu. Mnogo ljudi Mu je poželjelo doborodošlicu i pratilo Ga. Ali to je kratko trajalo. Među ljudima koji su čuli Isusove riječi, neki su bili poljuljani u svojoj vjeri i počeli su da sumnjaju. Ali činjenica da ljudi neće povjerovati da je On bio Mesija, čak iako je On učinio toliko mnogo znakova, blia je već prorečena od strane proroka Isaije.

Proročanstvo Isaije o Mesiji

„Ako je i činio tolika čudesa pred njima, opet Ga ne vjerovahu. Da se zbude riječ Isaije proroka koji reče: 'Gospode, ko vjerova govorenju našem? I ruka

Gospodnja kome se otkri?'" (12:37-38)

Prorok Isaija služio je kao prorok od desetog kralja, kralja Ozija do trinaestog kralja, kralja Jezekija. On je prorekao o dolasku Mesije pod sumornim okolnostima u to vrijeme, oporavak Izraela i blagoslovenu budućnost (Isaija 60:14, 20). On je prorekao detaljno o izgledu Isusa, Mesiji koji dolazi, Njegovim patnjama i ishodu. On je takođe govorio o tome da mnogi ljudi neće prihvatiti i vjerovati u Isusa koji dolazi kao Mesija i da će Ga se odreći.

„*Gospode, ko vjerova govorenju našem? I ruka GOSPODNJA kome se otkri?*" (Isaija 53:1). U ovom pasusu mi možemo osjetiti Isaijinu frustraciju i tugu zbog nedostatka ljudske vjere. Kada se mi držimo jevanđelja i prihvatimo Isusa kao našeg Spasitelja, Bog nam oprašta naše grijehe i diže nas iz smrti u život i mi dobijamo spasenje. Ali zašto je tako mali broj ljudi omogućen Božjom moći i ko je spašen?

Razlog zbog koga narod nije mogao da vjeruje u Isusa kao Mesiju

„Zato ne mogahu vjerovati, jer opet reče Isaija: 'Zaslijepio je oči njihove i okamenio srca njihova, da ne vide očima ni srcem razumiju, i ne obrate se da ih iscjelim.' Ovo reče Isaija kad vide slavu Njegovu i govori za Njega." (12:39-41)

Isaija je znao razlog zašto ljudi nisu mogli da vjeruju u Isusa.

Razlog je bio ovaj: „Zaslijepio je oči njihove i okamenio srca njihova, da ne vide očima ni srcem razumiju, i ne obrate se da ih iscijelim." Šta to znači? Bog ne čini neke ljude dobrima a neke zlim. Svi ljudi imaju zlo u korijenu njihovih srca. Ali kada oni ne odbace ovo zlo i nastave da postupaju po tome, na kraju, oni konačno postanu slijepi za istinu koja je na svjetlosti.

Na primjer, ako nadmena osoba ne odbaci svoj ponos i nastavi da sudi i osuđuje druge ljude, ona gomila zlo na zlo. Zato njeno srce postaje žuljevito i konačno ona će otići putem smrti. Ako pogledamo okolo, mi vidimo ljude koji znaju da je pušenje i konzumiranje alkohola loše za njihovo zdravlje, ali oni nastavljaju da puše i piju. Onda vidimo da oni pate od različitih bolesti, ili postaju alkoholičari i vode bijedne živote. Ovo je rezultat nastavljanja uživanja u nečemu što oni već znaju da je loše.

Isto tako, ljudi koji su odbacili Isusa nisu mogli da private Isusa zbog zla u njihovim srcima, a ne zato što ih je Bog takvima stvorio. Onda zašto u Pismu to zvuči kao da je Bog pokrio njihove oči i otvrdnuo njihova srca? Ovo je zato što Bog nema ništa sa ljudima koji namjerno napuštaju Njegov Zakon i koji su već postali robovi neprijatelja đavola i Sotone, i koji nastavljaju da djeluju iz zla. Bog ostavlja ovakve ljude same. Zbog toga, bez Božje intervencije, njihove oči budu pokrivene, a njihova srca postaju žuljevita, sama od sebe.

Ipak, kada Njegova djeca zgriješe, Bog ih ne ostavlja same. On ih vodi da se oni okrenu od svojih zlih puteva. Ako na primjer, vjernik sa vjerom ne poštuje Gospodnji sveti dan, ili ako ne daje desetak, ili učini nešto čime Bog nije zadovoljan, Bog će dopustiti da iskušenja i poteškoće padnu na njega, u zavisnosti od ozbiljnosti grijeha. Podvlačenjem ovakve granice, Bog stalno šalje znak Njegovoj djeci da se okrenu od grijeha.

U gore pomenutom stihu stoji: „Zaslijepio je oči njihove i okamenio srca njihova, da ne vide očima ni srcem razumiju, i ne obrate se da ih iscijelim." Prvo, vidimo sa „očima" Božje riječi i Njegova djela i stičemo vjeru. A kada „spoznajemo srcem" mi ne slušamo samo Božju Riječ, već mi postajemo prosvjetljeni i okrećemo se od zla.

Kada spoznajemo srcem mi se transformišemo u predivne ljude od istine. Mi znamo da je to jedini put ka vječnom životu.

Tako, kada mi gledamo našim očima i spoznajemo našim srcima i okrenemo se od zla, Bog će nas izliječiti i odgovoriti na naše molitve. Ali zbog toga što ljudi ne odbacuju njihovo zlo, njihove oči postaju slijepe, a njihova srca se okamene, te oni ne mogu da prime izlečenje.

Prorok Isaija je živio otprilike 700 godina prije nego je Isus došao, ali on je vidio Božju slavu i progovorio je o Gospodu. Ovo je bilo zato što je on imao dobro srce i on je pažljivo primio Božju ljubav. On se potpuno razlikovao od prvosvještenika i fariseja koji nisu ni mogli da prepoznaju Isusa kad je On stajao pred njihovim očima.

„Ali opet i od knezova mnogi Ga vjerovaše, nego radi fariseja ne priznavahu, da ne bi bili izgnani iz zbornice; jer im većma omile slava ljudska nego slava Božija."
(12:42-43)

„Kneževi" se odnosi na ljude koje plaća kraljeva palata,

vojksa, ili država. To su takođe ljudi koji rade ili služe u u hramu. Vođe savjeta, hrama, palate, suda ili ljudi koji služe kralju u unutrašnjim odajama, svi se smatraju „kneževima." Čak i među ovom vrstom ljudi koji su vladali u društvu, broj onih koji su vjerovali u Isusa je rastao.

Ali iz straha da će ih izbaciti iz sinagoge, oni nisu mogli da otkriju svoju vjeru. Da su oni priznali Isusa Hrista, njima ne bi bio uskraćen samo njihov socijalni status, već bi oni morali da podnose progon od strane ljudi i ismijavanje. Tako, i da su imali vjeru, oni nisu imali savršenu vjeru ili iskreno srce (Poslanica Jevrejima 10:22). Oni su voljeli slavu ljudi, bogatstvo, slavu i moći ovog svijeta, više nego Božju slavu.

„Ja dođoh da spasem svijet"

> „A Isus povika i reče: 'Ko Mene vjeruje ne vjeruje Mene, nego Onog koji Me posla. I ko vidi Mene, vidi Onog koji Me posla. Ja dođoh kao Vidjelo na svijet, da nijedan koji Me vjeruje ne ostane u tami. I ko čuje Moje riječi i ne vjeruje, Ja mu neću suditi; jer Ja ne dođoh da sudim svijetu, nego da spasem svijet.'" (12:44-47)

Posebna ljubaznost je ukazivana diplomatskim predstavnicima koji su poslati iz neke zemlje kao njeni predstavnici. To je zato što baviti se predstavnicima je kao baviti se državom koja ih je poslala, ili visokim vođom te države. Na isti način, ako neko vjeruje u Boga, on će vjerovati i povinovati se proroku koga je poslao Bog. Osim toga, ko je Isus? On je Božji

Sin, koji je došao na ovaj svijet i pokazao mnogo znakova. Iako mi ne možemo vidjeti Boga našim očima, kroz čudesne znakove koje je Isus izveo, Bog se pobrinuo da mi možemo vjerovati u Njega.

Isus je došao na ovaj svijet kao istinska Svjetlost. Ako mi tumaramo okolo u gustoj tami i naiđemo na jedan jedini zrak svjetlosti, ta svjetlost će nam biti najdragocjenija. Isto tako, dok smo mi bili u tami grijeha i nismo znali kojim putem da idemo, Isus je došao kao Svjetlost i postao put, istina i život za nas. Tako, bez obzira na to kakve probleme mi možda imamo, ako se molimo Bogu Ocu u ime „Isusa Hrsta," koji je Svjetlost, mi možemo primiti ključ da riješimo bilo koji problem.

Zato je jedino ispravno da vjerujemo i povinujemo se Isusu, Božjem Sinu, koji je došao na ovaj svijet u tjelesnom. Ali ima toliko mnogo ljudi koji ne vjeruju u Isusa niti Mu se povinuju.

Isus nije došao da sudi svijetu. Zato je On rekao: „I ko čuje Moje riječi i ne vjeruje, Ja mu neću neću suditi." Ovo znači da ne samo Isus, već i Bog nisu brzi u preziru i korijenju kada neko učini nešto pogriješno.

Radije, On strpljivo čeka i pomaže osobi da shvati Njegovu volju i time Ga upoznaje i traži Ga. A onima koji Ga vole, On će ih upoznati i proliti Njegovu milost na njih. Naravno da On podučava o suđenju i kazni nakon toga; ali On nas vodi putem spasenja sa radošću i zahvalnošću, radije nego sa strahom. Zbog toga je Isus rekao: „Ja ne dođoh da sudim svijetu, nego da spasem svijet."

Poslednji sud i vječni život

„Koji se odreče Mene, i ne prima riječi Moje, ima sebi sudiju: riječ koju Ja govorih ona će mu suditi u poslednji dan. Jer Ja od Sebe ne govorih, nego Otac koji Me posla On Mi dade zapovijest šta ću kazati i šta ću govoriti. I znam da je zapovjest Njegova život vječni; šta Ja dakle govorim onako govorim kao što Mi reče Otac." (12:48-50)

2. Petrova Poslanica 3:9 navodi: *„Ne docni Gospod s obećanjem, kao što neki misle da docni, nego nas trpi, jer neće da ko pogine, nego svi da dođu u pokajanje."* A u 1. Timotejevoj Poslanici 2:4, kaže se: *„[Bog] Koji hoće da se svi ljudi spasu, i da dođu u poznanje istine."*

Nalik ovome, Bog vodi svakoga putem spasenja, svakog prema njegovoj vjeri, tako da se niko ne osjeća opterećenim ili pregorenim u tom procesu. Ipak, ima tako mnogo ljudi koji se okreću od Njega i idu putem smrti, što je vrlo tragično. U vezi sa tim, Isus je rekao: „Koji se odreče Mene, i ne prima riječi Moje, ima sebi sudiju: riječ koju Ja govorih ona će mu suditi u poslednji dan."

Bog želi da svako primi spasenje i da bi se ispunila Njegova volja, Isus je podučavao Božju Riječ dok je bio ovde na zemlji i kroz potpuno žrtvovanje On je ispunio put spasenja. Baš kao što je zapisano u Poslanici Rimljanima 10:13: *„Jer koji god prizove ime Gospodnje spašće se,"* vrata ka spasenju su napravljena da budu širom otvorena.

Ipak, one koji ne vjeruju u Gospoda čeka ozbiljno suđenje poslednjeg dana. Bog je učinio da Njegova vječna moć i božanska priroda budu jasno vidljivi u Njegovom stvaranju, tako da će svi bez izuzetka biti pred Božjim sudom (Poslanica Rimljanima 1:19-20). Tog dana niko neće moći da kaže: „Ja nikad nisam čuo za Boga. Ne znam ko je Isus Hrist. Ne poznajem put spasenja."

Poslanica Jevrejima 9:27 govori: *„I kao što je ljudima određeno jednom umrijeti, a potom sud.*" Dok živimo u ovom svijetu, Bog će nas voditi na mnogo različitih načina da bismo mi mogli da primimo spasenje i da postanemo uporedivi u Njegovoj slici. Ali mi moramo upamtiti da nas poslednjeg dana čeka sud. Božja djeca će primiti vječni život i primiće nebeske nagrade u skladu sa djelima koje smo posijali ovdje na zemlji. Ipak, oni koji ne vjeruju u Boga će na kraju pasti u Pakao i primiće vječnu kaznu.

Isus nikada nije učinio nijednu stvar u skladu sa Njegovm sopstvenom voljom. On je činio sve u skladu sa Božjom voljom i u skladu sa Njegovim vremenom. I sa svakom riječju koju je On govorio, On je govorio sa jasnom svrhom. Zbog toga čak i sada On nam odvažno stavlja do znanja da su riječi koje je On govorio bile Božje zapovjesti.

„Jer Ja od Sebe ne govorih, nego Otac koji Me posla On Mi dade zapovjest šta ću kazati i šta ću govoriti. I znam da je zapovjest Njegova život vječni; šta Ja dakle govorim onako govorim kao što Mi reče Otac."

Razlog zbog kog je Bog pokazao Njegovu moć kroz sve znakove i čuda koje je Isus izveo, i razlog zbog kog je vaskrsnuo Isusa tri dana nakon što je On umro na krstu, bio je da oslobodi čovječanstvo od grijeha i da mu podari vječni život. Isus je znao ovu volju od Boga Oca bolje od bilo koga drugog. Zbog toga se Isus Njemu potpuno povinovao, bez djelića greške. Isto tako, ako se mi povinujemo Bogu u svemu što radimo, mi takođe možemo u potpunosti ispuniti Njegovu volju.

Poglavlje 13

Poslednja večera

1. Isus pere učenicima noge
   (13:1-20)

2. „Jedan između vas izdaće me"
   (13:21-30)

3. „Novu vam zapovijest dajem"
   (13:31-38)

Isus pere učenicima noge

Često smo dirnuti u srcu kada čujemo prelijepu ljubavnu priču gdje ljudi pokazuju požrtvovanu ljubav jedni prema drugima. S vremena na vrijeme kada čujemo priču o roditeljima koji su žrtvovali njihov život za njihovo dijete, suze nam ispune oči. Ali ova vrsta ljuzbavi ne može da se uporedi sa Božjom ljubavlju prema nama. Zapisano je u Isaiji 49:15: „*Može li žena zaboraviti porod svoj da se ne smiluje na čedo utrobe svoje? A da bi ga i zaboravila, ja neću zaboraviti tebe.*" Isus, koji je došao na ovaj svijet sa Božjim srcem pokazao nam je ovu vrstu ljubavi. Ova ljubav je vrsta ljubavi koja je načinila da On preuzme krst za cijelo čovječanstvo.

Isusovo srce: Ljubav koja voli do samog kraja

„A pred praznik Pashe znajući Isus da Mu dođe čas da pređe iz ovog svijeta k Ocu, kako je ljubio Svoje koji bjehu na svijetu, do kraja ih ljubi. I po večeri, kad već đavo bješe metnuo u srce Judi Simonovu Iskariotskom da Ga izda..." (13:1-2)

Kada Pismo kaže: „Dođe Mu čas da pređe iz ovog svijeta k Ocu," to znači da je vrijeme došlo da Isus umre na krstu. Ali čak iako je znao da se vrijeme Njegove patnje bliži, On je volio Njegov narod do kraja. Sve do poslednjeg trenutka, Isus je učio istini-čak i Juda Iskariotski koga je Isus poznavao će Njega izdati.

Ovo je bilo nakon što je Juda Iskariotski donio odluku da izda Isusa. Mirno i namjerno, on se pomješao sa drugim učenicima sasvim prirodno, ali poslije incidenta sa Marijom i mirisom, on je smislio plan da proda učitelja visokim svještenicima i čekao je samo prikladno vrijeme za to. Nakon što je postao učenik, drugi učenici su činili sve što su mogli da pokušaju da razumiju Isusova učenja i da prate Njegove korake. Suprotno tome, čak i dok je bio svjedok Božjoj moći, Juda je nastavljao da sumnja i da se žali. Ne samo da je odbio da odbaci zlo iz srca, on je nastavio da ispoljava zlo sa njegovim tjelesnim mislima.

Neka od tjelesnih misli su mržnja, ljutnja, ljubomora, arogancija, osuda i optužba. Tjelesne misli su sve misli koje nisu u istini. Kada je srce osobe zlobno, on može samo da ima tjelesne misli kao da neprijatelj Sotona kontroliše njegovo zlobno srce. Kao što je zapisano u Poslanici Rimljanima 8:7: *„Jer tjelesno mudrovanje neprijateljstvo je Bogu, jer se ne pokorava zakonu Božjem niti može,"* Juda Isakriotski je bio ispunjen tjelesnim mislima i na kraju, završio je tako što je počinio težak i neoprostiv grijeh.

Ono od čega treba da budemo oprezni je sledeće: svako ko je ispunjen sa zlom u njegovom srcu može da postane predmet Sotonine kontrole, baš kao i Juda Iskariotski. Ako ne želimo da budemo pod kontrolom neprijatelja Sotone, mi moramo da transformišemo naša srca da budu ispunjena sa istinom. A uz pomoć Svetog Duha, mi moramo da čuvamo naša srca sa dobrim mislima i sa mislima od istine. Da bi ovo učinili, mi moramo uvijek da se radujemo, molimo bez prestanka i u svemu dajemo zahvalnost. Neprijatelj Sotona se ne može uvući u one koji žive na ovakav način.

Poslednja večera

„Znajući Isus da Mu sve Otac dade u ruke, i da od Boga iziđe, i k Bogu ide..." (13:3)

U utorak popodne, dan prije nego što je Isusa uhvaćen, Isus je pripremio obrok za Pashu, kako bi On proveo poslednju noć sa učenicima. Proces pripremanja Pashe je jasnije opisan u Jevanđelju po Luzki u poglavlju 22, nego u Jevanđelju po Jovanu. Isus je pozvao Petra i Jovana i dao im je poseban zadatak: *„Idite ugotovite nam Pashu da jedemo"* (stih 8).

Kada su učenici pitali gdje da pripreme obrok, Isus im

je rekao da idu u grad i da prate čovjeka koji unosi u kuću krčag vode i da kažu vlasniku kuće šta je Isus rekao. On je čak i precizno opisao kako će vlasnik da odreaguje. Petar i Jovan odmah su krenuli u grad. I gle čuda, tamo je bio čovjek koji je nosio krčag sa vodom! Tako da su oni pratili čovjeka do kuće i obratili su se vlasniku kuće. „*Učitelj veli: 'Gdje je gostionica gdje ću jesti Pashu s učenicima Svojim?'*" (stih 11).

Vlasnik, kao da je čekao Petra i Jovana, poveo ih je do gornje velike sobe. Kada je obrok za Pashu bio pripremljen, Isus je poveo dvanaest učenika i sjeo je sa njima u gornjoj sobi. U to vrijeme dok je On njih posmatrao, Njegovo srce je bilo ispunjeno sa još više ljubavlju prema njima nego čak i ranije. Znajući da ih On mora napustiti, po Božjoj volji, koliko tužno se samo On osjećao, dok je mislio na učenike koji će ostati!

„Otac Mu sve dade u ruke Njegove" se odnosi na misiju koju je Bog dodjelio Isusu. Ovo je bila misija spasavanja cijelog čovječanstva. U vremenima Starog Zavjeta, kada bi osoba zgriješila, on bi onda morao da žrtvuje kravu, ovcu, kozu ili goluba kako bi mu bilo oprošteno od Boga. I gotovo sve se krvlju čisti po zakonu, i bez prolivanja krvi ne biva oproštenje (Poslanica Jevrejima 9:22). Ovo je takođe razlog zašto je Isus morao da umre na krstu i prolije Svoju krv, da bi spasio čovječanstvo od njihovih grijehova. Pismo takođe navodi da je Isus znao da: „On od Boga iziđe, i k Bogu ide," što znači da je On znao da će uskoro On proliti Svoju krv na krstu i umrijeti.

Isus pere učenicima noge

„...ustade od večere, i skide Svoje haljine; i uze ubrus te se zapriježe. Potom usu vodu u umivaonicu, i poče prati noge učenicima i otirati ubrusom kojim bješe zaprijegnut." (13:4-5)

Te noći u gornjoj sobi, Isus je ustao sa posledenje večere i stavio sa strane Svoju odjeću a oko pojasa Njegovog stavio je peškir. Onda je On nasuo vodu u zdjelu i oprao i obrisao učenicima noge dok su oni posmatrali u tišini.
Za Jevreje koji su živjeli u oblasti poznatoj po svojoj

:: Isus pere Petrove noge (mozaik na spoljašnosti bazilike Svetog Petra)

neplodnoj i prašnjavoj zemlji, tamo je bio običaj da se operu noge gostima; ali to su uglavnom činile sluge. Ali Isus, koje bio njihov učitelj, prao je njihove noge, tako da koliko su bili iznenađeni i koliko su se samo osramoćeno osjećali učenici! Neznajući kako da Njega zaustave, oni vjerovatno nisu znali šta treba da urade u tom trenutku.

Razlog zbog kojeg je Isus oprao učenicima noge je bio taj da ih nauči koju vrstu stava i srca oni treba da imaju kada preuzmu važnu misiju u širenju jevanđelja i svjedočenja o Gospodovom vaskrsenju. Isus je želio da bude siguran da oni shvataju i razumiju Božju volju i razumiju Božju ljubav. On je želio da oni znaju da treba da čine sve stvari sa požrtvovanjem i srcem sluge kada počnu širenje jevanđelja.

Isusov razgovor sa Simonom Petrom

„Onda dođe k Simonu Petru. I on Mu reče: 'Gospode, zar Ti moje noge da opereš?' Isus odgovori i reče mu: 'Šta Ja činim ti sad ne znaš, ali ćeš poslije doznati.' Reče Mu Petar: 'Nikad Ti nećeš oprati moje noge!' Isus mu odgovori: 'Ako te ne operem nemaš dio sa Mnom.'" (13:6-8)

Kada je Isus došao do Simon Petra i pokušao da mu opere noge, on ga je pitao na stidljiv način: „Gospode, zar Ti moje noge da opereš?" Isus mu reče: „Šta Ja činim ti sad ne znaš, ali ćeš poslije doznati."

U skladu sa običajima i sa pravilima koje je on bio svjestan, nije bilo ispravno da učitelj pere učenicima noge. Da je Petar imao potpuno povjerenje u Isusa, on bi vjerovatno mislio da postoji pseban razlog zašto je Isus činio ono što čini. Ali zato što je on vidio da to nije u skladu sa njegovim znanjem i mislima, od je odbio da mu Isus opere noge. Ovo je bio ishod još više Petrovog oslanjanja na njegove tjelesne misli. „Nikad Ti nećeš oprati moje noge!"

Isus je znao da kada učenici počnu da šire jevanđelje sa srcem sluge, mnogi ljudi će početi da imaju iskrenu vjeru. On je takođe znao da samo kada oni postanu apostoli koji služe, smatraće se velikim na Nebesima. Kada je Isus Sebe ponizio i predao se Božjoj volji do tačke smrti, Bog Ga je visoko uzdigao nad svim stvarima. Isus je oprao učenicima noge kako bi im dao duhovno učenje, ali Petar je odbio misleći da su njegove misli mnogo tačnije. Vidjevši da se Petar približava ispunjenu Božje volje, Isus je nastavio da mu govori: „Ako te ne operem nemaš dio sa Mnom."

Noge se smatraju za najprljavijim dijelom ljudskog tijela, naročito u tim danima. Ljudi u to vrijeme nisu imali dobre cipele kao mi danas. Ljudi su nosili sandale vezane sa kožnim uzicama, tako da su noge uvijek bile prekrivene sa pijeskom i prašinom. Tako da pranje prljavih nogu ne simbolizuje samo: „Model služenja," već takođe nosi veliki značaj Isusa: „Pranje prljavih grijehova čovjeka."

Kao što je zapisano u Pismu: *„Jer od srca izlaze zle misli, ubistva, preljube, kurvarstva, kraađe, lažna svjedočanstva, hule. I ovo je što pogani čovjeka, a neumivenim rukama jesti ne pogani čovjeka"* (Jevanđelje po Mateju 15:19-20), Isus je želio da učenici razumiju da moraju da odbace njihove grijehove i da se operu od grijeha. Voda simbolizuje Božju Riječ. Samo kada osoba opere svoje grijehove sa Božjom Riječju može da služi sa njegovim srcem, a samo tada može biti nazvan sinom Božjim.

Ako osoba tvrdi da vjeruje u Boga a ne pere sebe od grijehova, on ne može da sretne Boga i to nema nikakve veze sa Bogom. Isus, koji je oprao noge Njegovim učenicima, želio je da opere njihova srca od griha i da oni postanu djeca Božja.

„Reče Mu Simon Petar: 'Gospode, ne samo noge moje, nego i ruke i glavu.' Isus mu reče: 'Opranom ne treba do samo noge oprati, jer je sav čist; i vi ste čisti, ali ne svi.' Jer znaše izdajnika Svog, zato reče: 'Niste svi čisti.'" (13:9-11)

Nakon što je čuo da neće imati ništa sa Isusom osim ako mu Isus ne opere noge, Petar je brzo odgovorio: „Gospode, ne samo noge moje, nego i ruke i glavu."

Samo momenat ranije Petar je rekao da On neće nikada oprati njegove noge, a sada on je govorio Isusu da ne pere samo noge, već i ruke i glavu. Još jednom, mi možemo da vidimo Petrovo poštenje, da nikad ne krije ono što mu je na srcu, svoju otvorenu ličnost i želju da uvijek bude u centru dešavanja. Sa ovom vrstom prirode, Petar je uvijek zaradio neku vrstu prekoravanja, ali čak i tada, Isus je vidio potencijalnu promjenu i učio ga drugoj lekciji. „Opranom ne treba do samo noge oprati."

Kada je Isus govorio o „onom koji je opran," On je govorio o „onom koji već ima vjeru." Ovo se odnosi na nekoga ko je postao vjernik od slušanja Božje Riječi i od posmatranja znakova i čuda. Tako da, kada vjernik treba da ima oprane noge, to znači da sve dok ne stekne potpunu vjeru, on treba uvijek da pogleda u svoju unutrašnjost i meditira nad Božjoj Riječi i postane preobraćen u osobu od istine. Ako mi tvrdimo da imamo vjeru i ljubav Boga a ipak ne odbacujemo zlo iz naših srca, to nema nikakvo značenje. Mi ne možemo da djelimo milost sa drugima; niti možemo da povedemo druge na put istine. Prema tome veoma je važno da odbacimo svo zlo iz naših srca i postanemo preobraćeni po Božjoj Riječi.

Onda, da su učenici na vrijeme bili u stanju da nisu odbacili sve njihove grijehove, zašto je Isus rekao: „I vi ste čisti?" Kada je Isus rekao da su čisti, On je mislio da su bili duhovno budni. Kad god su slušali Božju Riječ, oni su pokušavali da shvate duhovno značenje Njegove Riječi i učinili su svaki napor da zadrže potpunu kontrolu i da imaju potpunu, zdravu vjeru.

Ova vrsta ljudi je poznata kao čista, iako nisu u potpunosti odbacili njihove grijehove, jer su se trudili postanu zdravi, sa vjerom. Ali jedna osoba, Juda Iskariotski, nije bila kao oni. On je mislio da niko nije znao da je on posjetio visoke svještenike, ali Isus je već znao. Kao što je tama otkrivena u prisustvu svjetlosti, Isus je čak i znao šta se nalazi u srcu Jude Iskariotskog. Tako da kako bi mu pomogao da dođe do shvatanja, On je rekao: „Vi ste čisti, ali ne svi." Isus je želio da pruži još jednu priliku Judi da se promjeni.

Lekcija o ljubavi i poniznosti

„A kad im opra noge, uze haljine svoje, i sedavši opet za trpezu reče im: 'Znate li šta Ja učinih vama?' Vi zovete Mene Učiteljem i Gospodom; i pravo velite: jer Jesam. Kad dakle Ja oprah vama noge, Gospod i Učitelj, i vi ste dužni jedan drugom prati noge." (13:12-14)

Poslije pranja nogu učenicima, Isus je vratio na Sebe Svoje odore i vratio se za sto. Pogledao je unaokolo na učenike. „Znate li šta Ja učinih vama?" On je dodao: „Vi ste dužni jedan drugom prati noge."

Čak iako je Isus Sam morao da ode, za učenike On je ostavljao za sobom na ovom svijetu a za one koji će širiti jevanđelje, On je želio da oni zadrže lijep odnos jedni sa drugima služeći, voleći i ugađajući jedni drugima. Ali ova poruka se ne odnosi samo na učenike. Svi ljudi koji vjeruju u Boga su braća i sestre jedne porodice Hristove; prema tome, mi moramo da se međusobno prosvećujemo i vodimo jedni druge u ljubavi.

U 2. Petrovoj Poslanici 1:7, govori se o snadbevanju: *„a u pobožnosti bratoljublje, a u bratoljublju ljubav."* A u Poslanici Rimljanima 12:10, kaže se: *„Bratskom ljubavi budite jedan k drugom ljubazni, čašću jedan drugog većeg činite..."*

Ali Isus nije samo rekao: „Služite i volite jedni druge." On je rekao: „Kad dakle Ja oprah vama noge, Gospod i Učitelj, i vi ste dužni jedan drugom prati noge."

To znači da osoba koja je vodeća, osoba koja je u poziciji

učitelja mora da služi, daje i prije svega žrtvuje, kako bi povela druge ka istini. Vjernici u Gospoda koji su preteče vjere moraju biti uzor Isusa kroz požrtvovanje i službu. I kako bi ispunili naš poziv dobro, mi moramo da priznamo iz centra naših srca da smo to što jesmo zbog Božje milosti i mi moramo da smatramo druge boljim od nas samih.

Parabola o robi i gospodaru

„Jer Ja vam dadoh ugled da i vi tako činite kao što Ja vama učinih. Zaista, zaista vam kažem, nije sluga veći od gospodara svog, niti je poslanik veći od onog koji ga je poslao. Kad ovo znate, blago vama ako ga izvršujete." (13:15-17)

Ako neko živi nepravednim živototm a uči drugu osobu da živi pravednim životom, da li će njegovo učenje imati efekta? Ovo isto važi i za istinu. Ako mi ne živimo u skladu sa Božjom Riječju a pokušavamo druge ljude da učimo, mi nikada njih ne možemo da promjenimo. Suprotno tome, ako živimo u skladu sa istinom i učimo druge isto, onda će Bog garantovati za naše riječi; prema tome, ljudi će se koje smo učili podvrgnuti promjeni.

Poslanica Titu 2:7-8 kaže: „*A u svemu sam sebe podaj za ugled dobrih djela, u nauci cijelost, poštenje, riječ zdravu, nezazornu, da se posrami onaj koji se protivi, ne imajući ništa zlo govoriti za nas.*" Neprijatelj đavo i Sotona ne mogu da ometaju nekoga ko vodi primjeran život u svim vremenima kroz dobra djela. Oni su uspješni u svemu što rade i njihov korak u životu je prav. Zato što je veoma važno da budu dobar primjer u njihovim djelima, Isus je oprao noge Njegovim učenicima i pokazao im je primjer služenja.

A koristeći primjer „gospodara i sluge" i „onog koji je posalo i onog koji je posalt," Isus je naučio učenike odnosu između Boga i Isusa. „Gospodar" i „onaj koji je posalo" označavaju Boga, a „sluga" i „onaj koji je posalat" označavaju Samog Isusa. Poslanica Filipljanima 2:7, naziva Isusa poniznim slugom koji je stvoren nalik čovjeku, a u Jevanđelju po Jovanu 17:18, Isus govori da Ga je Bog poslao na ovaj svijet.

Bilo šta da je On činio, Isus je priznao Boga u svim vremenima; i On je jasno znao Božje srce i volju u ispunjavanju puta spasenja za čovječanstvo kroz Njega (Jevanđelje po Jovanu 3:16; Jevanđelje po Luki 5:32). Kako bi ispunio volju Božju, Isus se samo povinovao čak i do tačke razapeća (Poslanica Filipljanima 2:8). Iako je On bio Sin Božji, sve ovo nije lako ispunjeno. Isus je uvijek morao da se moli da bi On u potpunosti razumio koja je volja Božja i kako može da ubere prikladne plodove u skladu sa Njegovom voljom. Ipak, Njegovo ispunjavanje svega sa Božjom voljom daje nam savršen primjer.

Ovaj Isus, koji je pokazao ljubav i humanost u Njegovim djelima, podsjeća Njegove učenike: „Zaista, zaista vam kažem, nije sluga veći od gospodara svog, niti je poslanik veći od onog koji ga je poslao. Kad ovo znate, blago vama ako ga izvršujete." Ono na šta je Isus ovdje mislio je da će Božji blagoslov biti nad onima koji se uvijek plaše Boga koji je vladalac nad svim dušama. A Božji blagoslov će biti nad onima koji uvijek traže

Božju volju i pokušavaju da čine u skladu sa tim, bilo gdje da se nalaze.

Proročanstvo o izdaji Jude Iskariotskog

„Ne govorim za sve vas. Jer Ja znam koje izabrah; nego da se zbude Pismo: 'Koji sa Mnom hljeb jede podiže petu svoju na Me.' Sad vam kažem prije nego se zbude, da kad se zbude, vjerujete da sam Ja." (13:18-19)

Ma koliko da roditelj uči njegovo dijete da ide po najboljem putu, ako to dijete nema sopstvenu volju, on ne može da ide tim putem. Ovo je slično Isusovom učenju koji je put, put blagoslova. Ali Juda Iskariotski na kraju je u svakom slučaju izdao Isusa. Ovaj događaj je u stvari prorokovan mnogo vremena ranije. Isus je mislio na Psalm 41:9, koji navodi: „*I čovjek mira Mog, u kog se uzdah, koji jeđaše hljeb Moj, podiže na me petu.*" Govorivši ovo, Isus je rekao učenicima da će Ga jedan od njih izdati.

„Koji sa Mnom hljeb jede" se odnosi na nekoga ko je uvijek boravio sa Isusom i ko je učio Božju Riječ, koja je hljeb života. Kada je Isus iskoristio frazu: „podiže na me petu" to znači da neko ko je išao u istom pravcu sa Njim promjenio je svoj pravac, što znači da se udaljio od Isusa i da sada ide na drugu stranu. On je govorio o Judi Iskariotskom, koji će izdati Isusa i Njega predati Jevrejima. Sada, postoji razlog zbog koga je Isus rekao učenicima o ovom događaju prije nego što se desio. „Da kad se zbude, vjerujete da sam Ja." Isus je želio da upozori učenike da će On biti uhvaćen, da ne budu šokirani ili uplašeni već umesto toga da shvate: „Božja volja je ispunjena," i da se pripreme na ono što slijedi.

Isus, koji je jedno sa Bogom

„Zaista, zaista vam kažem, koji prima onog koga pošaljem Mene prima; a ko prima Mene prima Onog koji Me posla." (13:20)

Prihvatanjem Isusa, koga je Bog poslao je isto kao i prihvatanje Boga, a prihvatanje onoga koga je Isus poslao, je isto kao i prihvatanje Isusa. Činjenica da će se događaji o kojima je Isus govorio dogoditi upravo kako je On rekao da će se desiti, bili su dokaz da mi možemo da stavimo vjeru u Njegovu Riječ. Ovo je bio dokaz koji pokazuje da je Isus Sin Božji i da je On jedan sa Bogom.

Da bi razumijeli Božje proviđenje kada je posalo Njegovog jednog i Jedinog Sina Isusa na ovu zemlju da bi otvorio put spasenja, mi najprije treba da prihvatimo Isusa. Ako mi ne prihvatimo Isusa kao Hrista, mi ne možemo da razumijemo Božje proviđenje u spašavanju čovječanstva. 1. Jovanova Poslanica 5:12 kaže: „*Ko ima Sina Božjeg ima život; ko nema Sina Božjeg nema život.*" Ovo pokazuje odnos između Boga i Isusa da je isti kao kod Oca i Sina.

Ova vrsta odnosa se odnosi na one koji takođe prihvataju Isusa. U Jevanđelju po Marku 16:20 navodi se: „*A oni izađoše i propovjedaše svuda, i Gospod ih potpomaga, i riječ potvrđiva znacima koji su se potom pokazivali.*" Isus je u stvari sa učenicima bio u duhu. Prema tome, oni koji vjeruju u riječi učenika, isto je kao da prihvataju Gospoda.

„Jedan između vas izdaće me"

Nakon što je oprao učenicima noge, Isus ih je naučio o lekciji ljubavi i poniznosti a onda je propovjedao o Judinoj izdaji. Postoji stara Korejanska poslovica koja kaže da kada osoba odgrize svih deset prstiju, nema ni jedan prst koji ne boli. Na isti način, znajući da će jedan od Njegovih učenika, koji je bio sa Njim toliko dugo, Njega da izda, šta mislite kako se Isus osjećao? Koliko bolno je to bilo za Njega!

„Jedan između vas izdaće Me"

„Rekavši ovo Isus posta žalostan u duhu, i posvjedoči i reče: 'Zaista, zaista vam kažem, jedan između vas izdaće Me.' Onda se učenici zgledahu među sobom, i čuđahu se za koga govori. A jedan od učenika Njegovih, kog Isus ljubljaše, seđaše za trpezom na krilu Isusovom. Onda namaže na njega Simon Petar da zapita: 'Ko bi to bio za koga govori.'" (13:21-24)

Isus je izgovorio ove riječi sa teškom tegobom. Sve vreme On je znao da će jedan od Njegovih učenika Njega da proda Jevrejima, ali ovo je bilo prvi put da On govori o tome. U trenutku, svako u sobi je počeo da se mrda zbog neudobnosti. Niko nije očekivao da čuje šta je Isus govorio, tako da su svi bili pomalo zbunjeni. Uskoro, učenici su od neugodnosti postali znatiželjni. „O kome On ovde govori?" „Ko bi učinio tako zlu stvar?" Onda, svi su počeli da gledaju jedni na drugie i ispituju se očima.

Svako od njih je postao pomalo zabrinut, pitajući se: „Da ne govori On o meni?" (Jevanđelje po Marku 14:19). Petar više nije mogao da čeka, i on je dao znak učeniku koji je ležao na Isusovim grudima govorivši mu da pita Isusa o kom učeniku govori. Ali Pismo ne spominje ime učenika koji je ležao na Isusovim grudima-ono samo spominje učenika „kog Isus ljubljaše." Ovaj učenik u stvari je bio apostol Jovan, autor Jevanđelja po Jovanu.

Jovan nije otkrio svoje ime u njegovoj knjizi. Umjesto toga, on je volio da iskoristi frazu: „kog Isus ljubljaše," kada je govorio o sebi (Jevanđelje po Jovanu 21:20). Sin Zvedeja, Jovan je bio brat Jakova. U zavisnosti od njihove ličnosti, ljudi izražavaju svoju ljubav na različite načine. Kao najmlađi sin u porodici, Jovan je okolo pratio Isusa sa najvećim obožavanjemi ljubavlju.

Ali koje značenje ovde postoji da dok su svi ostali učenici

služili i toliko blizu pratili Isusa, jedan od njih je završio tako što je Njega prodao? Ono što mi možemo da naučimo ovdje je da ma koliko da je lijepo okruženje za rast u vjeri, ako mi ne odbacimo zlo iz naših srca, mi možemo da završimo sa strašnim ishodom.

Kada je Isus otvorio oči slijepom čovjeku, iscjelio bolesne i učinio da hrom prohoda, Juda Iskariotski je bio tamo uz Njega, svjedočio je svakom događaju. Juda je trebao da vjeruje da je Isus osoba od istine i da je Bog bio sa Njim. Ali umjesto da ima vjeru, Juda je ukrao novac; sanjao je da će steći jednog dana veliku moć, on je dozvolio da ga njegove sopstvene ambicije vode. I zato što nije odbacio zlo iz njegovog srca, on je na kraju završio tako što je počinio nepovratan grijeh.

Lekcija koju moramo da naučimo iz ovoga je sledeća: oni koji prime veću posebnu milost i ljubav od Boga-kao učenici-traba da budu oprezniji u potpunom ispitivanju sebe u svakom trenutku. Istina nam govori da „služimo," tako da mi treba da provjerimo da li „služimo" a ne da „želimo da služimo." Riječ nam govori da „tražimo korist za druge," tako da mi moramo da provjerimo da li zaista tražimo korist za druge prije nego za sebe same.

„Gospode, ko je to?"

„A on leže na prsi Isusove i reče Mu: 'Gospode, ko je to?' Isus odgovori: 'Onaj je kome Ja umočivši zalogaj dam.' I umočivši zalogaj dade Judi Simonovom Iskariotskom. I po zalogaju tada uđe u njega Sotona.

Onda mu reče Isus: 'Šta činiš, čini brže.'" (13:25-27)

Jovan je takođe bio radoznao. Tako da kada mu je Petar nagovijesti da pita Gospoda, on je rekao: „Gospode, ko je to?" Isus je odgovorio: „Onaj je kome Ja umočivši zalogaj dam." Isus je umočio zalogaj i dao ga Judi. Bez riječi, Juda je uzeo hljeb od učitelja. Kako je pogledao Judu ovog puta, Isusove oči su odražavale mnogo različitih emocija. Njegove oči su bile ispunjene tugom, žalošću i ljubavlju. Isus nije mogao da od njega odustane, ali On je znao da na kraju, Juda se neće odvratiti od njegovih puteva.

Tako da zašto je Isus otkrio ko će Ga izdati dok je močio hljeb i predao ga Judi? Čak i do poslednjeg momenta, Isus je želio da pruži Judi priliku za pokajanje i da se okrene od njegovih puteva. Ista scena se nalazi i u Jevanđelju po Mateju 26:23-24: „*A On odgovarajući reče: 'Koji umoči sa Mnom ruku u zdjelu onaj će Me izdati. Sin Čovječiji dakle ide kao što je pisano za Njega; ali teško onom čovjeku koji izda Sina Čovječjeg. Bolje bi mu bilo da se nije ni rodio onaj čovjek.'*"

Juda, koji je bio proboden u srce, pitao je: „Da nisam ja, Ravi?" A Isus mu je odgovorio: „Ti kaza." Do ovog vremen Juda je već trebao da zna da je Isus znao šta je on planirao da uradi. Ali i dalje je bio obmanljiv i nije želio da promjeni njegove misli.

Drugi razlog zbog koga je Isus umočio hljeb i predao ga Judi je da drugi učenici znaju. Nakon Njegoivog vaskrsenja i vaznesenja na nebesima, kada su se podsjetili svega šta se dogodilo, Isus je želio da shvate da kako bi se vrata spasenja otvorila Isus nije zaustavio Judu čak iako je On znao sve. Iz ovog razloga, učenici su mogli da viču i da proglase sa jasnom sigurnošću da Isus jeste Hrist.

Kada je Juda predao zalogaj Judi i dao mu dozvolu, Sotona je ušla u njega. Površinski gledajući, Juda je prodao učitelja, ali u stvarnosti, on je bio pod kontrolom Sotone. Zbog toga Pismo govori da je Sotona ušla u njega. Da bi ubili Isusa, koji je došao kao Spasitelj, neprijatelj đavo i Sotona su izabrali Judu Iskariotskog da uradi njihov posao.

Ovdje, djelo đavola i djelo Sotone se razlikuju međusobno. Sotona je kao radio talas koji kontroliše misli i čini da jedan ima zle misli, a đavo je onaj koji gura čovjeka da stavi zle misli u djela. Sotona je prolio u Judu Iskariotskog misao da proda njegovog sopstvenog učitelja. Problem je ovdje bio taj da je Juda bio zao, on je prihvatio misao umjesto da se borio protiv nje. I pored same pomisli da proda Isusa, on je ustvari počeo da formira plan. Ovo je djelo đavola.

Zbog toga je Isus rekao: *„Ne izabrah li Ja vas dvanaestoricu, i jedan je od vas đavo?"* (Jevanđelje po Jovanu 6:70). Tako zla osoba će biti kontrolisana od strane zlog duha. Prema tome, mi moramo da se molimo sa revnosnom vatrom i budemo ispunjeni Svetim Duhom i ne dozvolimo Sotoni da dira naše misli. Nakon nekog vremena, Isus je rekao Judi: „Šta činiš, čini brže."

Učenici nisu razumijeli Isusove Riječi

„A ovo ne razumije niko od onih što seđahu za trpezom zašto mu reče. A neki mišljahu, budući da u Jude bješe kesa, da mu Isus reče: 'Kupi šta treba za praznik;' ili da da šta siromašnima. A on uzevši zalogaj odmah iziđe; a bješe noć." (13:28-30)

Drugi učenici nisu imali predstavu u kom smjeru se odvijao razgovor između Isusa i Jude Iskariotskog. Oni su pretpostavljali da je Juda Iskariotski otišao ranije bez riječi da bi pribavio neke stvari koje su bile potrebne za praznik, ili da pomogne siromašnim. Ovo je bilo zato što je on bio zadužen za kasu sa novcem.

Na upit učenika o otme ko će prodati učitelja, Isus nije direktno odgovorio. Umjesto toga, On je odgovorio Njegovim djelima. Ali niko nije razumio. Ovo je bilo zato što činjenica da će Isus biti prodat od strane griješnika i da će umrijeti na krstu da bi se ispunio plan spasenja, bila je tajna koja je bila skrivena prije početka vremena. Bog se postarao da niko ne znao o tome sve dok plan ne bude u potpunosti otkriven.

Jevanđelje po Luki 18:34 kaže: „*I oni ništa od toga ne razumješe, i besjeda ova bješe od njih sakrivena, i ne razumješe šta im se kaza.*" Zbog toga je Isus mogao javno da iznese razgovor o njemu. Bez obzira koliko neprijatelj đavo može da bude lukav i bez obzira koliko teško pokušava da se otarasi Isusa, Božja volja stoji čvrsto sve do kraja. I činjenica da će se Isus pojaviti ponovo kroz slavu vaskrsenja, bila je istina koja se neće promjeniti.

Kada je postao zabrinut da će se njegov plan razotkriti, Juda Iskariotski je polako ustao sa svog mjesta i potrčao napolje. Napolju je već bio uveliko mrak, a noćni hladan vazduh strujao je oko Judinog srca.

„Novu vam zapovijest dajem"

Uprkos nevjerovatno teškoj i zahtevnoj situaciji, Isus je bio prlično miran. Pošto je Juda Iskariotski otišao da bi izveo svoj plan, hvatanje Isusa je samo pitanje vremena. Još malo, Isus će biti uhvaćen i predat ljudima koji su željeli da Njega ubiju i moraće da pati. Ali šta mislite da Isus učinio malo prije toga?

Isus je vidio slavu

„Kad on iziđe, onda Isus reče: 'Sad se proslavi Sin Čovječiji i Bog se proslavi u Njemu; ako se Bog proslavi u Njemu, i Bog će Njega proslaviti u Sebi, i odmah će Ga proslaviti.'" (13:31-32)

Isus je znao i tako je On priznao da Njegovom predajom u ruke slabih i umiranje na krstu, Božji plan će biti ispunjen. On je znao da nakon što On umre na krstu za grijehove čovječanstva i vaskrsne, put spasenja će se otvoriti i onda će se iskrena djeca Božja – koja znaju Božje srce-okupiti. Na ovo je Bog čekao sve vrijeme-svaki dan je izgledao kao hiljadu godina, a hiljadu godina je izgledalo jao jedan dan. A sada, kroz Isusa, svi ovi planovi će biti potpuni. Prema tome, samo je ispravno da Bog bude slavljen. Tako da kada je Juda Isariotski otišao da proda Isusa, sada je to bilo dobro što je tako učinjeno. Zbog toga je Isus rekao da je Sin Čovjeka već slavljen.

Tako da koju vrstu slave Isus prima? Čak i na ovoj zemlji, ako neko ispuni nešto prvi put, to se smatra kao slava i poštovanje. Isus je postao prvi plod vaskrsenja. Isus je dao Njegov život kako bi uništio jaz koji se formira između Boga i čovjeka, zbog čovjekovog grijeha. I čineći tako, On je opet donio mir u odnosu između dva bića. I pošto On nije imao grijeh, On je uništio moć smrti i vaskrsao iz smrti i postao prvi plod onih uspavanih (1. Korinćanima Poslanica 15:20).

I On je postao veličanstven Spasitelj koji će povesti mnoge duše iz Pakla ka Nebesima i iz smrti ka vječnom životu. Bog je načinio od Isusa vrata spasenja (Djela Apostolska 4:12). Prema tome, Isus će prmiti-sada i zauvijek-slavu i zahvalnost od sve Božje djece koji su stekli spasenje kroz Njega, tako da koliko je samo velika ova slava?

Isus daje novu zapovjest

„Dječice, još sam malo s vama. Tražićete Me, i kao što rekoh Judejcima: 'Kuda Ja idem vi ne možete doći, i vama govorim sad.' Novu vam zapovjest dajem da ljubite jedan drugog, kao što Ja vas ljubih, da se i vi ljubite među sobom. Po tome će svi poznati da ste Moji učenici, ako budete imali ljubav među sobom." (13:33-35)

Isus je jednom pred Jevrejima rekao: „Kuda Ja idem vi ne možete doći" (Jevanđelje po Jovanu 7:34). Ovo je zato što će nakon umiranja na krstu i vaskrsenja, On primiti novo, duhovno tijelo i uzdići će se na nebesa. Naravno, On će biti sa učenicima u duhu, potvrđujući reč kroz znakove i čuda, ali On neče biti sa njima u tijelu. Nakon što Isus vaskrsne iuzdigne se na nebesa, On neće biti pronađen niti će biti vidljiv na ovoj zemlji. Ali postoji jedan način da se bude jedan sa Gospodom. To je voljeti druge, kao što On voli nas.

Razlog zbog koga je Bog poslao Isusa na ovu zemlju je zato što je On volio ljude čak iako su oni postali grešnici. Kroz Njegova djela, Isus je takođe učio ljude o Božjoj ljubavi. Mi moramo da znamo ovu ljubav i moramo da se postaramo da ova ljubav boravi u nama (Poslanica Efežanima 5:1-2).

Što više Božje ljubavi-ljubav koja je toliko dugo čekala, toliko strpljivo, da bi okupila iskrenu djecu-imamo u nama, više duša mžemo povesti ka spasenju. Biti ljubazan, ne biti neljubazan, ne tražiti samo za sebe, i tako dalje, su plodovi duhovne ljubavi. Što više ovakvih plodova uberemo, tim više možemo u potpunosti ispuniti Božje djelo. Vjernici koji žive na ovaj način su oni koje

Bog prepoznaje kao „Moja iskrena djeca," a Isus ih naziva: „Moji iskreni učenici."

„Tri puta ćeš se Mene odreći"

„Reče Mu Simon Petar: 'Gospode, kuda ideš?' Isus mu odgovori: 'Kuda Ja idem ne možeš sad ići za Mnom, ali ćeš posle poći za Mnom.' Petar Mu reče: 'Gospode, zašto sad ne mogu ići za Tobom? Dušu ću svoju položiti za Te.' Odgovori mu Isus: 'Dušu li ćeš svoju položiti za Me? Zaista, zaista ti kažem, neće petao zapjevati dok Me se triput ne odrekneš.'" (13:36-38)

Kada je Isus govorio o umiranju na krstu, vaskrsenju i vaznesenju na nebesa, Petar je bio ispunjen nemirom i rekao je: „Ravi, gdje stojiš?" „Kuda Ja idem ne možeš sad ići za Mnom, ali ćeš posle poći za Mnom."

U periodu od tri godine-što nije kratak period-Petar je uvijek bio uz Isusa. Kada je Isus otišao na goru Preobraženja i kada je vratio u život ćerku Jaira, službenika sinagoge, Petar je bio sa Njim. On jednostavno nije mogao da razumije, od svih ljudi, zašto čak i on ne može da bude sa Isusom. „Gospode, zašto sad ne mogu ići za Tobom? Dušu ću svoju položiti za Te." Petar je samo bio ispunjen povjerenjem. Ali Isus je odmahnuo Njegovom glavom. „Neće petao zapevjati dok Me se triput ne odrekneš."

U želji da izrazi njegovu jaku volju da neće napustiti Isusa niti se Njega odreći, Petar je još više sa upornošću govorio.

„S Tobom i umrijeti neću Te se odreći." I svi drugi učenici su rekli istu stvar (Jevanđelje po Marku 14:31). Ali šta se na kraju dogodilo? Odmah nakon što je Isus uhapšen, tri puta se Petar odrekao iako je znao Isusa a ostali učenici su se raštrkali i pobjegli.

Ma koliko da mi priznajemo sa vjerom, čovjek ne poznaje čak ni sopstveno srce i priznanje je ništa osim ako ga Bog ne priznaje.

Poglavlje 14

Isus, put, istina i život

1. Isus tješi učenike
(14:1-15)

2. Obećanje utješitelja, Svetog Duha
(14:16-31)

Isus tješi učenike

U to vrijeme, Jerusalim je bio ispunjen blagom neizvesnošću. Za vrijeme javnog skupa, vođe Jevreja su objavile da će svako ko vjeruje u Isusa biti izbačen iz sinagoge i visoki svještenici i fariseji su tražili priliku da uhvate Isusa gdje god da su imali priliku. Sa druge strane, Isus je nastavio da govori kao da će nekuda otići. Povrh toga, Isus je rekao da će Ga jedan od učenika izdati. Mora da je bilo teško srcima učenika.

„Vjerujte Boga, i Mene vjerujte."

„Da se ne plaši srce vaše, vjerujte Boga, i Mene vjerujte. Mnogi su stanovi u kući Oca Mog; da nije tako, kazao bih vam; idem da vam pripravim mjesto.

I kad otidem i pripravim vam mjesto, opet ću doći, i uzeću vas k Sebi da i vi budete gdje sam Ja." (14:1-3)

Učenicima koji su bili ispunjeni brigama Isus je podario poruku nade. „Da se ne plaši srce vaše, vjerujte Boga, i Mene vjerujte." Nevjerovatni znaci i čuda koje je Isus izveo, bili su dovoljan dokaz da je Bog sa Njim. Da su oni stvarno vjerovali u Njega, sa kojim je bio Bog, zašto bi oni brinuli? Čak i da su zaista vidjeli Isusa da umire na krstu, oni nisu trebali da brinu. Isus je želio da Njegovi učenici imaju vjeru da bi mogli sve da povjere Božjoj volji, dok nisu vidjeli slavu vaskrsnuća. Tako im je On rekao jednu tajnu. On im je rekao o mjestu boravka na Nebesima.

„Mnogi su stanovi u kući Oca Mog." Ove riječi su uhvatile Isusovo srce koje je željelo da svi ljudi prime spasenje. On nije rekao: „Mnogi su stanovi na Nebesima," već „Mnogi su stanovi u kući Oca Mog." Ove riječi takođe pokazuju Isusovu ljubav. Bog ne želi da mnogo ljudi uđe u u Njegovo kraljevstvo samo da bi nad njima vladao kao kralj; On želi mnogo istinske djece kojima će moći da daje i prima ljubav, i da sa njima vječno živi. Zbog toga je Isus upotrebio riječi: „Stanovi u kući Oca Mog."

Pošto su Nebesa beskrajno velika, svako ko se povinuje u Božjoj ljubavi može u njih ući. Bez obzira na rasu, pol, starost, ili socijalni status, svako ko vjeruje u Isusa kao Njegovog Spasitelja i ko živi u skladu sa Božjom Riječi može ući. Kada je Isus rekao: „Idem da vam pripravim mjesto," On je mislio da će On za kratko vrijeme biti pridat kao žrtva mira da bi se uništio zid grijeha koj istoji između Boga i čovjeka (Prva Jovanova

Poslanica 2:2). Zato će svakom ko vjeruje u Isusa Hrista biti oprošteni grijesi, primiće spasenje i kasnije će ući u prelijepo carstvo Božije. Tako, ovo je Isus mislio dok se pripremao da ponese krst i zato je rekao da ide da pripremi mjesto za nas. Kada dođe vreme i kada kultivacija čovjeka bude završena, Isus će se vratiti po nas. Mjesta boravka na Nebesima će takođe biti završeno u to vrijeme. Ovo je zato što mjesto boravka i nagrade koje svaka osoba prima na Nebesima, zavise od toga kako je on ili ona živio na ovom svijetu. Zbog toga kultivacija čovjeka mora biti završena da bi se na kraju sve ove odluke donele na Nebesima.

Na primjer, ako je neko iskusio Božju milost u jednom trenutku života i vjerno služio i sakupio mnogo nagrada na Nebesima, ali onda nekad kasnije se ponovo vratio svjetovnom životu i izgubio svoje spasenje, sve što je on možda zaslužio na Nebesima postaje ništa. Ipak, ako zadržimo vjeru i težimo da do kraja živimo za Božju slavu, Bog će zapamtiti sve ovo i nagradiće nas. I ne samo to, mi ćemo moći da vječno živimo sa Bogom na Nebesima. Zbog toga je Isus rekao: „I uzeću vas k Sebi da i vi budete gdje sam Ja." Čak i da on bude spašen, njegove nagrade će biti smanjene na račun toga što je zgriješio ili unizio Božje ime.

„Ja sam put i istina i život."

„'I kuda Ja idem znate, i put znate.' Reče Mu Toma: 'Gospode, ne znamo kuda ideš; i kako možemo put znati?' Isus mu reče: 'Ja sam put i istina i život; niko neće doći k Ocu do kroza Me.'" (14:4-6)

Isus je znao tačno kuda On treba da ide. „I kuda Ja idem" odnosi se na nebo, gdje je Bog, a „put" je put koji je Isus izabrao: od dolaska na ovaj svijet kao Božji Sin, do ispunjenja Božje volje i konačno do Njegovog povratka na nebo. Učenici su znali bolje od svih, put koji je Isus izabrao. Ono što je On govorio i činio, oni su sve vidjeli izbliza i zato su znali. Zbog toga im je Isus rekao: „I put znate."

Ono što je Isus ovdje rekao takođe znači da ne samo učenici, već svi ljudi koji vjeruju u Isusa moraju da krenu ovim putem kojim je i Isus krenuo. Da bismo išli ovim putem, mi moramo biti čisti. Mi moramo odbaciti zlo iz naših srca i postati čisti. Što više ostvarujemo posvećenost Bogu, više razumijemo Njegovo srce i volju i ispunjavamo tu volju. Zbog toga što je Isus bio bezgriješan, On je bio jedno sa Bogom i mogao je da ispuni Njegovu volju.

Da bismo išli „putem" mi moramo biti i svjedoci Gospoda do kraja svijeta. Kao što je Isus došao na ovaj svijet da spasi grješnike, mi moramo revnosno širiti jevanđelje i povesti mnogo ljudi ka spasenju. Kada je Isus rekao učenicima kuda ide, Toma je izgledao zbunjeno.

„Gospode, ne znamo kuda ideš; i kako možemo put znati?" Ne tako davno, Isus je rekao, idemo kod mrtvog Lazara, a Toma nije razumio Isusa te je rekao: „Idimo da umrijemo sa Gospodom." Zbog toga što je Toma imao mnogo tjelesnih misli, on je teško mogao da razumije Isusove riječi. Ali i drugi učenici su bili isti. Atmosfera je bila teška, i sa toliko mnogo stvari na umu, oni takođe nisu razumijeli, ali se nisu usuđivali da pitaju. Vjerovatno im je bilo drago kad su čuli da Toma pita u njihovo ime. Tako je ovim učenicima, Isus govorio jasnim i nedvoslislenim tonom: „Ja sam put i istina i život; niko neće doći k Ocu do kroza Me."

Na šta Isus misli kada On kaže „put"? Da bi se došlo do određene destinacije, mi moramo ići određenim putem da bismo tamo stigli. Isto tako, jedini put za Božje dijete da dođe na Nebesa jeste kroz Isusa Hrista. Kao što je zapisano: „*I nema ni u jednom drugom spasenja; jer nema drugog imena pod nebom danog ljudima kojim bi se mi mogli spasti*" (Djela Apostolska 4:12), Isus Hrist je put do Nebesa, put spasenja i vječni život.

Onda, zašto je Isus rekao: „Ja sam istina"? Kao što nam saobraćajni znakovi i znakovi na putu omogućavaju da bezbjedno stignemo do naše destinacije, postoji i nešto što nam omogućava da bezbjedno stignemo na Nebesa. A to je „istina." Mi moramo da pratimo istinu—koja je Božja Riječ—da bismo stigli do našeg odredišta, Nebesa. Isus je bio Riječ koja je postala tjelesna i koja je došla na ovaj svijet. I pošto je On ispunio Zakon sa ljubavlju, On je nazvao Sebe „istinom."

I Isus je takođe rekao: „Ja sam život," jer kada mi vjerujemo u Isusa, koji je umro na krstu da bi primio kaznu u ime grešnika—čije su duše umrle zbog grijeha—mi dobijamo vječni život (Prva Jovanova Poslanica 5:12). Kada mi vjerujemo u Isusa Hrista, mi dobijamo novi život i mi živimo u skladu sa Njegovom Riječju, mi možemo otići na Nebesa, naš dom.

„Gospode, pokaži nam Oca?"

„'Kad biste Mene znali onda biste znali i Oca Mog; i odsele poznajete Ga, i vidjeste Ga.' Reče Mu Filip: 'Gospode, pokaži nam Oca i biće nam dosta.' Isus mu reče: 'Toliko sam vrijeme s vama i nisi Me poznao, Filipe? Koji vide Mene, vide Oca; pa kako ti govoriš: „Pokaži nam Oca"?'" (14:7-9)

Postoji stara izreka, da ako pogledaš dijete, možeš poznati njegove roditelje. Kada vidite sina koji izgleda isto kao njegov otac, to izgleda kao da gledate njegovog oca. To izgleda još više tako kada vidite sina kako govori, hoda i ponaša se kao njegov otac. Kao Božji Sin, kako je Isus pokazivao i podučavao o Bogu?

Prvo, propovjedajući Jevanđelje o Nebesima, On je pokazao ko je Bog i kako mi treba da živimo. On je podučavao o Božjoj istinskoj volji u skladu sa Zakonom; ali On se nije tu zaustavio. Kroz Njegova djela, On nam je pomogao da osjetimo Božju ljubav.

I bez imalo oklijevanja, Isus je posegao ka onima koji su bili zanemareni od strane društva. On je izvukao te duše koje su se davile u dubokom bazenu grijeha i bolesti. Čak ni leprozne, čija se koža raspadala i iz nje curio gnoj, Isus nije smatrao za nečiste. On je ili zapovjedao Njegovim riječima, ili čak stavljao Njegove ruke na njih da bi ih izliječio. Tako, kad god je Isus liječio bolesne i nemoćne, On je to činio sa mnogo ljubavi; zbog toga su ljudi osjećali toplu ljubav Isusovu kako ulazi u njihova srca.

Zato, kad je Isus govorio o Bogu, ljudi su mogli da imaju

vjeru u činjenicu da je Bog, Bog ljubavi, saosjećanja i milosti. Kroz njihove susrete sa Isusom, oni su se osjećali kao da su upoznali i vidjeli Boga. Isus je rekao: „I odsele poznajete Ga, i vidjeste Ga." I danas mi možemo znati o Bogu kroz život i podučavanje Isusovo.

Razlog zbog kog je Isus upotrebio riječi: „I odsele," bio je taj, jer u to vrijeme niko nije mogao reći da učenici istinski poznaju Boga. Pošto još uvijek nisu posvjedočili Isusovoj smrti na krstu i Njegovom vaskrsnuću, oni još uvijek nisu imali potpunu vjeru. Kao da je ovo potvrdio, Filip je prenaglio sa riječima: „Gospode, pokaži nam Oca."

Filip je kao i Petar bio iz Vitsaide i bio je vrlo logičan i praktičan čovjek. Čak i kad je Isus nahranio hiljade ljudi samo sa dvije ribe i pet hljebova ječmenih, on je mogao brzo da izračuna koliko im je hrane bilo potrebno i koliko im je novca bilo potrebno da je kupe. Tako, kad mu je rečeno da vidjevši Isusa je isto kao da vidi Boga, on nije mogao da razumije. Ljudima kao što je on, koji pokušavaju da razumiju sve na osnovu njihovih mjerila i misli, teško je da razumiju duhovno značenje, i oni takođe teško mogu da steknu vjeru.

Čak i danas ima toliko mnogo slučajeva kada ljudi kažu da vjeruju u Boga, ali oni ne znaju tačno ko je Bog, a takođe ne razumiju ni Njegovo srce ni volju. Oni vide Boga isključivo kroz njihove duhovne okvire i oni misle: „Bog u koga ja vjerujem je ovakav." Ovo je slično žabi u bunaru koja misli da je nebo iznad nje čitav svijet.

Zbog toga oni nisu u mogućnosti da daju i prime veću količinu ljubavi od Boga, a kada vide nekoga koji prima ogromnu količinu ljubavi od Boga, oni ih smatraju strancima.

Tako, kad je Isus upitao: „Toliko sam vrijeme s vama i nisi Me poznao, Filipe? Koji vide Mene, vide Oca; pa kako ti govoriš: 'Pokaži nam Oca?'" On je govorio svim ljudima koji imaju vjeru sličnu Filipovoj.

„Otac koji stoji u Meni On tvori djela"

„Zar ne vjeruješ da sam Ja u Ocu i Otac u Meni? Riječi koje vam Ja govorim ne govorim od Sebe; nego Otac koji stoji u Meni On tvori djela. Vjerujte Meni da sam Ja u Ocu i Otac u Meni; ako li Meni ne vjerujete, vjerujte Mi po tim djelima." (14:10-11)

Isus je spomenuo ranije, da ko god je vidio Njega, vidio je i Oca. Šta mislite, zašto je On to rekao? Ovo je zbog toga što je Isus u Bogu i Bog je u Isusu; zato su Oni u potpunosti jedno. I kroz moćna djela On je pokazao da je On jedno sa Bogom. On je liječio sve vrste bolesti i činio slabe ponovo potpunima. I riječi koje je On govorio nisu bile iz Njegove inicijative, već izgovorene od Oca koji je prebivao u Njemu (Jevanđelje po Jovanu 12:49-50).

I zbog toga što je On bio jedno sa Bogom, Isus je mogao da podnese mučan put ispunjenja plana spasenja umiranjem na krstu. Isus je već bio jedno sa Bogom po srcu i volji, u želji da spasi duše koje su umirale u grijehu. Zbog toga je On mogao odvažno da krene ovim putem, koji je u ljudskim očima izgledao veoma teško. Kao što mi možemo otkriti vrstu drveta po njegovom plodu, kada mi pogledamo sve stvari koje je Isus učinio, mi možemo vidjeti i vjerovati da je On u Bogu i da je Bog u Njemu.

Koji vjeruje Mene djela veća će tvoriti

„Zaista, zaista vam kažem, koji vjeruje Mene, djela koja Ja tvorim i on će tvoriti, i veća će od ovih tvoriti; jer Ja idem k Ocu Svom." (14:12)

U Poslanici Jevrejima 11:1. vjera je definisana kao: „*Vjera je, pak, tvrdo čekanje onog čemu se nadamo, i dokazivanje onog što ne vidimo.*" U Jevanđelju po Marku 9:23 kaže se: „*Sve je moguće onome koji vjeruje.*" Zato, kada mi imamo istinsku vjeru u Isusa, mi možemo činiti djela koja je Isus činio, čak i veća djela.

Ali zašto je Isus morao da ode Ocu da bi se ove stvari dogodile?

Kada mi iskopavamo kikiriki ili krompir, ako mi iskorenimo samo jednu lozu, mnogi od proizvoda na vinovoj lozi se mogu ubrati u isto vrijeme. Prvo, sadi se samo jedno zrno kikirikija ili jedan dio krompira, ali kasnije se rodi mnogo više. Isto tako, Isus je bio kao jedna jedina sjemenka posađena u ovom svijetu za Božje kraljevstvo. Kao što sjeme proizvodi mnogo više plodova samo kada izgubi svoju sopstvenu formu, tek nakon što je Isus potpuno žrtvovao samog Sebe, moglo se steći mnogo Božje djece.

Trenutak kad je Isus završio Njegovo služenje ovdje na zemlji i uspeo se na nebo, bio je trenutak kada se nova vatra upalila da bi se dovršilo Božje kraljevstvo. Zbog toga je Isus ostavio Njegovih dvanaest učenika. Čak i nakon toga, mnogo Božjeg posla je obavljeno kroz učenje ovih dvanaest učenika. U realnosti mi možemo vidjeti da su oni vjernici koji su jedno sa Isusom u vjeri, učinili mnogo moćnih Božjih djela, isto kao i Isus.

Ako pogledate knjigu Djela Apostolska, tu se kaže da kada je Petar propovjedao, dodano je oko tri hiljade duša. On je takođe iscjelio osobu koja je bila bogalj od rođenja, podigao osobu iz mrtvih, i izveo je još mnogo drugih čudesnih znakova. Zbog toga što su ovi znakovi bili izvedeni kroz Petra, mnogo ljudi je primilo spasenje, a Bog je bio ovjenčan slavom. Apostol Pavle je takođe činio znakove i čuda i on ne samo da je izneo, već je ostavio nevjerovatan uticaj na služenje šireći jevanđelje. Sve se dogodilo kao što je Isus rekao: „Djela koja Ja tvorim i on će tvoriti, i veća će od ovih tvoriti."

„I ako šta zaištete u ime Moje, Ja ću učiniti"

„I šta god zaištete u Oca u ime Moje, ono ću vam učiniti, da se proslavi Otac u Sinu. I ako šta zaištete u ime Moje, Ja ću učiniti. Ako imate ljubav k Meni, **zapovjesti moje držite.**" (14:13-15)

Kada se mi molimo, mi se moramo moliti u ime „Isusa Hrista Spasitelja" i mi moramo vjerovati da ćemo dobiti odgovor. Pošto je Bog svemoćan, šta god da zatražimo u ime Isusa Hrista, On nam može dati. Zbog toga je Isus rekao: „I ako šta zaištete u ime Moje, Ja ću učiniti." A da bismo bolje razumijeli zašto je On rekao: „Da se proslavi Otac u Sinu," pogledajmo ilustraciju.

Recimo da ugledan čovjek, koji je vlasnik velike kompanije, želi sve da prenese na sina. Ako su ideali i mudrost sina isti kao kod oca i ako on dobro vodi kompaniju i razvije je da bude još veća, onda će njegov otac biti veoma zadovoljan. I drugi ljudi će hvaliti sina i reći će: „On je isti otac." Isto tako, kada se mnoga Božja djela dogode kroz ime Isusa Hrista, Božje kraljevstvo i područje djelovanja se uvećava, i Bog se na kraju slavi.

A razlog zašto je Isus još jednom rekao: „I ako šta zaištete u ime Moje, Ja ću učiniti," bilo je da još jednom naglasi da Bog može sve učiniti.

To naravno ne znači da samo zato što se molite i tražite nešto u ime Isusa Hrista da će vam se dati sve što tražite. Baš kao što je zapisano: „*Ljubazni, ako nam srce naše ne zazire, slobodu imamo pred Bogom; i šta god zaištemo, primićemo od Njega, jer zapovjesti Njegove držimo i činimo šta je Njemu ugodno*" (1. Jovanova Poslanica 3:21-22), mi iznad svega moramo živjeti u skladu sa Božjom Riječju. Kao što mi želimo da slušamo osobu koju volimo i želimo da učinimo sve što nam ona traži, ako volimo Gospoda, mi ćemo se povinovati Božjim zapovjestima kojima nas je Gospod naučio. Ovo je dokaz naše ljubavi prema Bogu.

Obećanje utješitelja, Svetog Duha

Isus je znao da kada obavi misiju ispunjenja plana spasenja za čovječanstvo, On će se vratiti Ocu. Ovo je već bilo isplanirano od početka. Ipak, jedna stvar je bila teška za Njegovo srce. Svaki put kad bi On pogledao Njegove učenike, On se osjećao kao da ostavlja stado ovaca među vukovima, i On je osjećao veliku tugu. Da bi utješio učenike, On im je dao nadu o Nebesima, vjeru i molitvu, i način kako da pobjede kroz ljubav. A onda im je Isus obećao još jednog utješitelja.

Drugi utješitelj

„I ja ću umoliti Oca, i daće vam drugog utješitelja da bude s vama vavijek; Duha istine, kog svijet ne može primiti, jer Ga ne vidi niti Ga poznaje; a vi Ga poznajete, jer u vama stoji, i u vama će biti." (14:16-17)

„Utješitelj" ovdje označava: „Osobu koja govori u ime druge osobe i koja je navodi ili savjetuje kako bi shvatila šta je ispravno a šta pogriješno", ili, „onaj koji daje preporuke, pruža podršku, daje snagu i utjehu." U ovom pogledu, Isus je takođe vodio život Utješitelja. On je bio Božji prorok, On je bio posrednik koji je pomogao ljudima da shvate svoje grijehe, i sa Božjim srcem On je liječio ranjene i duše koje pate tješeći ih jevanđeljem Nebesa. Zato Isus nije samo nazvao Svetog Duha, koji bi štitio i podučavao učenike „Utješiteljem," već „drugim Utješiteljem." Kao „Božje srce," Sveti Duh se takođe naziva „Duh istine." Sveti Duh kuca na svačije srce kako bi on ili ona mogli ući na vrata spasenja koje je otvorio Isus Hrist. Za one koji su dobri u srcu i koji prime Isusa Hrista, Sveti Duh stanuje u njima. On im pomaže da razumiju proviđenje krsta Isusa Hrista i On pomaže ljudima da osjete Božje srce.

Biblija govori da je prisustvo Svetog Duha kao „golub koji silazi" (Jevanđelje po Mateju 3:16) i „*...i pokazaše im se razdjeljeni jezici kao ognjeni; i sjede po jedan na svakog od njih*" (Djela Apostolska 2:3). Sveti Duh radi drugačije sa ličnošću svake osobe i okolnostima kako bi on ili ona mogli da razumiju Božju ljubav. Ipak, pošto ljudi ovoga svijeta više vole tamu od svjetlosti, oni ne mogu primiti Svetog Duha, koji je dio Boga, koji je Svjetlost. Kao što niko ne može vidjeti vjetar, iako On postoji, ovakvi ljudi ne mogu osjetiti Svetog Duha.

Sveti Duh koji prebiva

„Neću vas ostaviti sirotne; doći ću k vama. Još malo i svijet Mene više neće vidjeti; a vi ćete Me vidjeti; jer Ja živim, i vi ćete živjeti. U onaj ćete vi dan doznati da sam Ja u Ocu Svom, i vi u Meni, i Ja u vama." (14:18-20)

Bez Isusa, učenici bi bili kao siročad koja su izgubila rodtielje. Ali Isus, koji je saosjećajan i pun ljubavi, nikad ih ne bi tako ostavio. Da, oni bi bili razdvojeni kada On umre na krstu, ali On im je stavio do znanja da je rastanak samo na kratko i On je obećao da će se vratiti.

„Neću vas ostaviti sirotne; doći ću k vama." I kao što je On rekao, nakon Njegovog vaskrsnuća, Isus se vratio nekoliko puta da posjeti Njegove učenike i On se takođe pojavio pred pet stotina braće u isto vrijeme (1. Posalnica Korinćanima 15:6). Ali kada je On rekao: „Doći ću k vama," On nije mislio da će se samo pojaviti pred njima nakon vaskrsnuća. Postoji drugo, mnogo dublje značenje iza ove izjave, a to je da, jednom kada Isus ispuni plan spasenja, On i Njegovi učenici će moći da budu zajedno čitavu vječnost.

Upravo prije Njegovog raspeća Isus je rekao: „Jer Ja živim," jer je On postigao obećanje da će se Božje proviđenje ispuniti.

Neprijatelj đavo i Sotona su mislili da će se ubistvom Isusa, Mesije, sve završiti. Ipak, zbog toga što je on ubio Isusa, koji je bio bezgriješan, on je konačno prekršio Božji Zakon koji kaže: „Jer kazna za grijeh je smrt." Sotona je iskopao svoj sopstveni grob. Kao rezultat toga, svako ko je duhovno jedno sa Gospodom, koji je postao prvi plod vaskrsnuća, oslobođen je od zakona smrti i grijeha i prima vječni život. Zbog toga što je Gospod vaskrsnuo, vrata života su otvorena takođe i svima nama.

Isus je rekao: „U onaj ćete vi dan doznati da sam Ja u Ocu Svom, i vi u Meni, i Ja u vama." Ovdje „u onaj dan," odnosi se na dan kada je Isus vaskrsnuo nakon što je uništio moć smrti. Iako je Isus u osnovi jedno sa Bogom, samo nakon ispunjenja misije koju je On primio od Boga je On rekao: „Ja sam u Ocu." U to vrijeme, Isus je bio u istom položaju kao sin koji je postigao ono što je njegov otac želio, te je zato mogao da pogleda oca u oči sa radošću i samopouzdanjem.

„Vi ste u Meni" označava našu vjeru u Gospoda. Kada mi vjerujemo u Isusa Hrista, mi možemo živjeti u Gospodu. Ovo nije vjera zasnovana na onome što mi znamo u našim glavama, već duhovna vjera koja se ne mijenja—bez obzira na okolnosti. Samo onda kada mi imamo ovakvu vrstu vjere mi možemo reći da smo mi u Gospodu.

A razlog zbog kog je Isus rekao: „Ja sam u vama," je zato što Bog šalje Svetog Duha da boravi u srcima onih ljudi koji vjeruju u Isusa kao njihovog Spasitelja. Mi ne možemo vidjeti Svetog Duha našim očima, ali On zaista boravi u nama. On nam pomaže da shvatimo Božje srce i volju, i On nam takođe pomaže da osjetimo ljubav Isusa Hrista.

Onaj koji se pridržava zapovjesti uz pomoć Svetog Duha

„Ko ima zapovjesti Moje i drži ih, on je onaj što ima ljubav k Meni; a koji ima ljubav k Meni imaće k njemu ljubav Otac Moj; i Ja ću imati ljubav k njemu, i javiću Mu se Sam." (14:21)

Ovaj stih nam govori šta znači „voljeti Isusa pomoću Svtog Duha." Ako mi kažemo da volimo Isusa, ali se ne pridržavamo Njegovih zapovjesti, to onda znači da Ga mi ne volimo istinski. Voljeti nekoga samo riječima je kao prazan eho. Nema pravu vrijednost. Zato je nakon objašnjenja šta znači biti jedno sa Ocem, sinom i Svetim Duhom, Isus naglasio: „Ko ima zapovjesti Moje i drži ih, on je onaj što ima ljubav k Meni."

Ako neko kroz vjeru ima vezu punu povjerenja sa Gospodom i istinski voli Gospoda, On će primiti Njegove riječi k srcu i pokušaće da živi po njima. On se neće samo povinovati riječima da bi bio poslušan—on će razumijeti zašto je Isus izgovorio te riječi i on će ih izvršavati sa radošću i zahvalnošću.

Kao što se mi uljepšavamo kada treba da se sretnemo sa nekim koga volimo u fizičkom svijetu, ako mi istinski volimo Gospoda, mi ćemo željeti da se riješimo našeg starog ja koje je bilo jedno sa svijetom i prirodno počećemo da ličimo na Gospoda. Način na koji govorimo, način na koji hodamo i sve što budemo činili postaće sveto i cjelovito nalik Hristu. Samo oni koji nastave da se ovako mijenjaju—uz pomoć Svetog Duha—mogu zaista reći da vole Gospoda.

Ako pogledamo Bibliju, Bog izražava izuzetnu ljubav onim

ljudim koji se drže Njegovih zapovjesti zbog njihove ljubavi prema Njemu. Avramu, koji je bio voljan da žrtvuje svog jedinog sina Isaka, Bog mu je podario ogroman dar da postane otac vjere, kojren blagoslova. Danijel, koji je volio Boga više od svog života, primio je izuzetnu zaštitu, čak i od usta gladnih lavova. On je pokazao Božju slavu na veličanstven način po cijeloj zemlji. Bog ne prima samo jednostrano ljubav koju Mu Njegova djeca daju svim svojim srcem, voljom i životom. Bez sumnje, On nam pokazuje dokaze Njegove ljubavi takođe. Zbog toga, mi se možemo povinovati Njegoj Riječi sa još većom radošću i zahvalnošću.

Ja ću biti sa vama u ime Oca, Sina i Svetog Duha

„I reče Mu Juda, ne Iskariotski: 'Gospode, šta je to da ćeš se nama javiti a ne svijetu?' Isus odgovori i reče mu: 'Ko ima ljubav k Meni, držaće reč Moju; i Otac Moj imaće ljubav k njemu; i k njemu ćemo doći, i u njega ćemo se staniti. Koji nema ljubavi k Meni ne drži Moje riječi; a riječ što čujete nije Moja nego Oca koji me posla.'" (14:22-24)

Juda, ne Iskariotski, bio je jedan od dvanaestorice Isusovih učenika. On je bio sin Jakova, takođe zvanog „Tadeja" (Jevanđelje po Luki 6:16). Pošto nije mogao da razumije duhovnu poruku Isusovih riječi, Juda je upitao zašto se On otkrio učenicima ali ne i cijelom svijetu. Ali u stvarnosti, nije tako da se Isus nije otkrio svijetu—ljudi svijeta Ga nisu prepoznali. Isus je otvorio oči slijepom čovjeku i tako otkrio Sebe; ipak, Jevreji su Ga optužili kao što bi griješnika. Oni nisu razumijeli Isusove riječi koje su u sebi sadržale istinski život. Zauzvrat oni su Ga ismijavali i progonili Ga.

Suprotno tome, ljudi sa dobrim srcima razumijeli su Njegove riječi i oni su uzeli život u Njegovim riječima kao sopstveni i primjenili to u svojim životima. Samo ovakvi ljudi priznaju Isusa Hrista kao njihvog Gospoda i mogu zvati Boga njihovim Ocem. Zato je Isus još jednom rekao da vjoleti Njega znači držati se Njegovih riječi i onome ko se drži Njegovih riječi: „I k njemu ćemo doći, i u njega ćemo se staniti."

Ovo se sve odnosi na „Boga Oca" koji je Riječ, „Isusa Hrista Spasitelja" i na „Svetog Duha." Kada je Riječ u nama i mi se pridržavamo Očevih zapovjesti, Otac je u nama i mi smo jedno sa Njim, koji nas čini Njegovom istinskom djecom. „Mi" se odnosi na Boga, Isusa Hrista i Svetog Duha koji su jedno, kada Oni borave u našim srcima, i to ne samo jedan dio Oca ili Sina ili Svetog Duha, već kad je srce kompletno onda je Sveto Trojstvo upisano u našim srcima.

Ljudi koji duboko poštuju Boga i prate istinu, dolaze pred Isusa i oni vole da slušaju Riječ. Oni su prosvijetljeni u njihovim srcima i oni znaju da je Isus Hrist. Ovo je zato što oni primaju riječi Isusove kao da su od Boga.

Služba Svetog Duha, Utješitelja

„Ovo vam kazah dok sam s vama. A utješitelj, Duh

Sveti, kog će Otac poslati u ime Moje, On će vas naučiti svemu i napomenuće vam sve što vam rekoh." (14:25-26)

Zašto je onda Bog morao da čeka nakon što je Isus završio Njegovu misiju na svijetu prije nego što je poslao Svetog Duha u ime Isusa Hrista? Sveti Duh je „Božji Duh koji je sveti"; te On ne može boraviti u grešnicima. Samo oni kojima su njihovi grijesi oprošteni kroz krv Isusa mogu primiti Svetog Duha. Jer je Isus postao umilostivljenje i pomirio čovjeka i Boga, Sveti Duh—koga je Bog poslao—može boraviti u našim srcima.

Ovo ne znači da za Svetog Duha nije bilo posla za vrijeme Starog Zavjeta prije nego je Isus došao. Tih dana u ime Božjeg Duha ili Duha GOSPODA, Bog je doticao srca proroka, ili Njegovih ljudi da obavljaju Njegov posao. Pošto je ovo bilo prije nego što su ljudima oprošteni njihovi grijesi kroz krv Isusa Hrista, Sveti Duh nije mogao da boravi u srcima ljudi; umjesto toga, On je doticao ljude od spolja da bi oni mogli da obavljaju Njegova djela.

„A utješitelj, Duh Sveti, kog će Otac poslati u ime Moje," znači da će Sveti Duh, budući da je „istog Duha" kao Isus, doći na Isusovo mjesto. Sveti Duh obavlja zaista važno služenje. Jedan od najvažnijih zadataka koje On ima je: „On će vas naučiti svemu i napomenuće vam sve što vam rekoh."

Sveti Duh dotiče svakog vjernika i pomaže mu da ostvari duhovno prosvetljenje tako da on može razumijeti sva Isusova poređenja i Božje srce. Čak i ako neko tvrdi da je primio mnogo Isusovih učenja, ako on ne primi djelovanja Sveog Duha, onda sve ovo ostaje kao čisto znanje. Ipak, kada je neko ispunjen

Svetim Duhom i dotaknut njime, on može razumijeti ne samo Božje riječi izgovorene kroz poređenja; već i tajne duhovnog svijeta.

Dat mir od strane Svetog Duha, utješitelja

„Mir vam ostavljam, mir Svoj dajem vam; ne dajem vam ga kao što svijet daje. Da se ne plaši srce vaše i da se ne boji. Čuste da vam Ja kazah: 'Idem i doći ću k vama.' Kad biste imali ljubav k Meni, onda biste se obradovali što rekoh da idem k Ocu, jer je Otac Moj veći od Mene." (14:27-28)

Ljudi žele da žive mirnim životom, ali dokle god smo u ovom svijetu, strepnje i brige se neće nikad završiti. Toliko mnogo puta smo jednog minuta super raspoloženi, a već sledećeg se svađamo i raspravljamo. Gdje god da pogledamo, vrlo je teško pronaći istinski mir. Ipak, mir koji nam Bog daje je istinski i vječan.

Kad je Isus rekao Njegovim učenicima da će On biti izdat i prodat i da će On otići na mjesto kuda oni ne mogu da Ga prate, Njegovi učenici nisu mogli da odagnaju brige i strahove. Iako im je Isus obećao da će poslati Svetog Duha, zbog toga što oni nisu mogli da razumiju duhovno značenje ovoga, oni nisu mogli da ne brinu. Ipak, Isus ih nije kudio zato što Ga nisu razumijeli. Umjesto toga, On im je obećao istinski mir koji im svijet ne može dati.

Isus im je rekao da se raduju jer će Sveti Duh, Utješitelj,

doći kada On ode k Ocu. On misli na to da će Sveti Duh ući u njihova srca i boraviti u njima. Tako, iako Isus više neće moći da prebiva sa njima u tijelu, Sveti Duh će boraviti u njima sve vrijeme. U tom smislu, učenici su trebali da se raduju kada je Isus rekao: „Idem k Ocu, jer je Otac Moj veći od Mene," jer će Svemoćni Bog poslati Svetog Duha kao Utješitelja i voditi ih do kraja.

Raspeće i vjera učenika

„I sad vam kazah, prije dok se nije zbilo, da vjerujete kad se zbude. Već neću mnogo govoriti s vama; jer ide knez ovog svijeta, i u Meni nema ništa; nego da vidi svijet da imam ljubav k Ocu, i kao što mi zapovjedi Otac onako tvorim. Ustanite, hajdemo odavde." (14:29-31)

Postoje dva razloga zašto je Isus nakon što je završio obrok pashe rekao Njegovim učenicima o Njegovoj smrti na krstu prije nego se to zaista desilo. Prvo, bilo je to tako, da bi nakon što je misija na krstu obavljena, učenici mogli da vjeruju, i drugo, da bi oni znali da je Isusova smrt dio Božjeg plana.

Razlog zbog kog je Isus uhvaćen i razapet od strane „vladara svijeta", ili onih na vlasti kao što je visoki svještenik, fariseji i pisari, bio je ne zato što On Sam nije imao moć. Pošto je On bio jedno u srcu sa Bogom da ne želi da vidi da nijedna duša propadne, On se u potpunosti povinovao Božjoj volji i podnio sve patnje. Isus je umro na krstu iako je On u potpunosti bio bezgriješan da bi pokazao Božju ljubav (Posalnica Rimljanima 5:8).

Zato je Isus rekao: „...jer ide knez ovog svijeta, i u Meni nema ništa; nego da vidi svijet da imam ljubav k Ocu, i kao što mi zapovjedi Otac onako tvorim." Isus je volio Njegovog Oca te je prosto izvršavao Njegove zapovjesti. On nije bio uzdrman moćima ovog svijeta. Zato je On rekao: „I u Meni nema ništa." Tek nakon što je Isus vaskrsao i uspeo se na nebo, učenici su shvatili Božje proviđenje i stekli istinsku vjeru koja im je omogućila da čitav svoj život posvete tome da budu moćni svjedoci Gospoda.

Poglavlje 15

Isus je pravi čokot

1. Parabola o vinu i granama
   (15:1-17)

2. Svijet i učenici
   (15:18-27)

Parabola o vinu i granama

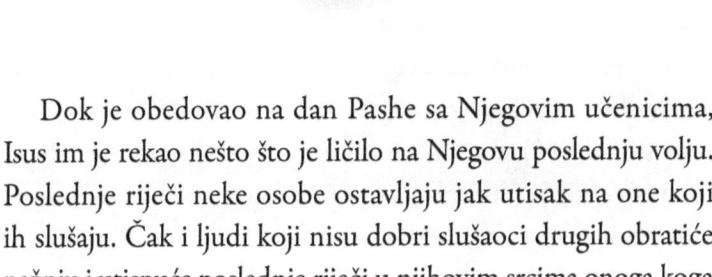

Dok je obedovao na dan Pashe sa Njegovim učenicima, Isus im je rekao nešto što je ličilo na Njegovu poslednju volju. Poslednje riječi neke osobe ostavljaju jak utisak na one koji ih slušaju. Čak i ljudi koji nisu dobri slušaoci drugih obratiće pažnju i utisnuće poslednje riječi u njihovim srcima onoga koga poznaju.

Da bi objasnio Njegov odnos sa Njegovim učenicima, Isus je rekao da je On čokot, Bog vinogradar a da su Njegovi učenici grane loze. Vrijeme je nastvljalo da prolazi kako je Isusovo srce čeznulo za Njegovim učenicima jer je morao njih da ih napusti, a srca učenika su čeznula za njihovim učiteljem kako su učili neposredno prije Njegevo smrti.

Vinogradar i vinova loza

„Ja sam pravi čokot, i Otac je Moj vinogradar. Svaku lozu na Meni koja ne rađa roda odsjeći će je; i svaku koja rađa rod očistiće je da više roda rodi." (15:1-2)

Isus je iskoristio parabolu o čokotu i granama kako bi Njegovi učenici mogli bolje Njega razumijeti. Vinove loze su vrlo česte u Izraelu. Ljeti, Izrael dobila vrlo malo kišnog vremena i temperatura je visoka i suva, tako da su uslovi savršeni za uzgoj grožđa. Ali čak i da zasadite najbolje različite vrste biljaka na najbolje mogućoj zemlji, uloga farmera je ipak najvažnija u proizvodnji dobrog ploda. U zavisnosti od onoga šta farmer radi, prinos i kvalitet usjeva varira.

Isus je iskoristio ilustraciju da je Bog farmer a da je On Sam vinova loza koja je zasađena na ovoj zemlji u skladu sa Božjom voljom, kako bi pokazao da sva vlast pripada Bogu. Od početka vremena, Bog je imao plan da pošalje Isusa na ovu zemlju da bi pripremio put spasenja. A kad je čas bio poogodan, Bog je iznio Njegov plan. Onda, zašto je Isus uporedio Sebe sa vinovom lozom od svih vrsta biljaka?

Ovo je zato što sok od grožđa koji izlazi iz grožđa, simbolizuje Isusovu krv. Dok je On djelio vino sa Njegovim učenicima na poslednjoj večeri, Isus je rekao: *„Ova je čaša novi zavjet Mojom krvi koja se za vas proliva"* (Jevanđelje po Luki 22:20). A razlog zbog koga je On Sebe nazvao pravom vinovom lozom je zato što je po samoj istini, Isus u osnovi Bog, koji je vječno nepromjenljiv.

Isus je takođe koristio ovu parabolu zbog karakteristika

vinove loze u proizvodnji mnogo plodova. Grožđe je plod sačinjen od grozda sa plodovima. Na isti način, mi kao djeca Božja koji smo povezani svi kroz Isusa Hrista u vjeri, takođe ubiremo plodove. Kako naša duša napreduje, mi možemo da povedemo mnogo duša ka spasenju i možemo da uberemo takve plodove kao što su devet plodova Svetog Duha, plodovi ljubavi (pronađeni u poglavlju Ljubav), Blaženstvu i plodovima Svjetlosti.

Koristeći ovu parabolu o vinovoj lozi, Isus je u potpunosti priznao i uzdigao Boga, Vladaoca svih stvari. Budući da Bog snabdeva hranljive materije i dobru količinu vode, sunca i potrebnog vazduha da bu plodovi cvjetali, potpuna vlast pripada Njemu.

Farmer se stara da drvo ima dobar oblik i reže grane kako bi drvo dalo dobre plodove. Na isti način, osoba koja izjavljuje da vjeruje u Isusa Hrista a ne živi u skladu sa Riječju istine na kraju završava tako što se udaljuje od Isusa Hrista. Kada prvi put pogledamo na stih: „Svaku lozu na Meni koja ne rađa roda odsjeći će je," možda će izgledati da, upoređujući metaforički farmera sa Bogom, Bog samo nasumice siječe grane koje On želi. Ipak, ovo nije slučaj.

Bog, koji želi da svi ljudi budu spašeni, nikada neće biti taj koji će tek tako nekoga prvi odsjeći. Ovdje „loza koja ne rađa" se ustvari odnosi na one ljude koji nisu uspjeli da žive u skladu sa Božjom Riječju i udaljili su se od istine po sopstvenoj volji. Sa druge strane, oni ljudi koji misle o sebi dok koriste Njegovu Riječ i koji pokušavaju da dokažu sebe, Bog drži u Njegovoj moći. Šta više, On im daje priliku da otkriju sve vrste zla koju možda imaju u srcima, kako bi je odbacili.

Na primjer, kada roditelj otkrije da njegovo dijete ima jak potencijal u nekim oblastima ili vještinu, on misli: „Ako ovo dijete dobije posebnu podršku u ovoj oblasti, biće veoma uspješno." On će poslije osigurati da dijete dobije posebno obrazovanje i vježbu u toj oblasti. Slično tome, kada Bog vidi da jedno od Njegove djece sa teškom mukom pokušava da odbaci njegove grijehove i postane posvećen, On ga vodi ka višoj, mnogo potpunijoj dimenziji dozvoljavajući mu da oiskusi neka iskušenja.

Kao što je zapisano u Jakovljevoj Poslanici 1:2-4: „*Svaku radost imajte, braćo moja, kad padate u različne napasti, znajući da kušanje vaše vjere gradi trpljenje. A trpljenje neka djelo dovršuje, da budete savršeni i cijeli bez ikakve mane,*" kroz iskušenja ljudi su uvežbani i pročišćeni da bi postali savršena deca Božja. Ovo je kao proces rezanja.

Vinova loza i njene grane

„Vi ste već očišćeni riječju koju vam govorih. Budite u Meni i ja ću u vama. Kao što loza ne može roda roditi sama od sebe, ako ne bude na čokotu, tako i vi ako na Meni ne budete. Ja sam čokot a vi loze; i koji bude u Meni i ja u njemu on će roditi mnogi rod; jer bez Mene ne možete činiti ništa. Ko u Meni ne ostane izbaciće se napolje kao loza, i osušiće se, i skupiće je, i u oganj baciti, i spaliti." (15:3-6)

Zato što učenici nisu još primili Svetog Duha, oni nisu mogli da shvate duhovno značenje iza parabole o vinovoj lozi. Kako su njihove misli bile prekrivene gustom maglom, oni jednostavno nisu mogli da shvate. Ali znajući da će učenici kasnije razumijeti, onda kada prime Svetog Duha, Isus je nastavio da ih uči.

„Vi ste već očišćeni riječju koju vam govorih..." Ovaj stih znači da Isus imamoć da prašta grijehove (Jevanđelje po Mateju 9:6). Kao što je zapisano u 1. Jovanovoj Poslanici 1:7: *"Ako li u vidjelu hodimo, kao što je On sam u vidjelu, imamo zajednicu jedan s drugim, i krv Isusa Hrista, Sina Njegovog, očišćava nas od svakog grijeha,"* kada mi prihvatimo Gospoda i živimo u sredini Svjetlosti, nama su oprošteni grijehovi, dobijamo spasenje i možemo otići na nebesa.

Ali postoji preduslov za ovo. Samo kada mi živimo u sredini Svjetlosti, ili u skladu sa Božjom Riječju, mi možemo da imamo odnos sa Bogom i samo uz krv Isusa Hrista, mi možemo biti očišćeni. Hajde da kažemo da ima osobe koja ima naviku da nekoga udari kada je ljut. On udara zato što nema kontrolu nad njegovom ljutnjom. Hajde da kažemo da je nekoga udario, kasnije osjeća krivicu za to što je učinio i izvinjava se. Ali ako nakon što se izvini, on opet koristi nasilje kad god postane ljut, može li on dobiti iskreni oproštaj?

Na isti način, samo zato što ste priznali vaš grijeh pred Bogom, vi ne treba tu da se zaustavite. Djela koja ćete učiniti nakon toga su mnogo važnija. Ovo je zato što se iskreno kajanje ne završava samim priznanjem vaših grijehova sa vašim usnama, već potpunog odvraćanja od vaših grijehova.

Šta više, drugi razlog zbog kojeg je Isus rekao Njegovim učenicima da su čisti je zato što su mogli da prime blagoslov posvećenja u Božjoj milosti-ne samo zato što će im biti oprošteno od njihovih grijehova, već takođe zato što su moigli da odbace grijehove iz unutrašnjosti njihovih srca i postanu čisti. Isus je rekao: „Vi ste već očišćeni riječju koju vam govorih," ali u to vrijeme, učenici nisu primili Svetog Duha. Ali On je takođe znao da kasnije kada prime Svetog Duha, oni će moći da shvate sve što ih je On naučio i biće pretvoreni u čiste posude.

Ma koliko da je možda grana čvrsta, ona ne može dati plodove ako se odvaja od loze. Isto tako, mi možemo samo da dobijemo život i uberemo mnogo plodova kada prebivamo u Isusu, koji je pravi čokot.

Prebivati u Isusu znači „živjeti u skladu po Božjoj Riječi" koja je istina. Suprotno tome je da ako ne živimo u istini, mi možemo samo otploviti dalje od Isusa. To je isto kao i što je zapisano u 1. Jovanovoj Poslanici 2:15: „*Ne ljubite svijet ni što je na svijetu. Ako ko ljubi svijet, nema ljubavi Očeve u njemu.*"

Baš kao što lonac sa ključalom vodom na kraju postaje hladan ako se ne zagrijeva stalno, ako je naše srce fokusirano na svijet, naša ljubav prema Bogu se hladi, mi ćemo se na kraju udaljiti od istine. Problem je ovdje što se proces hlađenja događa sporo i utančano, tako da mi možda nećemo biti ni svjesni šta se događa. Onda na kraju, Sveti Duh će se ugasiti u našim srcima i mi možemo na kraju da završimo tako da izgubimo naše spasenje.

Farmer sadi drveće da bi ubrao njegove plodove. Grane bez

plodova, ili grane koje opadaju sa vinove loze su bezvrijedne. Grane vinove loze su posebno savijene i krive, tako da ako ne daju plod, mogu da se iskoriste samo za ogrev. Ovo je isto i sa našim duhovnim životom. Osoba koja raste sve bliže i bliže svijetu pada daleko od Isusa i na kraju ide na put smrti konačno pada u vatru Pakla.

Tajna u ubiranju mnogih plodova

„Ako ostanete u Meni i riječi Moje u vama ostanu, šta god hoćete ištite, i biće vam. Tim će se Otac Moj proslaviti, da rod mnogi rodite; i bićete Moji učenici." (15:7-8)

Oni ljudi koji idu po Isusovom srcu i koji su u potpunosti sa Njim, ne traže svoje sopstvene želje. Umjesto toga, oni iskreno uzdižu molitve ljubavi prema Božjem kraljevstvu i za izgubljene duše. Bog je zadovoljan sa ovom vrstom ljudi i šta god da oni potraže, On im daje (1. Jovanova Poslanica 5:14). Prema tome, oni ljudi koji žive u skladu sa Božjom Riječju i mole se za ispunjenje Božjeg kraljevstva Njegove pravednosti, ubiru mnogo plodova. „Ubrati mnogo plodova" znači pokazati ne samo devet podova Svetog Duha, Poglavlje Ljubavi u 1. Korinćanima Poslanici i Blaženstvo; već takođe znači da pokazuju Božju moć i vlast kroz znakove i čuda.

Baš kao što su mnogi ljudi davali slavu Bogu kada je Isus pokazivao Božju moć kroz znakove i čuda, mi, kao Božja djeca, treba da uberemo mnogo plodova i takođe damo slavu Bogu.

Tada će Bog reći: „Ja sam toliko zadovoljan što sam stekao toliko iskrene djece," i osjećaće se nagrađeno i radosno što je kultivisao čovjeka. Na to je Isus mislio kada je On rekao: „Tim će se Otac Moj proslaviti." Takođe, djelo kada obrezujemo naša srca kroz Božju Riječ i postajemo sami po sebi mnogo slični Njemu, daje salvu Bogu donosi radost Njegovom srcu.

I svako ko vjeruje u Isusa Hrista i Njegove riječi i daje slavu Bogu zajedno sa Njim, u odnosu u kom vremenu osoba živi, ta osoba može da bude nazvana „Gospodovim učenikom." Biti „Gospodov učenik" znači imati obećanje da ćete živjeti sa Bogom u sredini Njegove slave, nakon ulaska na Nebesa.

Budite u Mojoj ljubavi

„Kao što Otac ima ljubav k Meni, i Ja imam ljubav k vama; budite u ljubavi Mojoj. Ako zapovjesti Moje uzdržite ostaćete u ljubavi Mojoj, kao što Ja održah zapovjesti Oca Svog i ostajem u ljubavi Njegovoj. Ovo vam kazah, da radost Moja u vama ostane i radost vaša se ispuni." (15:9-11)

Kako bi se roditelji osjećali kada bi morali da pošalju njihovog voljenog sina na mjesto gdje opasnost vreba na svakom ćošku? Oni bi vjerovatno željeli da samo odu i da ne šalju njihovog sina. Da je moguće, roditelji bi radije sami iskusili bol kada bi to značilo da će poštedjeti njihovo dijete od toga. Tako da, šta mislite kako se Bog osjećao kada je On poslao Njegovog Sina na ovaj sve prepun grijeha?

Zato što nas je Bog volio, čak i kada smo išli na put smrti, On je nama poslao Njegovog jednog jedinorodnog Sina. Zato što je Isus poznavao volju Božju od bilo koga drugog, On nas je volio i plan spasenja kroz krst mogao je da bude ispunjen. Onima među nama koji su obučeni sa ovom velikom ljubavlju Božjom, Isus je rekao: „Ja imam ljubav k vama; budite u ljubavi Mojoj."

U Jevanđelju po Mateju u poglavlju 22, jedan od stručnjaka za zakon želio je da testira Isusa sa ovim pitanjem: „*Učitelju, koja je zapovjest najveća u zakonu?*" (stih 36). Na ovo, Isus im daje jasan odgovor: „*Ljubi Gospoda Boga svog svim srcem svojim, i svom dušom svojom, i svom misli svojom. Ovo je prva i najveća zapovjest. A druga je kao i ova: Ljubi bližnjeg svog kao samog sebe*" (stih 37-39).

Isus je ovo nama pokazao kroz Njegova djela. Ostavljanje po strani Njegovu slavu na Nebesima da bi došao na ovaj svijet i uzimajući bol i patnju na krstu, bilo je moguće zbog Njegove ljubavi prema Bogu i Njegove ljubavi prema nama.

Dokazi naše ljubavi prema Bogu su prikazani kroz naše povinovanje prema Njegovim zapovjestima (1. Jovanova Poslanica 5:3). Zapovjesti Božje se odnose na sve riječi zapisane u 66 knjiga Biblije i oni koji pokušaju da žive u skladu sa Božjom Riječju dolaze do nevjerovatnog razumijevanja srca Boga. U procesu razumijevanja i djelovanja po Njegovoj Riječi, oni mogu da razumiju ljubav Boga i odmjere dubine Njegovog srca. Zbog toga je Isus dao ovo obećanje: „Ako zapovjesti Moje uzdržite ostaćete u ljubavi Mojoj, kao što Ja održah zapovijesti Oca Svog i ostajem u ljubavi Njegovoj."

U Njegovoj poslednjoj noći na ovom svijetu, Isus je želio da pokaže Božju ljubav Njegovim učenicima više od bilo čega. I On je njih naučio da je Njegova patnja na krstu put ispunjenja plana Božjeg spasenja i da kroz ovaj proces, čovječanstvo čija je poslednja destinacija bila smrt zbog grijeha, može da stekne privilegiju da postanu Božja djeca i da na kraju odu na Nebesa. Isus je želio da učenici ne postanu uspaničeni i zaprepašćeni zbog događaja koji će uslijediti, već da ih umjesto toga prihvate sa radošću.

„Vi ste prijatelji Moji ako tvorite šta vam Ja zapovjedam"

„Ovo je zapovjest Moja da imate ljubav među sobom, kao što Ja imadoh ljubav k vama. Od ove ljubavi niko veće nema, da ko dušu svoju položi za prijatelje svoje. Vi ste prijatelji Moji ako tvorite šta vam Ja zapovjedam." (15:12-14)

Povinovati se Isusovim zapovjestima jeste voljeti druge kao što je Isus volio nas. Ova ljubav je duhovna ljubav, ili požrtvovana ljubav gdje jedan može da položi svoj život za Boga, Njegovo kraljevstvo, Njegovu pravednost ili čak brata kolegu. Što više grijeha i zla izbacujemo i postajemo posvećeni, tim ćemo više imati duhovne ljubavi u našim srcima. Samo kada odbacimo našu mržnju, ljubomoru, ljutnju i slično tome, mi možemo da iskreno volimo naše komšije kao sebe same i služimo im u ljubavi.

Zato, kada nam je Isus rekao: „imajte ljubav među sobom," duboka poruka od dvije-tri riječi sadržana u ovom stihu je

Isusova iskrena volja i želja da djeca Božja kultivišu njihova srca sa istinom i da postanu još sličnija Njemu. Prijatelji se međusobno poznaju i razumiju i prijatelji se međusobno vole. Iskren prijtelj će smatrati prijateljovo poslovanje kao njegovo lično i biće voljan da se žrtvuje za tog prijatelja. I ako je prijatelj spreman da čak i žrtvuje njegov život za prijatelja, onda neće postojati veća ljubav od ove.

Zbog toga, šta mislite zašto je Isus rekao ovo? Isus je želio da postane duhovni prijatelj ne samo Njegovim učenicima već takođe i svim ljudima koji će kasnije početi da čitaju Njegove riječi. Ali postoji jedan uslov: Isus je rekao: „Vi ste prijatelji Moji ako tvorite šta vam Ja zapovjedam." Ovo znači da ako mi želimo da postanemo duhovni prijatelji sa Isusom, mi moramo da znamo i razumijemo svaku Božju riječ, koja je istina i živimo u skladu sa istinom. Baš kao što je Isus žrtvovao Njegov sopstveni život i pokazao nam najveću ljubav, samo kada mi ispunimo sebe sa ovom velikom ljubavlju, mi možemo postati duhovni prijatelji sa Isusom.

Razlika između roba i prijatelja

„Više vas ne nazivam slugama; jer sluga ne zna šta radi gospodar njegov; nego vas nazvah prijateljima; jer vam sve kazah što čuh od Oca Svog." (15:15)

U Poslanici Riljanima 5:12, zapisano je: „*Zato, kao što kroz jednog čovjeka dođe na svijet grijeh, i kroz grijeh smrt, i tako smrt uđe u sve ljude, jer svi sagriješiše."* Nakon što je Adam zgriješio, svi njegovi nasljednici posle njega rođeni su sa grješnom prirodom; a kao griješnici, oni su postali robovi neprijatelju đavolu i Sotoni.

Svako ko je postao slobodan od grijeha spasenjem kroz krst Isusa Hrista nije više rob grijehu; već dijete Božje, ponovo rođeno od Svetog Duha. Poslanica Rimljanima 8:15 kaže: „*Jer ne primiste duh ropstva, opet da se bojite; nego primiste Duh posinački, kojim vičemo: Ava! Oče!*"
Kao što ni „rob" ne zna gospodarevo srce, tako ni osoba koja je rob grijehu ne zna Isusove riječi niti Božju ljubav. On ne zna srce Boga, ko je kultivisao čovjeka, niti o Isusu, koji je došao na ovaj svijet, poznavajući Očevo srce. Sa ovim riječima, Isus je ohrabrio Njegove učenike da jednom kada On umre na krstu, grijeh čovječanstva će biti oprošten i oni više nikada neće morati da postanu robovi grijehu. Ovo je bila poruka ne samo učenicima već svakome ko je prihvatio Gospoda do dana današnjeg.

U skladu sa ovim riječima, Bog pokazuje proviđenje spasenja na krstu svakome ko je ponovo rođen od Svetog Duha i ko je postao prijatelj Isusa. Baš kao što i mi svi mžemo da kažemo naše tajne prijateljima od povjerenja, Bog će im dati da spoznaju ne samo duboke tajne duhovnog svijeta već i događaje koji će se dogoditi. Naročito u današnje vrijeme, koje je doba Svetog Duha, pojedinac može čak i da razumije najdublje dijelove srca Božjeg.

Razlog zbog kojeg je Isus izabrao i učio Njegove učenike

„Vi Mene ne izabraste, nego Ja vas izabrah, i postavih vas da vi idete i rod rodite; i da vaš rod ostane, da šta god zaištete u Oca u ime Moje da vam da. Ovo vam zapovjedam da imate ljubav među sobom." (15:16-17)

Kako su dvanaest učenika počeli da služe Isusu? Isus ih je najprije pozvao. On je rekao: „Hajdete za mnom," Petru i Andreju, koji su pecali na moru i On im je rekao da će ih načiniti lovcima ljudskim. On je takođe pozvao Jakova i Jovana, koji su krpili mreže sa njihovim ocem (Jevanđelje po Mateju 4:18-22). On je takođe rekao Filipu i Leviju cariniku: „Hajdete za mnom!" (Jevanđelj epo Marku 2:14; Jevanđelje po Jovanu 1:43).

Tako da milost spasenja nam nije data samo zato što smo je tražili prvo vidjeli Boga i tražili je od Njega, Kao što je zapisano u Poslanici Efežanima 2:8: *„Jer ste blagodaću spaseni kroz vjeru i to nije od vas, dar je Božji,"* nama je dato bez ikakve naknade od strane Boga, koji je želio da okupi iskrenu djecu.

Ovo je bilo tako da bi mogli da uberemo plodove. Mi „ubiramo plodove" kada se transformišemo kroz Božju Riječ. Na preimjer, osoba koja ne voli mijenja se u osobu koja voli a osoba koja ne može da razumije druge, mijenja se u osobu koja razumije. On neće samo pokušati da razumije druge kada se ponašaju grubo, već će takođe i pokušati da im pomogne. Osoba koja ubira plodove kao ovakve može da primi sve što potraži u ime Isusa Hrista.

Kada je Isus rekao: „Ovo vam zapovjedam," On nam je govorio: „uberite plodove istine kroz Božju Riječ i postanite posvećeni." Razlog zbog koga nam je On rekao da promjenimo sebe sa Božjom Riječju, koja je istina, je taj da možemo da „volimo jedni druge."

Osoba koja voli sa duhovnom ljubavlju biće posvećena i naoružana sa istinom; i biće u miru sa svakim i priznata pred Bogom. Što više otkrivamo Božji lik koji smo jednom izgubili, tim će više duhovna ljubav izlaziti iz nas kako bi mogli da volimo naše neprijatelje. To je zato što je jezgro Božjeg srca ljubav. Prema tome, krajnji razlog zašto je Isus rekao da „volimo jedni druge" bio je taj, da mi, kao Božja djeca, možemo da povratimo jednom izgubljen Božji lik u nama.

Isus je želio da nauči ovu osnovnu ljubav Boga učenike i svu Božju djecu. Svako ko prima Božju milost, koju je On dao bez naknade, treba da se promjeni njegovo srce sa istinom. Što više istine imamo u našim srcima, tim ćemo imati više moći da volimo jedni druge.

Svijet i učenici

U Jevanđelju po Mateju, u poglavlju 4, postoji iskaz gdje je Isus bio uhvaćen od strane Sotone 40 dana prije nego što je započeo Njegovu javnu službu. U to vrijeme, Sotona je Njega uhvatila, pokazujući Mu sva kraljevstva svijeta i njihovu slavu: *„Sve ovo daću tebi ako padneš i pokloniš Mi se"* (stih 9). Naravno Isus je odbacio Sotonu sa Riječju Božjom, ali ovaj događaj nam pokazuje da neprijatelj Sotona ima moć i vlast nad svim kraljevstvima ovog svijeta.

Bog je dao Adamu vlast da vlada nad svijetom, ali zbog njegove nepokornosti, on je postao rob grijehu. Prema tome, Adamova vlast morala je da bude prenešena u ruke đavola i Sotone. Ako slobodan čovjek nekome postane rob, sva njegova prava su predata u ruke njegovog gospodara (Poslanica Rimljanima 6:16). A ovo je ujedno i razlog zašto se neprijatelj đavo i Sotona nazivaju kao „upravitelji tame ovog svijeta" baš kao što je zapisano u Poslanici Efežanima 6:12 NKJV, u kojoj čitamo: „*Jer naš rat nije s krvlju i s tijelom, nego s poglavarima i vlastima, i s upraviteljima tame ovog svijeta, s duhovima pakosti ispod neba.*"

Zašto te mrzi svijet

„Ako svijet na vas uzmrzi, znajte da na Mene omrznu prije vas. Kad biste bili od svijeta, onda bi svijet svoje ljubio; a kako niste od svijeta, nego vas Ja od svijeta izbrah, zato mrzi na vas svijet." (15:18-19)

Baš kao što svjetlost i tama ne mogu biti jedno, Bog i ovaj svijet koji dolaze pod vlašću neprijatelja đavola i Sotone, ne mogu biti jedno. Ovo je još jedan od razlog da što se više povinujemo Božjoj Riječi i živimo u istini, time ćemo biti još više udaljeniji od ovog svjetovnog života.

Suprotno tome, osoba koja voli svijet postaje sve dalja i dalja od Boga; i što više juri ka tjelesnim željama, tako još više upada u brlog grijeha. Što dublje neko pada, neprijatelj đavo i Sotona postaju sve srećniji. Zbog toga je Isus rekao: „Kad biste bili od svijeta, onda bi svijet svoje ljubio."

Naravno, svijet mrzi one koji su odabrani od Boga, one koji prihvataju Isusa Hrista kao njihovog Spasitelja i jure ka istini. Postoje vremena u našoj duhovnoj šetnji, kada se suočavamo sa teškoćama ili nevoljama samo iz prostog razloga zato što smo življeli po Božjoj Riječi. Mi možda pokušavamo da ugodimo drugima dok im služimo, ali oni će možda učiniti sve što je moguće kako bi nam našli manu u svemu što radimo. Ovo je rezultat neprijatelja đavola i Sotone koji kontrolišu zle ljude koji im pripadaju.

Zbog toga je u 1. Jovanovoj poslanici 3:13 zapisano: *"Ne čudite se, braćo Moja, ako svijet mrzi na vas."* Čak iako smo pogođeni u vremenima dok se borimo da živimo u istini, Božja volja će na kraju činiti dobro onima koji vjeruju i Njegovo ime. Tako da, sve okolnosti će se na kraju završiti kao blagoslovi.

"Opominjite se riječi koju vam Ja rekoh: 'Nije sluga veći od gospodara svog.' Ako Mene izgnaše, i vas će izgnati; ako Moju riječ održaše, i vašu će održati" (15:20).

„Rob" se odnosi na zle duhove koji imaju kontrolu nad kraljevstvom vazduha i na neprijatelja đavola i Sotonu koji su vladaoci nad svijetom tame. „Gospodar" se odnosi na Boga Oca. „Nije sluga veći od gospodara svog" znači da moć zlih duhova koji kontrolišu vazduh nije veća od moći Boga. Prema tome mi, djeca Božja, ne treba da budemo uplašeni niti da se bojimo bilo čega na ovom svijetu.

Međutim, kao što je zapisano: „Ako Mene izgnaše, i vas će izgnati," neprijatelj đavo i Sotona će učiniti sve što mogu sve do kraja svieta da bi uhvatili još jednu osobu u kraljevstvu tame. S vremenom, Sotona će kontrolisati ove ljude koji ne poznaju Boga, ili ljude sa malom vjerom i progoniće i donijeće nevolje djeci Božjoj. Ali zato što nas Bog, koji ima veću moć od neprijatelja đavola i Sotone, nas vodi i štiti nas, mi možemo da budemo smjeli i hrabri.

Onda, šta mislite na šta je Isus mislio kada je rekao: „Ako Moju riječ održaše, i vašu će održati?" Ovo znači da čak iako se suočavamo sa progonima i zastrašivanjima, mi treba da imamo vjeru u našeg Boga, koji ima veću moć od svih stvari na ovom svijetu, i mi treba da nastavimo da širimo Njegovu riječ i pokažemo Njegovu ljubav hrabro i bez straha. Onda ćemo mi biti zaštićeni i čuvani od strane Božje moći i moći ćemo da dajemo slavu Bogu.

„Ali sve će vam ovo činiti za ime Moje, jer ne poznaju Onog koji Me posla. Da nisam bio došao i govorio im ne bi grijeha imali; a sad izgovora neće imati za grijeh svoj. Koji mrzi na Mene i na Oca Mog mrzi. Da nisam bio i djela tvorio među njima kojih niko drugi ne tvori, ne bi grijeha imali; a sad i vidješe, i omrznuše na Mene i na Oca Mog. Ali da se zbude riječ napisana u zakonu njihovom: OMRZEŠE NA ME NIZAŠTA." (15:21-25)

Fariseji i visoki svještenici su tvrdili da su revnosno proučavali i pridržavali se riječi iz Biblije-iste Biblije koja prorokuje o Isusu, Spasitelju koji će spasiti čovječanstvo. Međutim, ovi ljudi su na kraju pali pod kontrolu Sotone i na kraju su zakovali Isusa na krstu. Oni su izjavljivali da su služili Bogu i hvalili su se o njihovm poznavanju Zakona. Ipak, bez kultivisanja njihovg srca sa istinom, oni su ubili Mesiju na koga su toliko dugo čekali. Ovi ljudi su nastavili na svoj način jer su proganjali i učenike koji su svjedočili o Isusovom vaskrsenju. Bilo je kao što je zapisano: „Ali sve će vam ovo činiti za ime Moje."

Tako da, zašto su ljudi tvrdili da vjeruju u Boga a završili su tako što su se prema Njemu ophodili neprijateljski? To je bilo zato što oni nisu poznavali Božje srce, volju, ili providenje u slanju Isusa na ovaj svijet. Oni su bili toliko opsednuti Zakonom i sopstvenoj samopravdnosti da su je ugradili u tjelesne misli u svemu što su činili i gledali su na sve iz iste perspektive. Nije ni čudo da su sva djela koja su preuzeli bila daleko od pokazivanja Božje ljubavi.

Da Isus nije podijelio riječ života sa ljudima kao što su fariseji, sadukeji i visoki sveštenici; i da „znakovi" nisu potvrdili Njegove riječi, onda oni ne bi počinili zlo djelo osuđivanja, optuživanja i osude Isusa. Ali zbog Isusa, koji je Svjetlost, koji sija Božjom Riječju, njihovi tamni i zli putevi su bili otkriveni. Oni nisu imali nikakve izgovore za njihove grijehove.

Mrzeti Isusa je isto kao i mrzeti Boga. Ako neko zaista vjeruje u Boga, on bi trebao da ima sposobnost da prepozna Isusa, koji je poslat na ovaj svijet od Boga. I kao što je Isus rekao: „A sad i vidješe... Mene i Oca Mog," Isus je pokazao Boga njima kroz znakove koje je On izvodio.

Međutim, oni su čak i više osuđivali Isusa sa njihovim tradicijama i činili su u dosluhu sa njihovim tjelesnim mislima da bi našli grešku u Njemu. Oni ne samo da su odbili da vjeruju u Njega; već su Ga takođe i mrzeli i odbacivali. Prema tome mi ne možemo da kažemo da su oni bez grijeha. Činjenica da su oni odbacili Isusa zbog njihovih tjelesnih misli je dokaz da nisu samo mrzeli Isusa, već su mrzeli i Boga koji je Njega posla.

Imajući u vidu njihova djela, Isus je rekao da je to bilo ispiunjenje Pisma koje navodi da će postojati mnogi koji će

Njega mrzeti bez razloga (Psalmi 35:19). Iz ovoga mi možemo da naučimo da je svaka Božja riječ ispunjena bez greške i da bi mi trebali da vjerujemo u Njegovu riječ iz centra našeg srca. Mi treba da se borimo da obezbjedimo sebe sa Božjom Riječju; a ne da gomilamo tek neko znanje iz glave poput fariseja, već da kultivišemo naša srca sa istinom.

„A kad dođe utješitelj, koga ću vam poslati od Oca, Duh istine, koji od Oca izlazi, On će svjedočiti za Mene, a i vi ćete svjedočiti, jer ste od početka sa Mnom." (15:26-27)

Ovaj stih je o ulozi Svetog Duha, koji je trebalo da dođe nakon što Isus umre na krstu i u potpunosti ispuni Njegov poziv. Sveti Duh, Utješitelj, svjedoči o tome ko je Isus. Šireći istinu da je Isus Spasitelj, On je poveo mnoge ljude ka spasenju.

U stvarnosti, 10 dana nakon što se Isus uzdigao na Nebesa, Sveti Duh je došao nad ljudima koji su vjerovali u Isusovo obećanje i koji su se okupili zajedno u molitvi. Isusovi učenici koji su primili Svetog Duha počeli su da vode živote koji se se razlikovali od onog ranije. Baš kao što je Isus rekao: „Vi ćete svjedočiti, jer ste od početka sa Mnom," uz moć Svetog Duha, oni su prihvatili poziv kao pravi svjedoci. Isus je znao o djelima Svetog Duha koja će se dogoditi i On je takođe znao koju će vrstu službe učenici preuzeti. Isus je rekao Njegovim učenicima o ovim budućim događajima zato što je On želio da učenici prime Svetog Duha i ispavno ispune poziv kao Njegovi svjedoci.

Poglavlje 16

Utešitelj, Sveti Duh

1. Dolazak i služba Svetog Duha
(16:1-15)

2. Proročanstvo Isusove smrti i vaskrsenje
(16:16-24)

3. Isus, koji je imao pobjedu nad svijetom
(16:25-33)

Dolazak i služba Svetog Duha

Nakon što je završio obrok Pashe i tješio učenike i podučio ih još nekoliko lekcija, Isus je počeo da podučava o djelu Svetog Duha. On im je rekao da će Sveti Duh doći da osudi i prekori svijet u odnosu na grijeh, pravednost i osudu. Takođe, ne samo da će On voditi učenike putem istine; već će ih On obavijestiti i o događajima u budućnosti.

Stanje Isusovog srca kada je rekao Njegovim učenicima o budućim događajima

„Ovo vam kazah da se ne sablaznite. Izgoniće vas iz zbornica, a doći će vrijeme kad će svaki koji vas ubije misliti da Bogu službu čini. I ovo će činiti, jer ne poznaše Oca ni Mene. Nego vam ovo kazah kad dođe vrijeme da se opomenete ovog da vam Ja kazah. A isprva ne kazah vam ovo, jer bejah s vama." (16:1-4)

Isus je najprije otkrio zašto je On govorio učenicima o budućim događajima. On nije želio da se bilo ko od njih obeshrabri i da odustane od svoje vjere kada Isus ponese krst, ili kada iskuse patnje. Iz Božje perspektive, Isusove patnje su Njemu bile dozvoljene za spas čovječanstva; to nikako nije bilo zato što Isus nije imao moć. Pošto je bilo dozvoljeno pod Božjim proviđenjem za spas čovječanstva, zlotvori su mogli da Ga progone.

Zli ljudi nisu znali da je Bog dozvoli Isusu da pati i da umre na krstu da bi On mogao da dobije jednu od kvalifikacija da postane Spasitelj. Oni su jednostavno mislili da oni ubijaju Isusa svojom moći i autoritetom. Dodatno, oni su mislili da su Isusove riječi bogohulne; te su oni vjerovali da ubijanjem Isusa oni izvršavaju njihov konačnu dužnost pred Bogom. Zbog toga, Isus im je još jednom rekao zašto im je On govorio o iskušenjima koja predstoje.

„Nego vam ovo kazah kad dođe vrijeme da se opomenete ovog da vam Ja kazah. A isprva ne kazah vam ovo, jer bejah s vama."

Ovo pokazuje koliko je precizan i tačan Isus bio u vezi svega što je On rekao i učinio. Da im je Isus rekao na samom početku da će On podnositi krst i da će se svi ovi događaji odigrati, učenicima bi vjerovatno bilo teško da steknu istinsku vjeru. Oni su morali da prođu kroz dolazeća iskušenja sa njihovom sopstvenom vjerom da bi njihova vjera bila priznata kao istinska vjera. Baš kao što jedan ispit ne može biti dobra procjena ako je ključni odgovor već objavljen, bez obzira na to koliko je Isus volio Njegove učenike, On je morao da ih pusti da sami prođu njihova iskušenja na pošten način. Zbog toga je Isus strpljivo čekao tek nakon što Ga je Juda Iskariotski napustio i predao Ga vlastima prije nego što je On sve ovo rekao preostalim učenicima.

„Bolje je za vas da Ja idem"

„A sad idem k Onome koji Me posla, i niko Me od vas ne pita: 'Kuda ideš?' Nego što vam ovo kazah žalosti napuni se srce vaše. Nego vam Ja istinu govorim: bolje je za vas da ja idem, jer ako Ja ne idem, utešitelj neće doći k vama; ako li idem, poslaću Ga k vama." (16:5-7)

Nakon što im je Isus rekao da odlazi, učenici su postali nervozni i zabrinuti. Ali nijedan od njih nije htio da pita kuda On ide. Dok su oni bili sa Isusom, svjedočeći Božjim djelima, njihova srca su bila pouzdana i hrabra. U to vrijeme oni su se osjećali kao da imaju vjeru i oni su mislili da su razumijeli sve Isusove riječi. Ipak, sada kada su saznali da Isus odlazi, njihova srca su bila uznemirena.

Tako je Isus rekao ovim zabrinutim učenicima o tome koliko će blagotvorno biti kada Sveti Duh dođe. On im je rekao da ako On ne ode, Utešitelj ne može doći; te zato je bolje za njih da On ode. Jednom kada učenici prime Svetog Duha, oni će moći da razumiju Božju ljubav dok je On ispunjavao proviđenje spasenja slanjem Njegovog jednog i jedinog Sina na ovaj svijet. Isus je dao učenicima utjehu i nadu kako je On objasnio da jednom kada prime Svetog Duha biće obogaćeni Božjom velikom ljubavlju i time će dobiti snažan govor o iskrenoj vjeri.

Djelo našeg Utešitelja, Svetog Duha

„I kad On dođe pokaraće svijet za grijeh, i za pravdu, i za sud; za grijeh, dakle, što ne vjeruju Mene; a za pravdu što idem k Ocu Svom; i više Me nećete vidjeti; a za sud što je knez ovog svijeta osuđen. Još vam mnogo imam kazati; ali sad ne možete nositi." (16:8-12)

Isus je rekao učenicima koju vrstu djela će Utješitelj ili Sveti Duh činiti jednom kada On dođe. On je objasnio da će Sveti Duh osuditi svijet zbog grijeha, pravednosti i osude i zazvoniće zvono uzbune da ga svi ljudi čuju.

„Za grijeh, dakle, što ne vjeruju Mene..."
Kada je Isus ovo rekao On je mislio da kada mi primimo Svetog Duha, mi ćemo razumijeti da smo griješnici i da je Isus umro da bi nas spasio od grijeha. Takođe, uz pomoć Svetog Duha, mi počinjemo da shvatamo veliku ljubav Boga, koja je Njemu uzrokovala da da Njegovog jednog i jedinog Sina. I na kraju, mi ćemo takođe postati osuđeni jer nepoznavanje Boga jeste grijeh i samim tim, pokajaćemo se.

Isus je nastavio da govori: „A za pravdu što idem k Ocu

Svom i više Me nećete vidjeti..." Nakon umiranja na krstu, Isus je vaskrsao i otišao je kod Boga Oca. U Poslanici Rimljanima 5:18-19 kaže se: „*Zato, dakle, kao što za grijeh jednog dođe osuđenje na sve ljude, tako i pravdom jednog dođe na sve ljude opravdanje života.*" Kada mi primimo Svetog Duha, mi možemo da vjerujemo u jedno Isusovo djelo pravednosti, što je proviđenje spasenja sa krstom. Svi oni koji vjeruju u ovo, Bog prepoznaje kao „pravedne."

Ako mi iskreno vjerujemo u ovu činjenicu da je Isus umro na krstu za nas, mi ćemo se svakako pridržavati Božje Riječi; i ma koliko da živimo po Njegovoj Riječi, mi ćemo postati jedni sa Gospodom. Zbog toga nas Bog prepoznaje kao pravedne. Prema tome, pošto smo nazvani pravednima po Gospdovoj milosti, ako održavamo Riječ Božju sa istinom i živimo u skladu sa tim, mi možemo da odbacimo zlo iz naših srca i postanemo posvećeni. Zbog toga Sveti Duh vodi djecu Božju na put istine da bi oni mogli da postanu pravedni ljudi.

Na kraju, Isus govori: „A za sud što je knez ovog svijeta osuđen..." Ovde „knez ovog svijeta" označava neprijatelja đavola i Sotonu. Ono na šta je Isus mislio ovdje je da će nam Sveti Duh pomoći da znamo da su neprijatelj đavo i Sotona već primili osudu.

Kada su Adam i Eva upali u Sotoninu zamku i počinili grijeh neposlušnosti prema Božjoj Riječi, njihovi potomci su postali robovi grijehu; a zbog duhovnog zakona koji kaže da je kazna za grijeh smrt, oni su počeli da hodaju ka putu smrti. Ali zajedno sa njim je došao i neprijatelj Sotona, koji je ubivši Isusa, prekršio duhovni zakon zato što Isus nije imao nijedan grijeh.

Prema tome, smrt više nema vlast nad onima koji vjeruju u Isusa Hrista. Zbog toga se u Poslanici Rimljanima 8:2 kaže: „*Jer zakon Duha koji oživljava u Hristu Isusu, oprostio me je od zakona grijehovnog i smrti.*"

Tako da nam Sveti Duh pomaže da znamo da su neprijatelj đavo i Sotona primili osudu, što znači da ne mogu da povedu vjernike u Hrista ka smrti. „Knezu ovog svijeta suđeno je" takođe znači da će na Sudu velikog bijelog prijestolja, neprijatelju đavolu i Sotoni biti suđeno. Naravno, učenici nisu mogli da shvate sve ove stvari u to vrijeme; ali kada Sveti Duh dođe, oni će se prisetiti svih Isusovih riječi i razumijeće svaku riječ.

Kad dođe Duh istine

„A kad dođe On, Duh istine, uputiće vas na svaku istinu; jer neće od Sebe govoriti, nego će govoriti šta čuje, i javiće vam šta će biti unaprijed. On će Me proslaviti, jer će od Mog uzeti, i javiće vam. Sve što ima Otac Moje je; zato rekoh da će od Mog uzeti, i javiti vam." (16:13-15)

Isus je nastavio da uči učenike o službi Svetog Duha. On je Njega nazvao „Duhom istine" i rekao je: „uputiće vas na svaku istinu." To je zato što je Sveti Duh jedan sa Bogom u srcu i vodi nas ka istini. Kada Sveti Duh dođe, On će nam dati milost da slomimo naše tjelesne misli i daće nam još više moći da razumijemo dubinu srca Božjeg (1. Korinćanima Poslanica

2:10). Takođe, On nikada neće progovoriti Njegovom sopstvenom voljom, već će govoriti samo ono što čuje i daće nam da spoznamo događaje koji će se dogoditi u budućnosti. On govori samo u skladu sa Božjom voljom.

„On će Me proslaviti, jer će od Mog uzeti, i javiće vam. Sve što ima Otac Moje je."
Ovdje mi vidimo da su Isus, Sveti Duh i Bog u potpunosti jedno. Srce Isusa je srce Svetog Duha a srce Svetog Duha je srce Isusa. Po porijeklu Oni su jedno, ali za proviđenje u kultivaciji čovjeka, Oni su preuzeli različite uloge.

Ono što je Sveti Duh govorio je ono što je govorio Isus a riječ Isusa je Riječ Božja. Prema tome, kada dođe Sveti Duh On će učiti o Isus a kada su učinjena moćna djela u ime Isusa Hrista, Bog je slavljen; ali Bog će dijeliti slavu sa Gospodom Isusom i Svetim Duhom.

Proročanstvo Isusove smrti i vaskrsenje

Isus ne samo da je pokazao brojne dokaze učenicima da bi mogli da vjeruju, već im je On takođe rekao o događajima koji će se desiti u budućnosti. On im je rekao kako će Ga Juda Iskariotski prodati, kako će On biti uhvaćen od strane Jevreja kada bude otišao u Jerusalim i kako će On umrijeti na krstu i vratiti se u život trećeg dana. Čak i nakon što su čuli ove riječi, učenici nisu mogli da razumiju.

Učenici ne shvataju duhovnu poruku

„'Još malo, i nećete Me vidjeti, i opet malo, pa ćete Me vidjeti: jer idem k Ocu.' A neki od učenika Njegovih rekoše među sobom: 'Šta je to što nam kaže:

„Još malo, i nećete Me vidjeti; i opet malo pa ćete Me vidjeti;" i: „Ja idem k Ocu?"' Govorahu, dakle: 'Šta je to što govori: „Malo?" Ne znamo šta govori.' A Isus razumije da htješe da Ga zapitaju, pa im reče: 'Zato li se zapitkujete među sobom što rekoh: „Još malo i nećete Me vidjeti, i opet malo pa ćete Me vidjeti?"'" (16:16-19).

Kada Isus ispuni Njegovu misliju i ode na Nebesa, On više neće biti sa učenicima. Zbog toga je On rekao: „Još malo, i nećete Me vidjeti." Ali kada Sveti Duh-koji je jedan sa Isusom-dođe, oni će moći opet da se sretnu. U to vrijeme, učenici nisu mogli da shvate kako će dolazak Svetog Duha značiti da će oni moći ponovo da budu sa Isusom.

Isus je znao da učenici neće razumijeti, ali razlog zbog koga je On rekao ove stvari je taj da je On znao da kada kasnije Sveti Duh dođe nad njima oni će razumijeti duhovno značenje Njegovih riječi i staviće njihove živote na crtu da bi činili za kraljevstvo Božje. U stvari, nakon što su primili Svetog Duha, učenici su se totalno promjenili i žrtvovali su njihove živote za djelo širenja jevanđelja o Isus Hristu. Ali većina njih je čak bila i mučena zbog ovog uzroka. Međutim, kada su čuli ove riječi od Isusa, oni još nisu primili Svetog Duha tako da su oni bili zbunjeni.

„Šta je to što govori: „Malo?" Ne znamo šta govori." Isus je ukazivao tačno na ono što je bilo pitanje učenika: „Zato li se zapitkujete među sobom što rekoh: 'Još malo i nećete Me vidjeti, i opet malo pa ćete Me vidjeti?'"

Isus je iskoristio riječi: „Još malo" kako bi objasnio o događajima koji će se dogoditi u budućnosti. Međutim, učenici, ograničeni sopstvenim tjelesnim mislima, pokušali su da ograniče ove riječi svjetovnom definicijom. Kada je Isus rekao: „Još malo i nećete Me vidjeti" duhovno značenje ovih riječi je da kada Sveti Duh dođe, oni će moći da vide Isusa zato što su Isus i Sveti Duh jedno; ali to takođe znači da će Isus vaskrsnuti trećeg dana i da će se u stvari pojaviti pred učenicima.

U Korinćanima Poslanici 15:4-6 kaže se da: „*I da On [Isus] bi ukopan, i da usta treći dan, po pismu, I da se javi Kifi, potom dvanaestorici apostola. A potom Ga vidješe jednom više od pet stotina braće.*"

„Vaša žalost okrenuti će sejna radost"

„Zaista, zaista vam kažem da ćete vi zaplakati i zaridati, a svijet će se radovati; i vi ćete žalosni biti, ali će se vaša žalost okrenuti na radost. Žena kad rađa trpi muku; jer dođe čas njen: ali kad rodi dijete, više se ne opominje žalosti od radosti, jer se rodi čovjek na svijet. Tako i vi, dakle, imate sad žalost; ali ću vas opet vidjeti, i radovaće se srce vaše, i vašu radost neće niko uzeti od vas." (16:20-22)

Zato što je Isus rekao: „Ja odlazim. Još malo i nećete Me vidjeti," učenici su osjetili kao da nebo pada na njih. Znajući šta se događa u njihovim srcima, Isus je rekao: „Vi ćete zaplakati i zaridati, a svijet će se radovati; i vi ćete žalosni biti, ali će se vaša žalost okrenuti na radost." Ovdje mi možemo vidjeti razliku između sagledanja određene situacije sa tjelesnim očima i pogled na situaciju sa duhovnim očima. Hajde za primjer da uzmemo Isusovu patnju. Kada sagledamo i razumijemo ovaj događaj sa duhovnim očima, mi znamo da je ovo nešto zbog čega treba da se radujemo. Međutim, ako pogledamo na isti događaj sa tjelesnim očima, to je veoma tužan događaj i za učenike, to je bila nezamisliva tragedija. Zbog toga je Isus rekao: „Vi ćete zaplakati i zaridati." Ali On je takođe dodao: „A svijet će se radovati." Šta ovo znači?

Ovdje „svijet označava čovječanstvo koje postalo roblje neprijatelja đavola zbog kletve koje je primilo zbog grijeha." Kroz Adamov grijeh, svo njegovo pokolenje je primilo kletvu: „*Plata za grijeh je smrt*" (Poslanica Rimljanima 6:23). Međutim, Isus je otkupio cijelo čovječanstvo od njegovih grijehova, uništio je neprijatelja đavola i Sotoninu moć nad smrću i otvorio je put spasenja ka vječnom životu. Kako da jedan ne bude radostan?

Jednom kada učenici prime Svetog Duha, oni će jasno razumijeti ovo proviđenje Božje. Zbog toga je Isus rekao: „I vi ćete žalosni biti, ali će se vaša žalost okrenuti na radost." Onda je on iskoristio ilustraciju: „Žena kad rađa trpi muku; jer dođe čas njen: ali kad rodi dijete, više se ne opominje žalosti od radosti, jer se rodi čovijek na svijet." Kada je vrieme da se žena porodi, ona trpi veliki bol. Ali u trenutku kada uzme njeno djete u naručje, ona zaboravlja na svu bol koju je pretrpjela zato što je dijete toliko dragocjeno i milo.

Šta više, Isus govori: „Ali ću vas opet vidjeti, i radovaće se srce vaše, i vašu radost neće niko uzeti od vas." Kada je Isus rekao učenicima: „Ali ću vas opet vidjeti," On se odnosio na činjenicu da će oni Njega lično vidjeti nakon Njegovog veskrsenja ina činjenicu da će kasnije primiti Svetog Duha. On je objašnjavao da jednom kada vide vaskrslog Isusa i prime Svetog Duha u njihovim srcima, oni će biti ispunjenu radošću. Ova radost potiče od pravog mira i vjere koja dolazi od Boga, prema tome niko ne može da oduzme ovu radost. Isus je u više navrata rekao učenicima ovu istinu, koja pokazuje Njegovu potpunu odlučnost da u cjelosti preuzme misiju u ispunjavanju proviđenja u spasenju kroz krst. Ovo je bilo zato što bez obzira koliko su neprijatelj đavo i Sotona pokušavali da se mješaju koristeći razne zle prevare i dosluhe, spasenje kroz krst biće potpuno i Isus će vaskrsti prevazilazeći smrt u sredini Božje zapanjujuće mudrosti.

Tražite u ime Isusa Hrista

„I u onaj dan nećete Me pitati nizašta. Zaista, zaista vam kažem da šta god uzištete u Oca u ime Moje, daće vam. Dosle ne iskaste ništa u ime Moje; ištite i primićete, da radost vaša bude ispunjena." (16:23-24)

Ovdje „U onaj dan" se odnosi na vrijeme nakon što će učenici primiti Svetog Duha. Kada Sveti Duh boravi u srcu svake osobe, On pomaže toj osobi da se prisjeti Isusovih riječi i pomaže mu da shvati značenje tih riječi. Sada, zbog Svetog Duha, mi možemo da razumijemo stvari koje drugačije sami nismo mogli da razumijemo, i možemo da postanemo prosvetljeni u svim stvarima za koje smo nekada ranije imali pitanja. Mi takođe možemo da osjetimo Božju ljubav i razumijemo Njegovo nevjerovatno proviđenje.

„Zaista, zaista vam kažem da šta god uzištete u Oca u ime Moje, daće vam. Dosle ne iskaste ništa u ime Moje; ištite i primićete, da radost vaša bude ispunjena."
Šta možemo da naučimo iz ovog stiha? Prvo, mi možemo da naučimo da postoji velika moć u ime Isus Hrista. Zato što je Bog bio veoma zadovoljan Isusom jer je ispunio u potpunosti Njegov poziv kao Spasitelj, svako ko potraži u ime Njegovo, Bog će odgovoriti na molitve.

Međutim, postoji razlika u moći kada se mi molimo u ime „Isusa" i kada se molimo u ime „Isusa Hrista." Kao što je zapisano u Jevanđelju po Mateju 1:21: *„Jer će On izbaviti Svoj narod od grijeha njihovih."* Tako da „Isus" ne znači „Onaj koji je spasio" u prošlom vremenu, već „Onaj koji će spasiti" u budućem vremenu. Sa druge strane „Hrist" znači „Onaj pomazani" što označava „Mirotvorac između Boga i čovjeka, Spasitelj, Posrednik." Tako da ime „isus Hrist" niosi u sebi značenje: „Isus je završio i ispunio Njegov poziv kao Spasitelj."

Prema tome, to nije kada se molimo u ime „Isusa," već kada se molimo u ime „Isusa Hrista," tada možemo da iskusimo moć. Isus je došao na ovaj svijet u skladu sa Božjom voljom i On je ponizio Sebe i podvrgnuo se do tačke umiranja na krstu. A zato što je Bog bio zadovoljan sa činjenicom da je Isus u svim stvarima odgovarao sa „Da" ili „Amin," On sa radošću odgovara svima koji traže u ovo ime Isusa Hrista.

Sledeće, mi takođe možemo da naučimo razliku između misli duha i misli tijela. Iz prespektive učenika, Isusova užasna smrt na krstu je bila veoma bolna i žalosna. Ali kroz proviđenje na krstu, kletva nad čovječanstvom se pretvorila u blagoslov i uz moć u ime Isusa Hrista, mi lako možemo da pobjedimo neprijatelja đavola i Sotonu. Tako da iz duhovne perspektive, ovo je umjesto toga bio radostan događaj.

Na kraju, kroz ovaj stih, mi možemo da osjetimo blagu i temeljnu ljubav Isusa. Prije nego što je uzeo krst, Isus je rekao Njegovim učenicima o Njegovoj smrti, vaskrsenju, uzdizanju i dolasku Svetog Duha kako bi im pomogao da pripreme njihova srca za ono što slijedi. Iako oni u to vrijeme nisu mogli u potpunosti da shvate, On je želio da bude siguran da će u budućnosti oni moći da razumiju poptpun plan i proviđenje Božje i da će doći do tačke da žrtvuju njihove živote da bi ispunili njihov poziv. Učenici će biti stalno podsjećani na ovakvu ljubav Gospoda da ne bi pali u očaj već da bi pobjedili u borbi u svakom progonu.

Isus, koji je imao pobjedu nad svijetom

U četiri jevanđelja, postoji veliki broj parabola. Postoji parabola o onome koji sije, parabola o talentima, parabola o bludnom sinu, parabola o farmeru i vinovoj lozi, parabola o grožđu i granama, parabola o sjemenu slačice i tako dalje. Parabola koristi svakodnevne stvari sa kojima se ljudi suočavaju kako bi dala neku vrstu značenja ili lekcije na lakši način da bi ljudi razumijeli, a takođe ima i dejstvo da osoba koja govori parabole pruži nenapadnu namjeru ili motiv.

Na primjer, kada je Isus rekao ljudima da će uništiti hram i ponovo ga podići za tri dana, On je koristio parabolu da bi im rekao o Njegovoj smrti i vaskrsenju. Razlog zbog koga je Isus koristio parabole je ne samo zato što je bilo teško da se objašnjava o duhovnom svijetu sa jezikom ovog svijeta; već je takođe i teško da se shvate duhovne stvari sa osnovnim ljudskim znanjem.

Doći će vrijeme kad ću vam upravo javiti

„Ovo vam govorih u pričama; ali će doći vrijeme kad vam više neću govoriti u pričama, nego ću vam upravo javiti za Oca. U onaj ćete dan u ime Moje zaiskati, i ne velim vam da ću Ja umoliti Oca za vas; jer Sam Otac ima ljubav k vama kao što vi imaste ljubav k Meni, i vjerovaste da Ja od Boga iziđoh." (16:25-27)

Sve do ovog vremena, s obzirom na Njegove učenike koji nisu jasno razumijeli duhovno kraljevstvo, Isus je koristio različite parabole da bi im pomogao da razumiju. Međutim, postoji granica do koje mjere se može objasniti beskrajan i ogroman duhovni svijet koristeći ilustracije od stvari ovog svijeta. Zbog toga je Isus rekao: „Doći vrijeme kad vam više neću govoriti u pričama, nego ću vam upravo javiti za Oca." Ovdje „Vrijeme" se odnosi na dolazak Svetog Duha.

U to vrijeme, učenici nisu mogli da shvate zašto je Isus morao da uzme krst i kako će Bog biti slavljen; čak iako je Isus pokušavao da im objasni kroz parabole. Ali kada ih Sveti Duh bude učio nadalje, oni će moći da u potpunosti shvate.

Svakako poslije Isusovog vaskrsenja i uzdizanja, kada učenici prime Svetog Duha, oni će početi da shvataju Božje proviđenje. Kao bivši ribar, Petar je imao veoma malo obrazovanja, ali nakon što je primio Svetog Duha, on je mogao da govori primjereno i bez ustezanja o pravom značenju Božjih riječi sadržanim u zakonima (Djela Apostolska, Poglavlje 3). Pošto je bio učen od strane Svetog Duha, koji razumije čak i dubinu srca Božjeg, Stvoritelja univeruzuma, Petar nije bio vezan nikakvim ograničenjima.

Povrh toga, kao što je Isus rekao: „U onaj ćete dan u ime Moje zaiskati," šta god su učenici tražili u ime Isusa Hrista, Božja moć je prikazana. U Djelima Apostolskim 3:6, mi vidimo da je Petar rekao hromom prosjaku: „*Srebra i zlata nema u mene, nego šta imam ovo ti dajem: U ime Isusa Hrista Nazarećanina ustani i hodi.*" U tom momentu, snaga je došla u noge i zglobove prosjaka i on je počeo da hoda i skače i slavi Boga.

Razlog zbog koga je odgovoren na naše molitve u ime Isusa Hrista je taj što je Bog veoma zadovoljan tim imenom; ali i takođe zato što je On zadovoljan vjerom koju pokazujemo kada vjerujemo u Njegovo ime i na taj način tražimo Njegovo ime. Ova djela pokazuju Bogu da smo priznali i da imamo vjeru u činjenicu da je On poslao Njegovog jednog i jedinorodnog Sina Isusa na ovu zemlju i to takođe Njemu pokazuje da smo mi priznali i imali vjeru u činjenicu da je sve učinio Isus Hrist, uključujući Njegovu smrt na krstu, Njegovo vaskrsenje i Njegovo vaznesenje, sve su to dijelovi Božjeg plana i proviđenja.

Kada je Isus rekao: „Jer vi imaste ljubav k Meni, i vjerovaste da Ja od Boga iziđoh," Isus je govorio o vjeri u činjenicu da je Isus-koji je bio jedno sa Bogom – jedini Sin koji je došao na ovaj svijet u tijelu. Kada mi vjerujemo u Isus Hrista i zavisimo od Njegovog imena kada se molimo, Bog razmatra tu vjeru i On nam odgovara. Naravno, oni koji vole Sina kojeg je On poslao i oni koji se povinuju riječima Njegovog sina dobijaju Božju ljubav.

„'Iziđoh od Oca, i dođoh na svijet; i opet ostavljam

svijet, i idem k Ocu.' Rekoše Mu učenici Njegovi: 'Eto sad upravo govoriš, a priče nikakve ne govoriš. Sad znamo da sve znaš, i ne treba Ti da Te ko pita; po tome vjerujemo da si od Boga izišao.'" (16:28-30)

Kada se približilo vrijeme kada je On trebao da preuzme krst, On je jasno naznačio ko je On bio-ne samo ko je On bio po porijeklu, već kako je i činio po Božjem proviđenju i koji će se događaju desiti u budućnosti. On je želio da učenici urežu u njihovim srcima to što su razgovarali te noći i da to nikada ne zaborave.

Isus nije samo gledao kako je učenicima bilo te noći. Zato što je On vidio kako će im biti kasnije nakon njihove promjene, On je želio njima da da riječi ljubavi, ohrabrenja i nade sve do samog kraja (Jevanđelje po Luki 22:28-32). Tada je to bio trenutak kada su učenici dali njihvo priznanje vjere. Iako oni u potpunosti nisu imali vjeru, zato što je Isus progovorio njima sa takvom vrstom ljubavi i saosjećanja, oni su priznali sa njihovim srcima i priznali su sa njihovim usnama.

„Ne bojte se, jer Ja nadvladah svijet"

„Isus im odgovori: 'Zar sad vjerujete? Evo ide čas, i već je nastao, da se razbegnete svaki na svoju stranu i Mene samog ostavite; ali nisam sam, jer je Otac sa Mnom. Ovo vam kazah, da u Meni mir imate. U svijetu ćete imati nevolju; ali ne bojte se, jer Ja nadvladah svijet.'" (16:31-33)

Učenike koji su pokušavali da daju njihovo priznanje u vjeri, Isus je još jednom pitao: „Zar sad vjerujete?" Isus je pogledao pravo u njihove oči. On im je rekao šta će oni uraditi dok On bude preuzimao patnju. Međutim, On im nije to govorio zato što ih je prezirao ili zato što nisu mogli da se bore niti da prevaziđu njihov strah i pobjegnu od njihovog učitelja. On je želio da oni znaju da čak iako odu, On neće biti sam zato što u duhu, On će biti sa Bogom.

Zato što su sve ove stvari bile dio Božjeg plana i proviđenja, čak iako neko pobjegne ili On ostane sam, Isus je govorio da je čak i to dio Njegove odgovornosti.

Iako su oni proveli dugo vremena sa Isusom, i osjetili su istinu sa njihovim srcima, zbog njihovih tjelesnih misli, učenici nisu mogli da imaju potpunu vjeru. Zbog tog razloga svako od njih je bio u agoniji. Naročito Petar, koji je priznao u Jevanđelju po Mateju 16:16: „*Ti si Hristos, Sin Boga Živoga,*" na kraju se odrekao Isusa tri puta.,Tako šta mislite koliko je on bio emotivno uznemiren?

Ova bol koju su učenici osjetili zbog njihove nesposobnosti da imaju potpunu vjeru, je ono šta je Isus potencirao kada je On rekao: „U svijetu ćete imati nevolju." On je takođe to rekao da naznači progone i sve vrste različitih tipova nevolja sa kojima će se učenici kasnije suočavati dok budu išli da propovjedaju jevanđelje o Isus Hristu. Međutim, kada jedan primi progon u ime Isusa Hrista, duhovno se to smatra kao nagrada; a u Nebesima, to je kompliment i slava.

Isusovi učenici se nisu suočavali sa nevoljama zato što Bog nije ima moć: testovi i iskušenja su sve bili dijelovi Božjeg proviđenja i iznošeni su u sredini Njegove kompletne ljubavi i pravde. Zbog toga je Isus rekao: „Ne bojte se, jer Ja nadvladah svijet."

Sasvim sigurno, Isus je umro na krstu, pobjedio je nad smrću, vaskrsao i postao je pravi Spasitelj. Tako da koliko god da smo jedno sa Isusom u vjeri, toliko ćemo mi moći da imamo pobjedu na ovom svijetu kroz Njegovo ime. Kada mi imamo duhovnu vjeru, mi možemo da uništimo tvrđavu neprijatelja đavola i Sotone i smjelo propovjedamo o Božjoj slavi.

Poglavlje 17

Isusova posrednička molitva

1. Molitva za uzimanje krsta
(17:1-5)

2. Molitva za učenike
(17:6-19)

3. Molitva za vjernike
(17:6-26)

Molitva za uzimanje krsta

Kako je Božja Riječ hljeb života, molitva je dah nečije duše. Čak je i Isus uzdigao mnogo molitva dok je bio na zemlji. On je obično išao na goru Maslinsku da se moli. Takođe je i tražio tiha mjesta kao što je vrt u Getsimaniji da bi molio. On se molio na rijeci Jordan, čak se i molio na krstu. I prije Njegove patnje na krstu, On se toliko iskreno molio da je Njegov znoj postao kao kapljice krvi (Jevanđelje po Luki 22:44).

Prije nego što su ga uhapsili vojnici koje su poslali visoki sveštenici i fariseji, Isus se veoma iskreno pomolio Bogu. Čak iako je On Božji Sin, shodno sa riječima: „Ištite, i daće vam se," Isus je postavio primjer za molitvu (Jevanđelje po Mateju 7:7).

Isus je vidio slavu koja dolazi

„Ovo govori Isus, pa podiže oči Svoje na nebo i reče: 'Oče, dođe čas, proslavi Sina Svog, da i Sin Tvoj proslavi Tebe.'" (17:1)

Nakon što je utješio Njegove učenike, Isus je zao da je došao čas da ispuni Njegov poziv kao Spasitelj. Ali umjesto da razmišlja o patnji sa kojm će se On uskoro suočiti, On je vidio slavu koja će doći nakon patnje. Bez obzira sa kojom vrstom patnje se On suočio, On je imao sigurnost da će vidjeti slavu nakon toga. On je znao da Njegova smrt na krstu nije bila rezultat ljudskih misli i planova, već da je to bio dio Božjeg proviđenja.

Kada se Isus molio: „Oče, dođe čas, proslavi Sina Svog," On je govorio: „Dođe čas. Dozvoli da budem uhvaćen od strane ljudi i zakovan na krstu." U nekoliko navrata sve do ovog trenutka, neprijatelj đavo i Sotona su podsticali ljude koji su trebali da ubiju Isusa, ali čas još nije došao, tako da Bog nije dozvolio da se ovo dogodi. Ali, sada je bio čas.

Pogubljenje na krstu je izgledalo užasno za fizički pogled, ali Isus je znao da je to bio put ka slavi. Nakon što je On uništio moć smrti, vaskrsao i ispunio Njegov poziv kao Spasitelj, On će primiti duhovno poštovanje i slavu zato što je postao Kralj kraljeva i Gospod gospodara. Tako da, kada se Isus pomolio: „Proslavi Sina Svog, da i Sin Tvoj proslavi Tebe," On je govorio da je On usmjerio ka Bogu svu slavu koju će dobiti nakon Njegove patnje na krstu. Ove riječi su takođe bile izraz Isusove ljubavi prema Bogu, pokazujući Njegovu želju da slavi Boga dok vjerno ispunjava Njegov poziv kao Spasitelj.

„Kao što si Mu dao vlast nad svakim tijelom da svemu što si Mu dao da život vječni. A ovo je život vječni da poznaju Tebe jedinog istinitog Boga, i koga si poslao Isusa Hrista." (17:2-3)

Tako da, nakon patnje na krstu, koju vrstu slave su Bog i Isus primili? Poslavši Njegovog jednog i jedinorodnog Sina Isusa na ovaj svijet i dozvoljavajući Mu da umre na krstu, Bog je primio brojnu djecu u vjeri. I poslije toga, On: „*Njega [Isusa] povisi, i darova Mu ime koje je veće od svakog imena,*" i dao je Njegovom Sinu vrhovnu vlast nad svim stvarima (Poslanica Filipljanima 2:9-11).

Bog je prvobitno dao tu vlast prvom čovjeku, Adamu. Ali kao rezultat što je pojeo plod spoznaje dobra i zla, Adam je postao rob grijehu i predao je vlast neprijatelju đavolu i Sotoni.

U Jevanđelju po Luki 4:5-7, nakon što je Isus završio sa 40-dnevnim postom, đavo je došao k Njemu i pokazao Mu sva kraljevstva ovog svijeta. Onda je iskušavao Isusa govoreći: „*Tebi ću dati svu vlast ovu i slavu njihovu, jer je meni predana, i kome ja hoću daću je. Ti, dakle, ako se pokloniš preda mnom biće sve Tvoje.*"

U skladu sa riječju koja navodi da postajete rob onome kome se povinujete, ako služite đavolu, vi postajete njegov rob (Poslanica Rimljanima 6:16). Poznavajući đavolji zli plan, Isus je odlučno odbacio iskušenje govoreći: „*U pismu stoji: 'POKLANJAJ SE GOSPODU BOGU SVOM I NJEMU*

JEDINO SLUŽI'" (Jevanđelje po Luki 4:8).
Neprijatelj đavo i Sotona su stekli moć dok su neprestano varali Adama i Evu. Međutim, Isus je pokušavao da otkupi tu moć dok se striktno pridržavao duhovnog zakona. Njegovim potpunim žrtvovanjem, On je otkupio tu moć od đavola.
Kada mi vjerujemo u ovog Isusa, mi možemo da pobjedimo i pokorimo neprijatelja đavola i Sotonu. Mi možemo da imamo zaštitu protiv iskušenja i nevolja, bolesti i nesreća. Ne samo to, mi možemo da steknemo vječni život, tako da umjesto da idemo u vječnu smrt, ili Pakao, mi možemo da idemo u vječna Nebesa.

Onda šta znači kada Pismo kaže: „Poznavanje Boga i Isusa Hrista je vječni život?" Jevanđelje po Jovanu 6:40 kaže: „*A ovo je volja Onog koji Me posla da svaki koji vidi Sina i vjeruje Ga ima život vječni; i Ja ću ga vaskrsnuti u poslednji dan.*"
Bog je poslao Njegovog Sina na ovaj svijet da bi svi narodi mogli da prime spasenje. Dozvolivši da Isus-koji je bezgriješan i koji je bio sam dobrota i ljubav-bude zakovan na krstu, Bog je Njega načinio da bude Spasitelj mnogim ljudima. Zbog toga čovjek, koji sa puni pravom treba da ode u Pakao zbog grijeha, može da stekne vječni život sa vjerovanjem u Isusa Hrista.
Oni ljudi koji su stekli spasenje kroz Isusa Hrista počeli su da spoznaju veoma dobro kako je Bog izlio toliku ljubav prema nedostojnim griješnicima. Oni su počeli da spoznaju istinu o Bogu-ne strašnom Bogu koji osuđuje striktno u skladu sa zakonom – već o Bogu ljubavi, koji je žrtvovao Njegovog sopstvenog Sina da bi napravio put spasenja za grešnike. Prema tome, oni koji su iskusili iskrenu radost znaju da ne postoji ništa

veće od milosti Isusa Hrista i ljubavi Božje; tako da oni nazivaju Boga: „Ava Oče."

„I sad proslavi Ti Mene, Oče"

„Ja Tebe proslavih na zemlji, posao svrših koji si Mi dao da radim, i sad proslavi Ti Mene, Oče, u Tebe Samog slavom koju imadoh u Tebe prije nego svijet postade." (17:4-5)

Isus je slavio Boga ispunjavajući sve Božje planove i proviđenja, tako da je On podigao molitvu tražeći od Boga da i On Njega proslavi. Isus je prvobitno bio jedan sa Bogom prije stvaranja i slavu koju je On imao je bila plemenita i lijepa da ne može da se opiše ljudskim riječima. Ali da bi se ispunila Božja volja, On je ostavio iza Sebe svu Njegovu slavu, obukao je tijelo i došao na ovaj svijet i preuzeo krst da bi ispunio Njegov poziv kao Spasitelj.

Kao što je zapisano u 1. Poslanici Korinćanima 10:31: „*Ako dakle jedete, ako li pijete, ako li šta drugo činite, sve na slavu Božju činite,*" za vrijeme Njegove službe ovdje na zemlji, Isus nikada nije težio ka sopstvenom bogatstvu ili slavi. On je samo nastojao da slavi Boga. Zbog toga se On odvažno molio: „I sad proslavi Ti Mene, Oče."

Bog želi od nas, kao Isus, da slavimo Boga u svemu što radimo. Ovo nije zato što Bog želi da primi svu salvu. U skladu sa duhovnim zakonom koji kaže da će jedan požnjeti ono što je posijao, Bog svakome od nas želi da da nagradu i slavu koja je podesna djeteta Njegovog. Zbog toga je u Jevanđelju po Jovanu 13:32, Isus rekao: „*Ako se Bog proslavi u Njemu, i Bog će Njega proslaviti u Sebi, i odmah će Ga proslaviti.*"

Molitva za učenike

Kako bi ispunio Božje djelo, Isus je rijetko imao vremena za odmor ili san. Uprkos tome, On nikada nije prestajao da se moli. Sada pošto je bilo vrijeme da iznese Njegovu službu na krstu, koliko se samo iskrenije On molio! On se najprije molio da može da slavi Boga a onda se On molio za njegove ljubljene učenike.

Isus je gledao na učenike sa vjerom

„Ja javih ime Tvoje ljudima koje si Mi dao od svijeta; Tvoji bjehu pa si ih Meni dao, i Tvoju riječ održaše." (17:6)

Kada je Isus rekao: „Ja javih ime Tvoje," On je mislio da je učio o Božjoj ljubavi i volji. Isus je bio sa Bogom prije stvaranja i On je stvorio univerzum sa Bogom. Tako da je svakako On mogao da jasno pokaže Božje srce i volju.

Isus je rekao: „Tvoji bjehu pa si ih Meni dao, i Tvoju riječ održaše." Ovdje „oni" se odnosi na ljude koji su kultivisani od strane Boga kako su postali Njegova iskrena djeca. Oni pripadaju Bogu, ali Isus je rekao: „To si ih Meni dao," zato što su oni stekli spasenje kroz Njega, Isusa Hrista. I kada se obraćao tim ljudima koji su spašeni, Isus je priznao: „...i Tvoju riječ održaše." Ovo znači da su oni zaista vjerovali u Boga i da su prihvatili Isusa kao njihovog Spasitelja; prema tome oni su stekli kvalifikacije da budu spašeni.

Kao što je zapisano u Jakovljevoj Poslanici 2:22: „*Vidiš li da vjera pomože djelima njegovim, i kroz djela svrši se vjera,*" iskrena vjera je praćena djelima. Činjenica da su se „pridržavali Božje Riječi" znači da su imali vjeru da budu spašeni, ili vjeru da čine po Božjoj Riječi.

„Sad razumješe da je sve što si Mi dao od Tebe; jer riječi koje si dao Meni dadoh im; i oni primiše, i poznadoše istinito da od Tebe iziđoh, i vjerovaše da si Me Ti poslao." (17:7-8)

Ako osoba vjeruje da su moćna djela Isusa od Boga, on će takođe vjerovati da je Isus Spasitelj. Ako neko može da prepozna drvo po njenim plodovima; ako neko izvodi znakove i čuda, mi možemo da prepoznamo da je Bog sa njim. Isus je govorio Bogu o učenicima i drugim ljudima koji imaju čistu vrstu vjere. Ovo ne znači da su ovi ljudi tada imali potpunu vjeru. To znači da sa dobrotom, oni priznaju da su vjerovali u Boga i Isusa iz najvećih dubina njihovih srca.

Tako da se Isus molio da milost Božja bude sa učenicima i dobrim ljudima koji, čak iako su još uvijek slabi, su imali ugrađenu vjeru u njihovim srcima. Isus je veoma dobro poznavao vjeru Njegovih učenika. Čak iako će kasnije oni svi pobjeći od straha kada Isus bude uhvaćen (Jevanđelje po Mateju 26:31), Isus se molio, dok je zamišljao kako će kasnije steći potpunu vjeru i transformisati se u Gospodove moćne svjedoke. Kroz ovu izjavu mi možemo vidjeti Isusovu iskrenu ljubav. Iako je On vidio 99 negativnih faktora, On je samo Bogu rekao za jedan pozitivan koji je vidio.

„Ja se za njih molim: ne molim se za (sav) svijet, nego za one koje si Mi dao, jer su Tvoji; i Moje sve je Tvoje, i Tvoje Moje; i Ja se proslavih u njima." (17:9-10)

„Svijet" ovde označa neprijatelja đavola i Sotonu koji stoji suprotno od Isusa Hrista. Bog ljubavi je poslao Isusa na ovaj svijet da spase čovječanstvo; ali to ne znači da će svako biti spašen. Osoba čije je srce zlobno i koja kontrolu nad sobom predaje Sotoni, na kraju neće biti sapšena. Riječ života i vječni život su za one ljude koji vjeruju u Isusa kao njihovg Spasitelja; i za one ljude za koje se Isus molio Bogu.

„I Moje sve je Tvoje, i Tvoje Moje" pokazuje kako su Bog i Isus jedno (1. Korinćanima Poslanica 8:6). Ovo znači da zato što su Dvoje jedno, slava i patnja koju je Isus primio, Bog je takođe primio. Šta više, slavu koju će Isus primiti poslije smrti na krstu, vaskrsenje i kada postane Spasitelj, Bog će takođe primiti.

Isus je znao da će se kroz Njegovu patnju na krstu, vrata spasenja otvoriti; i da će mnogo duša početi da vjeruje u Gospoda i postaće iskrena Božja djeca. On je takođe dao ovo priznanje jer je On znao da će ove duše dati slavu Bogu koji je uz nevjerovatnu Njegovu ljubav, pripremio put spasenja, a sa Isusom Hristom, koji je Sebe žrtvovao, u potpunosti će ispuniti Božju volju.

„Da budu jedno kao i Mi"

„I više nisam na svijetu, a oni su na svijetu, a Ja idem k Tebi. Oče Sveti, sačuvaj ih u ime Svoje, one koje si Mi dao, da budu jedno kao i Mi." (17:11)

Kako možemo da ikada izrazimo Isusovu ljubav prema Njegovim učenicima? Pošto je morao za Sobom da ostavi one koje je toliko mnogo volio, On se molio iznova i iznova Ocu Bogu u njihovo ime. Isus je odlazio, ali ubrzo nakon toga, Sveti Duh koga je On obećao, će doći. Osoba koja vjeruje i koja se povinuje istini koju Sveti Duh uči, ta osoba može da postane jadan sa Bogom, kao što su Isus i Bog jedno.

Sve do sada, učenici su naučili istinu od Isusa i kada su se povinovali Njegovim riječima, oni su iskusili nevjerovatne stvari (Jevanđelje po Mateju 17:27). Kada Sveti Duh dođe, svako će vidjeti mnogo nevjerovatnija djela Božja, baš kao i u vremenima kada je zaista Isus bio na zemlji. Šta više, kada je Isus bio ovdje, jedan je morao da bude blizu Njega da bi čuo riječi istine, ali kada Sveti Duh dođe nad svakom ponaosob osobom, svako će čuti istinu i primiće Božju zapovijest u bilo koje vrijeme. Zbog toga se Isus molio i tražio je od Boga da izlije Svetog Duha nad Njegovim voljenim učenicima da bi mogli uspješno da ispune Božju volju.

„Dok bejah s njima na svijetu, Ja ih čuvah u ime Tvoje; one koje si Mi dao sačuvah, i niko od njih ne pogibe osim Sina pogibli, da se zbude Pismo." (17:12-13)

Kada je Isus rekao: „Ja javih ime Tvoje," On je mislio da je On brinuo o njima sa Božjim srcem i ljubavlju. Isus je došao na ovu zemlju i ime Boga. On je učio sa riječima vlasti i pokazujući veličanstvenu moć, On je poveo Njegove učenike da žive u istini. Međutim, postojali su izuzeci. Kao što je Isus rekao: „I niko od njih ne pogibe osim Sina pogibli, da se zbude Pismo," Juda Iskariotski na kraju je Njega izdao i otišao na put smrti.

Ovo se nije dogodilo zato što je Isus nedostajala moć-ovo je bio događaj koji je već bio prorokovan u Bibliji. To se dogodilo baš kao što je zapisano u Psalmima 41:9: „*I čovjek mira Mog, u kog se uzdah, koji jeđaše hljeb Moj, podiže na Me petu.*" Po izgledu, činilo se da je Isus bio uhvaćen zbog Jude Iskariotskog, ali sve stvari su se dogodile zato što je to Bog dozvolio.

Isusovo uzimanje krsta ne pokazuje da su neprijatelj đavo i Sotona ostvarili pobjedu-to pokazuje da je Božji plan spasenja čovječanstva neizostavno uslijedio bez greške. Ovo takođe pokazuje Božju dubokomislenost prema učenicima koji kasnije, neće izgubiti snagu, već će umjesto toga osjećati radost jer su iskusili djela Svetog Duha.

„Ja im dadoh riječ Tvoju; i svijet omrznu na njih, jer nisu od svijeta, kao i Ja što nisam od svijeta." (17:14)

Riječi koje je Isus dao Njegovim učenicima su bile istina i sama svjetlost. Ali svijet, ili ljudi koji su dio neprijatelja đavola i Sotone, mrzeli su Isusa, koji je bio Svjetlost (Jevanđelje po Jovanu 3:20). Nakon što su čuli Isusove riječi, visoki svještenici i fariseji, umjesto da se pokaju, bili su nestrpljivi da ubiju Isusa (Jevanđelje po Mateju, poglavlje 21). Svijet je takođe mrzio učenike, koji su bili dio Svjetlosti, jer su primili Riječ Božju od Isusa koji je bio Svjetlost.

U Jevanđelju po Jovanu 15:19, Isus je rekao: „*Kad biste bili od svijeta, onda bi svijet svoje ljubio; a kako niste od svijeta, nego vas Ja od svijeta izbrah, zato mrzi na vas svijet*" (15:18-19). Poput ovoga, ako ne budemo partneri sa svijetom, onda će svijet mrzeti nas. U Jevanđelju po Mateju 10:35-36, zapisano je: „*Jer Sam došao da rastavim čovjeka od oca njegovog i kćer od matere njene i snahu od svekrve njene; i neprijatelji čovjeku postaće domašnji njegovi.*" Ovo znači da u vremenima, kada činimo u istini, članovi naše porodice koji nisu vjernici, možda nas neće razumijeti i nećemo im se dopadati.

Međutim, osoba koja voli Gospoda i zna istinu neće postati jedno sa svijetom, čak iako to znači da će iskusiti iskušenja. Ako osoba nije od istine, pravi vjernik se neće kompromitovati sa njim, čak iako je osoba član porodice. Prema tome, vjernik neće pružati ruke ka tami. Baš kao što se tama i svjetlost ne mogu miješati, ako neko voli svijet ili stvari od svijeta, Božja ljubav nije u njemu. Isus je rekao učenicima do detalja o događajima koje će iskusiti u bliskoj budućnosti, kako su radosno prihvatili poziv da budu Gospodnji svjedoci. Onda je još jednom On podigao iskrenu molitvu i povjerio Njegove učenike Bogu.

„Ne molim Te da ih uzmeš sa svijeta, nego da ih sačuvaš oda zla." (17:15)

Neki roditelji previše štite njihovu djecu kao biljke u stakleniku i podižu ih da postanu zavisni ljudi. Ali mudri roditelji opremaju svoju djecu sa sposobnošću da se sami suočavaju sa njihovim nedaćama. Umjesto da hvataju ribu za njih, oni ih uče kako da uhvate ribu.

Božje srce je na isti način. On nas kultiviše da možemo da se borimo protiv zla sa dobrim i da postanemo djeca koja će ličiti na Boga. Poznavajući Božje srce, Isus se nije molio tražeći od Boga da uzme Njegove učenike sa ovog grešnog svijeta na nebesa, već da ih zaštiti od padanja u grijeh. Sa jedne strane, Isus je aludirao na činjenicu da nakon što On ode, učenici imaju sposobnost da žive u istini uz moć Svetog Duha.

„Osveti ih istinom Svojom..."

„Od svijeta nisu, kao ni Ja što nisam od svijeta. Osveti ih istinom Svojom: riječ je Tvoja istina." (17:16-17)

Za vrijeme Isusove službe, učenici su stalno bili sa Njim, slušajući Njegove poruke o isitni i svjedočeći Njegovim velikim djelima. Prativši Isusove korake, oni su držali njihova srca u istini i nisu se kompromitovali sa svijetom. Dok je služio sa njima, Isus je čvrsto vodio Njegove učenike u istini. On je naročito njima postavio jasne granice da ne bi postali vezani za tjelesne strasti ili krvne odnose (Jevanđelje po Luki 9:59-62).

On je to učinio zato što, ako je osoba razbacana naprijed ili nazad zbog njegove krvne veze, školskih veza ili veza iz detinjstva, on ne može da donosi nepristrasne odluke i može da završi tako što će se kompromitovati sa neistinom. U Jevanđelju po Mateju 10:29-30, Isus je rekao: „*Zaista vam kažem, nema nikoga koji je ostavio kuću, ili braću, ili sestre, ili oca, ili mater, ili ženu, ili djecu, ili zemlju, Mene radi i jevanđelja radi, a da neće primiti sad u ovo vrijeme sto puta onoliko kuća, i braće, i sestara, i otaca, i matera, i djece, i zemlje, u progonjenju, a na onom svijetu život vječni.*"

Međutim, ovo ne znači da jedan treba da bude hladan i neodgovoran prema njegovoj porodici. Samo je ispravno da uradimo naše dužnosti da bi služili roditeljima. Ali to znači da samo kada zakovemo na krstu našu tjelesnu ljubav i potpunu sebičnost, mi zaista možemo da prije svega volimo Boga i poštujemo naše roditelje kao iskrena vjerna djeca. Savršen primjer za to je kralj Asa, treći kralj Judeje, južnog kraljevstva.

Kralj Asa je volio Boga i uveo je veliku religijsku reformu i strogo je zabranio idolopoklonstvo. Kada je njegova majka kraljica Maha, počinila idolopoklonstvo, on je čak svrgnuo i njegovu majku. On je smatrao da ako ne mari za majčine postupke, onda će idolopoklonstvo postati ponovo rasprostranjeno među njegovim narodom. Međutim, čak iako je svrgnuo njegovu majku on je vjerovatno svakako poštovao i služio joj. I kroz ovo iskustvo, Maha je vjerovatno bila veoma prosvetljena i to joj je dalo veliku priliku da se pokaje pred Bogom. Iskreno poštovanje prema roditeljima vodi njihove duše ka spasenju.

Kao što je zapisano u 2. Timotijevoj Poslanici 2:4: „*Jer se nikakav vojnik ne zapleće u trgovine ovog svijeta da ugodi vojvodi,* " naši krvni odnosi i fizičke veze ne bi trebali da ometaju Božje djelo. Razlog zbog koga je Isus poveo Njegove učenike toliko čvrsto u istini je bio taj jer su oni morali da ponesu toliko veliku odgovornost u svjedočenju da Isus jeste Hrist. Ali prije nego što su postali moćni radnici u ispunjavanju njihovog poziva, On je najprije i prije svega želio od njih, da postanu sveti u istini.

Kako se Isus molio: „Osveti ih istinom Svojom," On je želio da oni najprije povrate sliku Boga u sebi. Bog želi da izgradi Njegovo kraljevstvo kroz djecu koja su obučena u svetost. Kao što Poslanica Jevrejima 12:14 govori: „*Mir imajte i svetinju sa svima; bez ovog niko neće vidjeti Gospoda,* " mi moramo da budemo u potpunosti posvećeni i da nemamo čak ni odraz zlobe da bi živjeli blizu Gospodovog prijestolja i djelili vječnu radost i sreću kada odemo na Nebesa.

„Kao što si Ti Mene poslao u svijet, i Ja njih poslah u svijet. Ja posvećujem Sebe za njih, da i oni budu osvećeni istinom." (17:18-19)

Bog je poslao Isusa na ovaj svijet u središtu Njegovog plana spasenja za čovječanstvo. Tako da je Isus došao sa misijom da je Spasitelj. Prema tome, učenici koji će ostati posle Njega imaju misiju da budu Njegovi svjedoci. Zbog toga je Isus rekao: „Ja njih poslah u svijet." Sa dubokim posmatranjem, mi možemo da vidimo da je ovaj izraz ugrađen u iskrenoj Isusovoj molbi za Oca Boga da pruži učenicima snagu da čuvaju njihova srca da bi vjerno ispunili njihov poziv.

Da su zaista poznavali Isusovo srce, učenici ne bi smatrali njihov poziv u širenju jevanđelja kao teškim zadatkom. Da su razmišljali o slavi koju će kasnije steći na Nebesima, oni bi vjerovatno preuzeli poziv sa radošću i zahvalnošću. U crkvi, kada je neko odabran da preuzme poseban poziv, neki ljudi odgovoaraju: „ja ne mogu da preuzmem ovaj poziv jer nisam dovoljno kompetentan." Ali ovo je pogriješan način razmišljanja. Prije svemogućeg Boga, ljudska sposobnost- mala ili velika – nije imala značenje. Ono što je važno jeste ko može zaista da vjeruje u Boga i ima sposobnost da se iskreno i dovoljno moli da ispolji Njegovu moć ovdje na zemlji i iskusi je. A da bi se iskusila ova moć, jedan mora da bude posvećen. Što znači, jedan mora da kultiviše sveto srce.

Kada pogledamo u Jevanđelje po Marku u Poglavlju 9, mi možemo da vidimo da je ovo istina. Jednog dana, otac koji je imao sina demonom opsednutog, došao je da traži Isusa. On je ranije posjetio učenike zbog ovog problema, ali bez uspjeha. Zato što učenici nisu u potpunosti bili promjenjeni u istini, demon se nije ni pomjerio na njihovu riječ. Ali odmah kako je Isus rekao: „*Duše nemi i gluvi, Ja ti zapovjedam, izađi iz njega i više ne ulazi u njega*" (stih 25), demon je uzviknuo i napustio mladog čovjeka. Tako da u duhovnom svijetu, što je više neko bezgriješan i svet, tim više može on ili ona da izvršavaju moć.

Zbog toga se Isus molio: „*Ja posvećujem Sebe za njih, da i oni budu osvećeni istinom,*" želeći da njegovi učenici postanu savršeni (Jevanđelje po Mateju 5:48). Međutim, Isus nije samo jednostavno rekao: „Budite sveti, budite savršeni," već je On njima pokazao. U svemu što je On radio, On je bio njima primjer.

Molitva za vjernike

Kada mi čitamo Bibliju, mi možemo da vidimo koliko različito Bog Stvoritelj misli i kako Njegova kreacija, ljudi misle. U Isaiji 55:8-9 čitamo: „ *'Jer misli Moje nisu vaše misli, niti su vaši putevi Moji putevi, veli GOSPOD.' Nego koliko su nebesa više od zemlje, toliko su putevi Moji viši od vaših puteva, i misli Moje od vaših misli.*" Prema tome, učenici nisu mogli da se usude da razumiju srce i misli Isusa, koji je jedan sa Bogom. Nakon što se molio za Sebe i za Njegove učenike, Isus se potom molio za mnoge duše koje će kasnije primiti spasenje kroz službu učenika. Kako ljudi mogu toliko blisko i da se približe i sagledaju ovako veliku ljubav Isusa?

Da i svijet vjeruje da si Me Ti poslao...

„Ne molim se, pak, samo za njih, nego i za one koji Me uzvjeruju njihove riječi radi; da svi jedno budu, kao Ti, Oče, što si u Meni i ja u Tebi; da i oni u Nama jedno budu, da i svijet vjeruje da si Me Ti poslao." (17:20-21)

Isus nije Spasitelj nekolicini izuzetnih ljudi. Zbog toga je Isus preklinjao učenike da idu u svijet i šire jevanđelje svim narodima, kao što je zapisano u Jevanđelju po Marku 16:15: *„Idite po svemu svijetu i propovjedite jevanđelje svakom stvorenju,"* a u Jevanđelju po Mateju 28:19: *„Idite dakle i naučite sve narode krsteći ih va ime Oca i Sina i Svetog Duha."* Ovaj poziv u širenju jevanđelja nije bio samo za učenike. Svako ko vjeruje u Isusa Hrista i prima spasenje ima poziv u širenju riječi o milosti spasenja koje je dato svima bez naknade.

Apostol Pavle je priznao: *„Dužan sam i Grcima i divljacima, i mudrima i nerazumnima. Zato, od moje strane, gotov sam i vama u Rimu propovjedati jevanđelje"* (Poslanica Rimljanima 1:14-15). Baš kao što je priznao, zato što je bio toliko zahvalan na dragocijenoj ljubavi koju je primio, on je radio na širenju jevanđelja svim svojim životom.

Međutim, to ne znači da svako ko čuje jevanđelje dobija spasenje. Samo oni koji iskreno vjeruju iz centra njihovg srca da je Bog poslao Isusa na ovaj svijet kao Spasitelja, mogu da prime spasenje. Baš kao što je i Bog u Isusu i Isus u Bogu, osoba mora da bude jedno sa Isusom u istini i duhu.

Onima koji vjeruju u dobra djela Isusa i koji prepoznaju

Isusa kao Sina Božjeg, Bog daje njima dar Svetog Duha. Jednom kada osoba dobija Svetog Duha, njegovo osnovno znanje vjere se odmah mijenja u duhovnu vjeru. On počinje da shvata riječi isusa i počinje da razumije iskrenu ljubav Boga koja je bila toliko velika da pošalje Njegovoj jednog i jedinorodnog Sina na ovaj svijet. Naravno, koliko široko osoba počinje da razumije i koliko efikasno on ili ona počinje da živi u skladu sa Riječju zavisi od svake osobe.

Veličina dobrote i nevinosti u nečijem srcu i mjera njegovog povinovanja glasu Svetog Duha, zavisi od mira duhovnog rasta i odluke kada može u poptunosti da dostigne nivo vjere gdje će biti jedan sa Bogom. Iz ovog razloga, On se molio da ne dobiju svi ljudi samo spasenje već i da postanu jedno sa Njim u istini i duhu da bi mogli da dostignu nivo potpune vjere.

„I slavu koju si Mi dao Ja dadoh njima, da budu jedno kao Mi što smo jedno; Ja u njima i Ti u meni: da budu sasvim ujedno, i da pozna svijet da si Me Ti poslao i da si imao ljubav k njima kao i k Meni što si ljubav imao." (17:22-23)

Isus je dao veliku slavu Bogu dok je širio jevanđelje o Nebesima i dok je potvrđivao Njegove riječi sa znakovima. Tako da kada je On rekao: „I slavu koju si Mi dao Ja dadoh njima," On je govorio da On želi takođe od njih da daju slavu Bogu dok izvode znakove i čuda.

I Isus se molio da kroz moć imena Isusa Hrista, Njegovi učenici imaju mogućnost da šire riječi koje ih je Isus naučio, odbace demone, izliječe bolesti i pokažu moć Božju. U stvarnosti, učenici koji su kasnije primili Svetog Duha izvodili su mnoga nevjerovatna djela i dali su salvu Bogu (Djela Apostolska 5:15-16). Toliko mnogo znakova i čuda su se dogodili kroz njih kao što je zapisano u Djelima Apostolskim 2:43: *„I uđe strah u svaku dušu; jer apostoli činiše mnoga čudesa i znake u Jerusalimu."*

Isus želi ne samo da učenici, već svako ko prima Isusa, pokaže ova moćna djela Božja. On želi da oni mogu da odbace demone, govore drugim jezicima, uzimaju zmije, ne budu povređeni čak iako popiju smrtonosan otrov i liječe bolesne kada polože njihove ruke na njih (Jevanđelje po Marku 16:17-18).

Naša crkva takođe daje veliku slavu Bogu kroz moćna Božja djela. Kada mi vjerujemo u Božju moć kao što je zapisano u Bibliji i molimo se, slijepi otvaraju oči, mutavi govore, ljudi u kolicima ustaju i šetaju i mnogi ljudi osjećaju da su iscjeljeni od bolesti. Nervi, tjelesna tkiva i ćelije koje su jednom uništene opekotinama regenerišu se, a osoba koja je prestala da diše i čije je tijelo počelo da se koči, vraća se u život.

Da bi izveo ovakve vrste djela Božjih, jedan mora da ima potpunu vjeru. Ako imamo potpunu vjeru i ako je Gospod u nama i mi smo u Gospodu, ne postoji ništa što ne možemo učiniti. Isus nam je rekao najvažniji razlog zašto trebamo da budemo jedan sa Njim.

Osoba koja je jedno sa Isusom razumije srce i proviđenje Boga, koji je bio od početka. Isus je želio da svi ljudi postanu djeca Božja koja razumiju Očevo duboko srce. Za ovu vrstu ljudi, kao što je zapisano u Poslovicama 8:17: *„Ja ljubim one koji Mene ljube,"* Bog je pokazao Njegovu ljubav za njih.

U vremenima Mojsija kada je cio Egipat patio od svih vrsta pošasti, u zemlji Gosen, gdje je Božji narod živio, ljudi nisu osjetili nikakve nevolje. Na isti način, oni koji su jedno sa Gospodom zaštićeni su od neprijatelja đavola i Sotone i oni će primiti blagoslov da budu dobro i da budu uspješni u svim oblastima njihovog života. Bog želi da iskusi radost od mnoge Njegove djece kako postaju jedno sa Gospodom.

Isus želi da podjeli Njegovu slavu na nebesima

„Oče, hoću da i oni koje si Mi dao budu sa Mnom gdje sam Ja; da vide slavu Moju koju si Mi dao; jer si imao ljubav k Meni prije postanja svijeta. Oče pravedni, svijet Tebe ne pozna, a Ja Te poznah, i ovi poznaše da si Me Ti poslao." (17:24-25)

Kada mi volimo Boga i Njemu služimo, ne samo da će On obilno blagosloviti naše živote već će nam dati i nezamislivu slavu na Nebesima. Znajući ovo veoma dobro, Isus se pomolio: „Hoću da i oni koje si Mi dao budu sa Mnom gdje sam Ja." Isus je želio da podjeli vječnu slavu na Nebesima sa Njegovim voljenim učenicima i sa onima koji su primili spasenje dok su slušali jevanđelje koje su učenici širili.

Čak iako oni nisu bili u potpunosti prepuni vjere, On je bio samo sretan sa činjenicom da u oni prepoznali u njihovim srcima da je Isus bio Sin Božji i Spasitelj. Za vrijeme Njegove javne službe, Isus jepokazao mnogo dokaza da bi pomogao ljudima da vjeruju da je On došao sa Nebesa. Kroz moćna djela koja je Isus izvodio i poruka od istine koje je Isus propovjedao, ljudi sa dobrim srcima su vjerovali da je Isus Božji Sin i da je On Mesija koji će im služiti. Kao što j Isus rekao: „iako svijet Tebe ne pozna," neprjatelj đavo i Sotona pokušavaju da ometaju ljude da ne vjeruju u Boga, ali ovi dobro ljudi su bili na oprezu i borili su se u dobroj borbi i imali su pobjedu (1. Petrova Poslanica 5:8-9).

**„I pokazah im ime Tvoje, i pokazaću, da ljubav kojom si Mene ljubio u njima bude, i Ja u njima."
(17:26)**

„Ime Tvoje [Božje]" sadrži Božju moć i vlast, srce i ljubav. Isus je sve pokazao kroz moćne riječi, zajedno sa znakovima i čudima. I kroz djela oproštaja i saosjećanja, milosti i ljubavi, On je ljude učio o Bogu, koji je ljubav.

Tako da šta je Isus mislio kada je On rekao: „I pokazah im ime Tvoje, i pokazaću?" On je mislio da kroz uzimanje krsta, prolivanje sve Njegove vode i krvi, umiranje a onda i vaskrsenje, On će ispuiti Božje proviđenje. On je činio da se spozna srce Boga koji je volio cijelo čovječanstvo toliko mnogo da je bez poštede On poslao Njegovog jednog i jedinog Sina da umre na krstu (Poslanica Rimljanima 8:32).

Prema tome, razlog zbog koga je Isus učinio da „Očevo ime" nama bude poznato je „da ljubav kojom si Mene ljubio u njima bude, i Ja u njima." Isus je želio da mi dobijemo ljudbav koju je On dobio od Boga i On želi da bude u nama. Činjenica da je Isus u nama znači da je Božja Riječ u nama (Jevanđelje po Jovanu 14:21), zato što „Riječ koja postade tijelo" je Isus. Samo oni koji žive u skladu sa Božjom Riječju mogu zaista da kažu da vole Boga.

Mi moramo da se sjetimo da zato što je Isus volio Boga, On se u potpunosti pridržavao Zakona dok je bio na ovom svijetu i On se u potpunosti povinovao do tačke da je umro na krstu. Kao ishod, On je primio nevjerovatnu količinu Božje ljubavi.

Šta mislite koja razlika postoji između ljubavi Božje koju je Isus iskusio prije nego što je došao na ovaj svijet i ljubavi Božje koju je On iskusio nakon što je ispunio Njegovu misiju i uzdigao se nazad na nebesa? Zato što je Isus prvobitno jedno sa Bogom, naravno On je poznavao Božju ljubav, ali dubina i šrina Božje ljubavi koju je On osjetio i koju je On osjetio nakon ispunjenja Njegovog poziva kao Spasitelja, bila je neuporediva.

Takođe i Avram, samo nakon što se povinovao Božjoj zapovjesti da žrtvuje Isaka, iskusio je i razumio je Božju ljubav mnogo jasnije. Bog je vjerovatno bio veoma srećan kada je vidio Avramovu vjeru koja je bila toliko velika da bezpoštedno žrtvuje njegovog jedinog sina, ali koliko prelijepa su bila Avramova osjećanja da je mogao da pokaže Bogu ovu vjeru?

Isus želi da mi takođe razumijemo i iskusimo ovu duboku, duboku ljubav Božju. Kada mi imamo vjeru i činimo po Božjim riječima i dajemo Njemu ono što je nama najvrijednije zbog naše ljubavi prema Njemu, mi možemo da iskusimo veliku ljubav Boga koju nikada do tada nismo iskusili.

Poglavlje 18

Isus koji je patio

1. Juda Iskariotski, onaj koji je izdao Isusa
(18:1-14)

2. Isus stoji pred Visokim svještenicima
(18:15-27)

3. Isus stoji pred Pilata
(18:28-40)

Juda Iskariotski, onaj koji je izdao Isusa

Nakon molitve Bogu neposredno prije Njegove smrti, Isus se premjestio u Getsimaniju sa Njegovim učencima. Getsimanija je bašta smještena na zapadnoj strani gore Maslinske, smještena pored potoka Kedron. Getsimanija je bila prepuna uraslog drveća i žbunja i prilično je mirno mjesto, tako da su Isus i Njegovi učenici često tražili ovo mjesto.

Bašta Getsimanije je mjesto gdje se baš prije Njegove patnje na krstu Isus molio toliko iskreno da je Njegov znoj postao kao kapljice krvi. Juda Iskariotski je takođe dobro poznavao ovo mjesto. Isus je znao da će ga Juda izdati,; ali uprkos tome, kako bi ispunio Njegovu misliju kao Spasitelj, Isus se vratio na ovo mjesto.

Isus odlazi u vrt Getsimanije

„I rekavši ovo Isus iziđe s učenicima Svojim preko potoka Kedrona gdje bješe vrt, u koji uđe On i učenici Njegovi. A Juda, izdajnik Njegov, znaše ono mjesto; jer se Isus često skupljaše ondje s učenicima Svojim." (18:1-2)

U Jevanđeljima po Mateju, Marku i Luki, svi događaji koji su se odvijali u vremenu kada je Isus napustio baštu Getsimanije i vremenu kada je Isus uhvaćen su zapisani do sitnih detalja. Nakon što je stigao u Getsimaniju, Isus je rekao Njegovim učenicima: „Dok se Ja tamo molim, vi ostanite ovdje." Onda je poveo Petra, Jakova i Jovana i otišao da se moli. Dok je pravio Sebi stazu kroz divlje žbunje i dok je dublje ulazio u šumu, On je rekao njima da se tamo mole.

„*Počekajte ovdje, i stražite sa Mnom*" (Jevanđelje po Mateju 26:38).

„*Molite se da ne padnete u napast*" (Jevanđelje po Luki 22:40).

Dok je išao dalje za jedan korak više, Isus je spustio Njegovo lice na zemlju i počeo je iskreno da se moli. Isusov život je zavisio od ove molitve. Isusov život, čiji će bezgriješan život platiti spasenje svih duša, bio je u pitanju. Ova molitva je bila vapaj ka Bogu za snagu i sposobnost da u potpunosti preuzme razornu patnju na krstu. Isus se molio toliko vatreno sa Njegovom svom snagom i mislima da su male kapljice krvi u Njegovom tijelu prskale i pretvarale Njegove kapljice znoja u krv (Jevanđelje po Luki 22:42-44).

U mirnoj bašti Getsimanije, jedini zvuk koji je razbijao tišinu noći bio je zvuk Isusove iskrene molitve. Nakon nekog vremena, Isus koji se molio, došao je do Petra, Jakova i Jovana. Njihova tijela su bila slaba pa nisu mogli da se bore protiv njihovog umora, tako da su bili zaspali. Isus je bio tužan kada je vidio njihovu slabost i probudio je Petra.

„Zar ne mogoste jedan čas postražiti sa Mnom? Stražite i molite se da ne padnete u napast" (Jevanđelje po Mateju 26:40-41).

Malo kasnije, Juda Iskariotski će doći sa vojnicima da uhvate Isusa. Sa tako teškim događajem koji će se desiti pred njihovim očima, Isus se iskreno nadao da Njegovi učenici neće pasti u iskušenje. Tako da se Isus pomjerio malo sa strane i nastavio je ponovo da se moli. Učenici su sa velikim naporom pokušavali da se mole, ali na kraju, oni nisu mogli da se bore protiv njihove pospanosti. Tako da je Isus ostavljen Sam u molitvi sa tolikom snagom da je Njegov znoj postao kao kapljice krvi. Nakon tri molitve sa vremenskim razmakom, Isus je probudio učenike i rekao: *„Ustanite da idemo; evo se približi izdajnik Moj"* (Jevanđelje po Mateju 26:46).

Juda Iskariotski izdaje Isusa

„Onda Juda uze četu i od glavara svješteničkih i fariseja momke, i dođe onamo s fenjerima i sa svećama i s oružjem. A Isus znajući sve što će biti od Njega iziđe i reče im: 'Koga tražite?' Odgovoriše Mu: 'Isusa Nazarećanina.' Isus im reče: 'Ja sam On.' A s njima stajaše i Juda koji Ga izdavaše. A kad im reče: 'Ja sam On; izmakoše se natrag i popadaše na zemlju.'" (18:3-6)

Odmah nakon što je Isus završio govor, treptaji svjetlosti su počeli da se približavaju. Kako je svjetlost postajala sve jača, zvuci koraka su odzvanjali sa svih strana. Ubrzo posle toga, ljudi sa oružijem su se pojavili ispod zapaljenih baklji. U sredini je stojao čovjek sa poznatim licem. Bio je to Juda Iskariotski, jedan od dvanaest učenika.

Grupa vojnika držala je mačeve i toljage kao da su došli da uhapse opakog kriminalca. Mi možemo da vidimo koliko su bili uplašeni dok su hapsili Isusa. Juda Iskariotski se takođe, iako je poveo četu rimskih naoružanih vojnika, plašio Isusove duhovne vlasti.

„Koga tražite?"
„Isusa Nazarećanina."

Sada je Juda Iskariotski spletkario sa grupom vojnika koju je doveo, govorivši: *„Koga ja celivam onaj je; držite Ga"* (Jevanđelje po Mateju 26:48). Zato što je Isus već pripremio Njegovo srce u iznošenju Božje volje do tačke smrti, On je bio hrabar čak i prije nego što su teško naoružani vojnici nosili oružije. Ljudi od istine, kao Isus, koji stoje u sredini Božje volje mogu da budu hrabri čak iako su odvučeni u njihovu smrt. Ljudi kao ovi se plaše da ne odu na pogrešan put od Božje volje-oni se ne plaše što će izgubiti život ili što će se suočiti sa nevoljom. Ovo je zato što oni čvrsto vjeruju da samo jedan sa iskrenom vlašću nad životom i smrću jeste Bog Otac. Zbog toga se u Jevanđelju po Mateju 10:28 kaže: „*I ne bojte se onih koji ubijaju tijelo, a dušu ne mogu ubiti; nego se bojte Onog koji može i dušu i tijelo pogubiti u paklu.*" Isus je hrabro Sebe obelodanio četi ljudi, rekavši: „Ja sam On."

U to vrijeme, Njegova duhovna ljubav je bila toliko velika da su se oni koji su došli da Ga uhvate povukli unazad i pali na zemlju. U ovoj situaciji, Juda Iskariotski je pokušao još jednom da se približi Isusu da bi Njega poljubio. „*Zdravo, Ravi!*" (Jevanđelje po Mateju 26:49). Vidjevši čak i najveće dubine njegovog srca, Isus je pokušao u zadnjem trenutku da pruži Judi Iskratiotskom poslednju priliku. „*Juda, zar celivom izdaješ Sina Čovječijeg?*" (Jevanđelje po Luki 22:48).

Da je imao najmanji dio savjesti, pošto mu je najdublji dio srca bio otkriven, on se ne bi usudio da poljubi njegovog učitelja da bi Njega prodao. Ali pošto je već Juda Iskariotski bio zaposjeden Sotonom, on Ga je poljubio i Njega prodao. Međutim, sve ovo se dešavalo zbog ispunjenja plana spasenja kroz krst.

Da bi sakrio činjenicu da je on prodao Isusa, Juda Iskariotski nije direktno rekao: „Ta osoba je Isus Nazarećanin." On je naravno to predstavio i uradio je tako kao da nema nikakve veze sa grupom ljudi koji su došli da uhvate Isusa. Zato što je bio prevarant, on se trudio do samog kraja da prikrije činjenicu da je u stvari on taj koji je prodao Isusa.

Isus pokušava da zaštiti učenike

„Onda ih opet zapita Isus: 'Koga tražite?' A oni rekoše: 'Isusa Nazarećanina.' Isus im odgovori: 'Kazah vam da sam Ja; ako dakle Mene tražite, ostavite ove nek idu; da se izvrši riječ što reče: „Ne izgubih ni jednog od onih koje si Mi dao."'" (18:7-9)

Iako je Isus otkrio ko je On zaista bio, grupa ljudi Njega nije uhvatila. Tako da je On opet pitao. „Koga tražite?"
Postojao je razlog zbog koga je Isus opet pitao. On je pokušavao da zaštiti učenike koji su bili sa Njim. Dok je uticao na ljude da govore sa njihovim usnama iznova i iznova: „Tražimo Isusa Nazarećanina," Isus je pokušavao da ih ometa da njihove ruke ne polože na nikoga drugoga.

Oni su odgovorili: „Isusa Nazarećanina." „Ako dakle Mene tražite, ostavite ove nek idu," rekao je Isus. Kako bi bio siguran da učenici nisu ugroženi ni na koji način, Isus je mudro postavio štit zaštite okolo njih. Prije nego što je došao u baštu Getsimanije, On je uzdigao Njegovu molitvu ljubavi. U Njegovoj molitvi, On je priznao: *„Dok bijah s njima na svijetu, Ja ih čuvah u ime Tvoje; one koje si Mi dao sačuvah, i niko od njih ne pogibe osim Sina pogibli, da se zbude Pismo"* (17:12-13).

Baš kao što se molio, On je brinuo o bezbenosti učenika više nego za Njegovu sopstvenu i bilo sa kojom da se opašnošću On Sam suočio, On se nije vraćao unazad. U većini slučajeva, kada ljudi osjete da će biti u nepovoljnom položaju, ili da če iskusiti loše posledice, oni ili prebacuju njihovu odgovornost na drugoga ili će pokušati da pobjegnu iz te situacije. Ali Isus je Sam preuzeo opasnost i nevolje.

„A Simon Petar imaše nož, pa ga izvadi i udari slugu poglavara svješteničkog, i odseče mu desno uho; a sluzi bješe ime Malho. Onda reče Isus Petru: 'Zadeni nož u nožnice, čašu koju Mi dade Otac zar da je ne pijem?'" (18:10-11)

U Petrovim očima, kao učenik koji je bio pod brigom Isusa, situacija je bila ozbiljna. Iako mu je Isus rekao da će On biti uhvaćen u skladu sa Božjom voljom, čak i do ovog trenutka, Petar to nije razumio. Okružen grupom ljudi naoružanih sa mačevima i toljagama, situacija je bila teška i on nije imao predstavu šta će se sledeće dogoditi. U jednom trenutku, Petar je uzeo mač i odsjekao je jednoj osobi uvo. Niko nije imao vremena da ga blokira ili zaustavi. Čovjek koji je jauknuo od bola i pao na zemlju, bio je „Malho," rob visokog svještenika.

Petar nije mogao samo da stoji i da posmatra kako njegovog učitelja hvataju. Isus je poznavao Petrovo srce, ali mu On dao duhovni ukor: „Zadeni nož u nožnice, čašu koju Mi dade Otac zar da je ne pijem?" Plan spasenja kroz krst bilo je Božje proviđenje koje datira od početka vremena. Čak i da je Petar udario uvo Malha i da je pokušao da spriječi neposrednu opasnost iz prve ruke, on nije mogao da promjeni plan spasenja za čovječanstvo kroz Isusa. Vidjevši Petra kako udara mačem, ne poznavajući Isusovo srce koje je željelo da se povinuje Božjoj volji, Isusa je još više ispunilo tugom.

Uhapšen Isus

„A četa i vojvoda i momci jevrejski uhvatiše Isusa i svezaše Ga, i odvedoše Ga najprije Ani, jer bješe tast Kajafi, koji bješe poglavar sveštenički one godine. A Kajafa bješe onaj što dade savjet Judejcima da je bolje da umre jedan čovjek nego narod da propadne." (18:12-14)

Bez obzira koliko da su moćni Rimska četa, komandant i oficiri Jevreja bili, oni ne bi mogli da polože prst na Isusa da to nije bila Božja volja. Niko ne bi mogao da se usudi da stane ispred Njegove duhovne moći. Ali zato što je bilo vrijeme i zato što je to Bog dozvolio, oni su uhvatili Isusa i odveli Ga Ani.

U ovo vrijeme, Kajafa je bio visoki svještenik. Ali zašto su ljudi Isusa najprije odveli Ani? Ovo je bio jedan od ishoda da je Izrael bio pod kontrolom Rima. Ana je u suštini bio visoki svještenik, ali pod rimskim presudom, Kajafa je nesumično izabran da bude visoki svještenik. Međutim, osoba koju su Jevreji pratili i zaista priznali kao visokog svještenika bio je Ana. Zato što je Ana bio Kajafin tast, njih dvojica su morali da budu u složnom odnosu. Zbog ove istorijske pozadine, iako treba da postoji samo jedan visoki svještenik, četiri jevanđelja se odnose

:: Put do mjesta gdje je Kajafa ispitivao Isusa

:: Mjesto gdje je Kajafa ispitivao Isusa

na „visokog svještenika" u množini (Jevanđelje po Jovanu 7:32; 11:47). Kajafa, visoki svještenik reče: „Vi ne znate ništa, i ne mislite da je nama bolje da jedan čovjek umre za narod, negoli da narod sav propadne" (Jevanđelje po Jovanu 11:50). Ovdje, on se odnosio na smrt Isusa. U to vrijeme, Kajafa vjerovatno nije ni znao o čemu govori, ali bilo je to kao da je dao izjavu da je Isusova smrt bila dio Božjeg predostrožnog plana.

Visoki svještenici, Ana i Kajafa su bili iskorišćeni kao zli instrumenti da bi izneli hvatanje i smrt Isusa. Pošto je ovo dvoje ljudi ispoljilo toliko veliki grijeh na sobom sve do ovog vremena, oni su lako preuzeli ulogu slanja Isusa na krst zbog razapeća.

Isus stoji pred Visokim svještenicima

Visoki svještenik je bila osoba koja je mogla da uđe u sveti Hram jednom godišnje i prinese Bogu ponude grijeha i krivice. U ovom trenutku, visoki svještenik je bio predsjednik „Sinedriona," najvišeg vladajućeg savjeta Izraela, tako da je visoki svještenik bio od velike moći. Iz ovog razloga, Isus je uhvaćen i izveden pred njih na ispitivanje. Odmah nakon što je Isus bio uhvaćen, učenike je obuzeo šok, strah i zbunjenost. I osjetivši neposrednu opasnost, svi su se razbježali (Jevanđelje po Marku 14:27; Jevanđelje po Jovanu 16:32). Ali među njima, bilo je onih koji su pratili Isusa sve do mjesta ispitivanja-naravno iz daljine, skrivajući se od očiju ljudi.

„Za Isusom, pak, iđaše Simon Petar i drugi učenik. A učenik onaj bješe poznat kod poglavara svješteničkog, i uđe s Isusom u dvor poglavara svješteničkog; a Petar stajaše napolju kod vrata. Onda iziđe onaj učenik što bješe poznat kod poglavara svješteničkog i reče vratarici te uvede Petra." (18:15-16)

Petar, koji je odsjekao uvo Malhu, robu visokog svještenika, pažljivo je išao za Isusom. Slika Isusovog vezivanja kao ozbiljnog kriminalca izgledala je prilično čudna i strana Petru. U to vrijeme, postojao je još jedan učenik koji je takođe išao za Isusom. Bio je to Jovan, koji je zajedno sa Petrom i Jakovom uvijek bio na Isusovoj strani. Petar je mogao da prati Isus sve do doma Ane, ali ovde je nastao problem. Jovan, koji je bio upoznat sa visokim svještenikom mogao je da uđe u kuću ali Petra su morali da zadrže kod vrata. Ali Jovan je razgovarao sa vratarom da bi i Petar mogao da uđe u kuću.

„Onda reče sluškinja vratarica Petru: Da nisi i ti učenik ovog čovjeka? On reče: 'Nisam.' A sluge i momci bjehu naložili oganj i stajahu te se grijahu, jer bješe zima; a i Petar stajaše s njima i grijaše se." (18:17-18)

Robinja je vidjela Petra i začudila se. „Da nisi i ti učenik ovog čovjeka?" Odjednom, Petrove misli postale su tmurne. „Nisam."
On je samo mogao da stoji mirno i da ne negira na ovaj način, ali tjelesna misao koja bi mu naškodila, uzokovala je da Petar laže. On je jednom priznao: „*Ti si Hristos, Sin Boga Živoga*" (Jevanđelje po Mateju 16:16). Ali sada pošto je bio uplašen i prestravljen, on je negirao da je učenik Isusa. Šta više, kao da on nije imao ništa sa Isusom, sakrio se između robova

koji su se grijali pored vatre.

Isusa je ispitivao Ani visoki svještenik

„Poglavar, pak, sveštenički zapita Isusa za učenike Njegove i za Njegovu nauku. Isus mu odgovori: 'Ja govorih javno svijetu, Ja svagda učih u zbornici i u crkvi, gdje se svagda skupljaju Judejci, i ništa tajno ne govorih. Što pitaš Mene? Pitaj one koji su slušali šta Sam im govorio; evo ovi znaju šta sam Ja govorio.'" (18:19-21)

Dok je stajao pred Anom, u to vrijeme najmoćnijim čovjekom među Jevrejima, Isus je bio hrabar. Čak iako je znao da se nalazio u situaciji da je mogao da izgubi Njegov život, On nije pokušavao da pobjegne ili da izbjegne okolnosti. Zato što je On imao potpunu vjeru u Boga, On je prihvatio Božje proviđenje bez ikakvog izgovora. Takođe, pošto je On bio svijet i bez grijeha, On nije imao čega da se plaši (Poslanica Jevrejima 7:26).

Ana je pitao Isusa o svim stvarima koje je Isus učio, o Njegovim učenicima, ali Isus nije ništa govorio o Njegovim učenicima. I govoreći „Ja sam otvoreno rekao," i „Ja sam rekao," i „Ja kažem," Isus je pokušavao da zdrži fokus na Sebe. On je zaštitio Njegove učenike ne spomenuvši ih ni jednom do samog kraja.

Isus je došao na ovaj svijet u skladu sa Božjom voljom. I kada je On učio o jevanđelju o Nebesima, On je to činio vrlo otvoreno. On je učio u sinagogama i u hramu gdje su se mnogi

Jevreji okupljali. On nije učio tajno na skrivenim mjestima. Sadukeji i visoki svještenici su pokušavali da Njega špijuniraju, tako da su oni znali o Njegovom učenju. Znajući ovu činjenicu, Isus je umjesto toga pitao Anu: „Što pitaš Mene? Pitaj one koji su slušali šta Sam im govorio; evo ovi znaju šta sam Ja govorio." Visoki svještenik je bio zatečen. Ne samo da više nije imao razlogha da ispituje ili da opovrgava Isusa, već je sada bio u situaciji da je on ispitivan.

„A kad On ovo reče, jedan od momaka koji stajahu ondje udari Isusa po obrazu, i reče: 'Zar tako odgovaraš poglavaru svješteničkom?' Isus mu odgovori: 'Ako zlo rekoh, dokaži da je zlo; ako li dobro, zašto Me biješ?' I Ana posla Ga svezanog Kajafi, poglavaru svješteničkom." (18:22-24)

Kada je izgledalo da se situacija okreće u nepovoljnom smjeru za visokog svještenika, jedan od oficira koji je posmatrao udario je rukom Isusa. „Zar tako odgovaraš poglavaru svješteničkom?" Pošto je On bio uhapšen, očekivalo se da će On pognuti glavu sa niskim stavom. Ali Isus nimalo nije bio takav. On nije pokazivao znakove zaustavljanja visokom svješteniku kome su svi služili. Međutim, postojao je drugi razlog zašto je oficir udario Isusa. On je to učinio jer ono što se odvijalo činilo je da svako osjeti Isusovu nevinost; tako da je on želio da prekine to raspoloženje. Naravno Isus je znao šta je u njegovom srcu.

„Ako zlo rekoh, dokaži da je zlo; ako li dobro, zašto Me biješ?"

Kada je Isus govorio o Njegovoj nevinosti, oficir je pokušao da presječe Isusove riječi, ali više nije imao šta da kaže. Ana, osjećajući da više ništa ne može da uradi sa njegovom moći koju je imao, nije učinio ništa više da opovrgne Isusovu nevinost i posao ga Kajafi. On nije mogao da nađe ni jednu optužbu protiv Njega, ali baš kao što su i ranije većali, visoki svještenici su pokušali da svakako navedu Isusa ka Njegovoj smrti. Prema tome, visoki svještenici su znali da Isus nije imao ni jedan grijeh a ipak su revnosno prihvatili zadatak da postanu robovi Sotoni.

Petar, onaj koji se odrekao Isusa tri puta

„A Simon Petar stajaše i grijaše se. Onda mu rekoše: 'Da nisi i ti od učenika Njegovih?' A on se odreče i reče: 'Nisam.' Reče jedan od slugu poglavara svješteničkog koji bješe rođak onome što mu Petar odsiječe uho: 'Ne vidjeh li ja tebe u vrtu s Njim?' Onda se Petar opet odreče, i odmah petao zapjeva." (18:25-27)

Dok je Isus bio ispitivan, Petar je bio napolju u dvorištu i grijao se sa slugama. Nakon što je sumnjičavoj robinji davao jaka negiranja, Petar se ponašao kao da nema nikakve veze sa Isusom. Međutim, on nije mogao da odbaci strah da će ga neko prepoznati.

Iako su zapalili vatru, jer je bila duboka noć i skoro zora, atmosfera je bila mračna a čak i od svjetlosti vatre bilo je teško raspoznati ko je ko. Ali robovi nisu mogli a da ne obrate pažnju na stranca koji se grijao zajedno sa njima. Oni su počeli da međusobno šapuću: „Nije li učenik Isusov? On je, zar ne?" A onda, nakon što su pažljivo razmotrili Perovo lice, jedan od njih je pitao: „Da nisi i ti od učenika Njegovih?"

Petar je odgovorio u žurbi. „Nisam." On se samo odrekao Isusa dva puta. I baš kao što je Petrov nivo strpljenja počeo da raste, na kraju, rođak Malha, kome je Petar odsjekao uvo, prepoznao ga.

„Ne vidjeh li ja tebe u vrtu s Njim?" Začuđen, Petar je čvrsto porekao. Da je Petar bio hrabar u sredini istine, on ne bi porekao da poznaje Isusa. On bi smjelo vjerovao Bogu u svim događajima koji će se dogoditi u skladu sa Njegovim proviđenjem. Međutim, Petar je počeo da bude ispunjavan sa brigama, kao što su: „Šta ako me prepoznaju i uhvate?," „Sa kojom opašnošću ću se suočiti ako me uhvate?" i „Šta će se poslije dogoditi?"

Zato što je prisvojio njegove tjelesne misli i odrekao se Isus jednom, on je završio tako što se ponovo Njega odrekao. On se nije odrekao samo sa riječju: „Ne." Kako je izgledalo da mu ljudi vjeruju, njegovo je odricanje postajalo jače svaki put. U Jevanđelju po Mateju 26:74 se kaže: *„Tada se poče kleti i preklinjati da ne zna tog čovjeka."* Samo nakon što je čuo da je petao zapevjao, Petar se dozvao pameti.

Onda se sjetio šta je Isus rekao: *„Neće petao zapjevati dok Me se triput ne odrekneš"* (Jevanđelje po Jovanu 13:38). Nakon što je istrčao iz kuće Ane, Petar je gorko zaplakao. Ovaj događaj da se odricao Isusa zbog njegovog straha ostaće sa Petrom do kraja njegovog života. On je izrazio žaljenje u godinama koje sljede a njegov osjećaj kajanja, sramote i stida nije mogao da bude obrisan sve do njegovih poslednjih dana.

Zbog toga kada je bio mučen, on je rekao: „Ja nisam vrijedan da visim na krstu uspravno kao što je visio Gospod" pa je on obješen naopačke na krstu. Čak do poslednjeg trenutka prije njegove smrti, on jednostavno nije mogao da odbaci ovaj događaj iz njegovog srca.

Ovaj događaj je promjenio zauvijek Petrov život. Prije toga, on je volio da bude u centru pažnje i bio je sklon da postane pohlepan i nadmen. Takođe, on je još imao zlo koje nije mogao da odbaci i njegova djela još nisu bila u potpunosti dobra. Ali kroz ovo iskušenje, njegove tjelesne misli počele su da se raspadaju i njegovo srce postalo je skromno i ponizno. Kao rezultat, ovaj događaj postao je blagoslovena prilika za Petra da probije okvire njegovih misli i obreže njegovo srce kako bi postao jedan od najistaknutijih Hristovih učenika.

Bog, koji gleda u središte čovjekovog srca, znao je da će se kroz ovo iskustvo Petar uzdignuti i postati Isusov vrhovni učenik, koji moćno ispunjava njegov poziv njegovim cijelim životom. Iako je tokom vremena Petar osjećao veliku bol u njegovom srcu zbog toga šta je učinio, ovaj događaj je postao prekretnica za Petra da se totalno preoblikuje. Posmatrajući krajnji ishod ovog događaja pomaže nam da osjtimo Božju ljubav dok On uvijek čini za dobro onih koji Njega vole.

Ono što mi moramo da razumijemo ovdje je da koliko ćemo neuki i žalosni postati kada ugrađujemo tjelesne misli u naša djela. Ako ugradimo tjelesne misli samo jednom, mi lako možemo biti zahvaćeni u njima i možemo čak i dublje pasti u njih. Što više padamo, manje ćemo mira imati u srcima i umjesto toga, više će početi da se razvijaju strepnja, strah i nemir u našim srcima. A kako bi izbjegli suočavanje sa strahom, mi moramo neprestano da lažemo ili da činimo lukavo. Međutim, ako uvijek imamo misli Duha, čak iako moramo da prođemo kroz dolinu smrti, naše srce može da bude mirno.

Isus stoji pred Pilata

Dok je stajao pred Kajafom visokim svještenikom, Isus je još jednom ispitivan. Jevanđelje po Mateju, Poglavlje 26, opisuje do detalja ovaj događaj. Jevreji su učinili sve što su mogli da pronađu razlog da bi ubili Isusa. Oni su čak i dovodili ljude da budu lažni svjedoci, ali bilo je teško pronaći dokaz da bi Njega optužili. U to vrijeme, oni su se sjetili nečega što je Isus ranije rekao: *„Razvalite ovu crkvu, i za tri dana ću je podignuti"* (Jevanđelje po Jovanu 2:19). Ove riječi ukazuju na Isusovu smrt i vaskrsenje. Međutim, u njihovom neznanju, tužioci su shvatali bukvalno ove riječi i napravili od njih argument optužbe. I kako bi stekli dokaze koji bi odmah poveli slučaj do Isusove smrti, oni su namjerno izbacili glavno pitanje Isusu. *„Reci nam jesi li ti Hristos Sin Božji?"* (Jevanđelje po Mateju 26:63).

Isus je mogao da primjeti namjenu njihovog ispitivanja, ali je

On jasno odgovorio. „*Ti kaza*" (Jevanđelje po Mateju 26:64). Na kraju, odluka je donešena da će Isus dobiti smrtnu kaznu zbog bogohuljenja prema Bogu i Njegovom hramu. Međutim, zato što su Jevreji bili pod kontrolom Rima, oni nisu imali vlast da izvedu smrtnu presudu. Tako da su Njega odveli u Sudnicu, da bi Ga predali Pilatu, prefektu Rima.

„Kakvu krivicu iznosite na ovog čovjeka?"

„A Isusa povedoše od Kajafe u sudnicu, ali bješe jutro, i oni ne uđoše u sudnicu da se ne bi opoganili, nego da bi mogli jesti Pashu. Onda Pilat izađe k njima napolje i reče: 'Kakvu krivicu iznosite na ovog čovjeka?' Odgovoriše mu i rekoše: 'Kad On ne bi bio zločinac ne bismo Ga predali tebi.'" (18:28-30)

„Praetorijum" je bilo sjedište gdje su podkraljevi Rima živjeli i u to vrijeme, podkralj je bio Pontije Pilat. Jevreji su vodili Isusa do ulaza Pretorijuma, ali oni sami nisu ulazili unutra. Oni su smatrali neobrezane nejevreje nečistim i uzdržavali su se od dolaska u kontakt sa njima. Oni su naročito pazili da se ne prljaju za vrijeme Pashe, tako da su se više trudili da se drže podalje od nejevreja za to vrijeme. Oni čak nisu ni ulazili u Praetorijum kako ne bi prekršili zakon na neki način.

Naravno, nejevreji nisu bili isključivani od održavanja Pashe. Među nejevrejima, ako je bilo nekoga ko je želio da održava Pashu, oni su to mogli da učine nakon što postanu obrezani (Izlazak 12:48). Suprotno tome, čak iako je osoba Jevrejin, ako nije obrezan, on ne može da učestvuje u Pashi. Nije važno da li je neko Jevrej ili nejevrejin-više je važnije da li neko nije obrezan ili jeste obrezan po Božjoj zapovjesti.

Prema tome, radicija prošlosti nas uči da Bog razmatra da je ono što je unutra mnogo važnije od onoga što je spolja. Čak i danas, nije važno da li smo po spoljašnjosti hrišćani ili ne. Mnogo je važnije da pokidamo sebe od grijeha i obrežemo naša srca. Sada su Jevreji u Isusovo vrijeme priznavali da se pridržavaju zakona; a opet oni nisu prepoznali Božjeg Sina i pokušali su Njega da ubiju. Ovo pokazuje kako je njihova vjera bila površna i u osnovi formalna.

Da su se oni pridržavali Zakona iz njihove iskrene ljubavi prema Bogu, onda oni ne bi toliko iskreno osudili Njegovog Sina, Jednog koji je došao na ovaj svijet u tijelu i koji je prvobitno jedan sa Bogom. Površinski, oni su tvrdili da se pridržavaju Zakona Mojsijevog i čak su stvorili tradiciju vođa i toga se pridržavali, ali u unutrašnjosti, njihova srca su bila zla i njihove duhovne oči su u potpunosti bile prekrivene. Ne samo da oni nisu prepoznali Mesiju koga su toliko dugo čekali; već su oni pokušali da Njega ubiju kroz najsuroviju dostupnu kaznu-raspeće.

Kao da je znao običaje Jevreja koji nisu mogli da uđu u Praetorijum da bi održavali Pashu, Pilat je izašao kod njih i pitao ih: „Kakvu krivicu iznosite na ovog čovjeka?" „Kad On ne bi bio zločinac ne bismo Ga predali tebi."

U legitimnom sudu, optužitelj mora da iznese pred sudiji svaki detalj njihove optužbe. Onda, kako bi odgonetnuo istinu, sudija mora da pruži osuđenoj osobi priliku da se sam brani. Međutim, bez davanja jasnih optužba, visoki svještenici i vođe su uporno optuživali Isusa da je zločinac. U stvarnosti, oni sami su znali da Isus nije imao ni jedan grijeh. Ali kada je njih narod počeo da prati Isusa i kada se činilo da je njihova povjerena vlast u pitanju, oni su počeli da optužuju Isusa kao zločinca.

Međutim, optužbe koje su davali Jevreji o bogohuljenju Hrama i Boga nisu se smatrale za greh u skladu sa Rimskim zakonom. Šta više, čak i iz prvog pogleda, moglo je da se vidi da je ovo bila jasna zavjera koja je proizilazila iz ljubomore od strane mase ljudi koji su bili u dosluhu sa visokim svještenicima. U očima Pilata, bilo je nevjerovatno vidjeti Isusa da ne izgovara ni jednu riječ protesta ljudima koji su pripremali klevetačke optužbe protiv Njega (Jevanđelje po Marku 15:5).

Tako da, kada je Pilat konačno izjavio: *„Ja ne nalazim nikakve krivice na ovom čovjeku,"* (Jevanđelje po Luki 23:4), visoki svještenici i rulja odgovorili su nasilnim urlanjem.

„Uzmite Ga vi i po zakonu svom sudite Mu"

„A Pilat im reče: 'Uzmite Ga vi i po zakonu svom sudite Mu.' A Jevreji mu rekoše: 'Mi ne smemo nikoga pogubiti,' da se zbude riječ Isusova koju reče kazujući kakvom će smrti umrijeti." (18:31-32)

Pilat nije želio da se miješa u jevrejske religiozne probleme. On je brzo želio da se otarasi od ovog ogromnog slučaja. Onda je on čuo da je Isus iz Galileje (Jevanđelje po Luki 23:5-6). U Izraelu u to vrijeme, oblast Judeje koja je centrirana oko Jerusalima, bila je pod vlašću Pilata ali sjeverna oblast Galileje je bila u nadležnosti Iroda (Irod Antipa).

Baš tada, Irod je bio u Jerusalimu u to vrijeme zbog Pashe, tako da je Pilat poslao Isusa odmah kod njega (Jevanđelje po Luki 23:6-7). Irodu je bilo drago. On je već dugo slušao o Isusu i želio je sopstvenim očima da svjedoči čudima koje je Isus izvodio. Ali sva njegova očekivanja su propala. Kada već nije mogao da dobije ni jedan odgovor na njegova pitanja, a kamoli čuda, on i njegovi vojnici su se rugali Isusu. Onda, nakon što je stavio na Njega predivnu odoru, on Ga je vratio nazad Pilatu (Jevanđelje po Luki 23:8-11).

Pilat je ipak želio da okrene sud prema Jevrejima. „Uzmite Ga vi i po zakonu svom sudite Mu." Ali vrsta kazne koju su Jevreji tražili nije vrsta koja će se završiti samo sa bolom. Oni su željeli da Isus bude razapet.

Isus je već znao sa kojom vrstom smrti će se On suočiti. Zbog toga je On rekao u Jevanđelju po Jovanu 12:32: „*I kad Ja budem podignut od zemlje, sve ću privući k Sebi.*" Baš kao što je ovaj stih predskazao, visoki svještenik i masa ljudi uzvikivali su pogubljenje na krstu i pritiskali su Pilata da bi se to dogodilo. Oni su odigrali ulogu da bi se Isusove riječi ostvarile.

„Ti si car judejski?"

„Onda uđe Pilat opet u sudnicu, i dozva Isusa, i reče Mu: 'Ti si car judejski?' Isus mu odgovori: 'Govoriš li ti to sam od sebe, ili ti drugi kazaše za Mene?'" (18:33-34)

Pilat se osjećao poniženim ispred mase koja je žestoko

prizivala smrt Isusa. Iako su njihove optužbe izgledale kao čiste spekulacije, zbog toga što je masa ljudi intezivno insistrala na pogubljenju na krstu, on se nekako osjećao bezmoćno. Masa ljudi se sada pretvorila u rulju i izgledalo je kao da je njihova vika počela da trese temelje Praetorijuma. Neznajući šta da čini, Pilat se vratio unutar Praetorijuma i ispitivao je Isusa. „Ti si car judejski?"

Isus je bio toliko staložen da niko ne bi povjerovao da je On stajao suočen sa Njegovom kaznom. Na Pilatovo pitanje Isus je odgovorio drugim pitanjem. „Govoriš li ti to sam od sebe, ili ti drugi kazaše za Mene?"

Po fizičkoj lozi, Isus je rođen kao potomak najboljeg kralja Davida. Naravno On je začet Svetim Duhom kroz djevicu Mariju, a Marijin suprug Josif, bio je potomak Davidov (Isaija 11:10). Takođe kada je Isus rođen, tojica mudraca sa istoka su rekla: *„ Gdje je Car judejski što se rodio? Jer smo vidjeli Njegovu zvijezdu na istoku i došli smo da Mu se poklonimo"* (Jevanđelje po Mateju 2:2). Tako da, ne samo da je Isus kralj Jevreja; već duhovno, On je Kralj kraljeva (Otkrivenje Jovanovo 17:14).

Isusov odgovor je bio mudar odgovor koji je pokazao koliko je besmisleno i beznačajno Pilatovo pitanje bilo. Pilat je znao o Isusovim učenjima i koju vrstu djela je On izvodio jer je slušao o tome sve vrijeme. A kada se iz prve ruke susreo sa Isusom, on je osjetio duhovnu veličanstvenost koju niko nije mogao da osjeti od bilo kog kralja ove zemlje. Prema tome, kada ga je Isus pitao da li postavlja ovo pitanje zato što je zaista želio da zna da li je On odista kralj Jevreja, ili postavlja pitanje samo zbog optužba Jevreja, Pilat je bio šokiran i osramoćen.

„Pilat odgovori: 'Zar sam ja Jevrejin? Rod Tvoj i glavari svješteniči predaše te meni; šta si učinio?' Isus odgovori: 'Carstvo Moje nije od ovog svijeta. Kad bi bilo od ovog svijeta carstvo Moje, onda bi sluge Moje branile da ne bih bio predan Jevrejima; ali carstvo Moje nije odavde.'" (18:35-36)

Pilat je pružio priliku Isusa da se Sam odbrani kako bi mogao da dokaže Njegovu nevinost. „Zar sam ja Jevrejin? Rod Tvoj i glavari svješteniči predaše te meni; šta si učinio?" Ali odgovor koji je dobio nije bio onaj očekivan. „Carstvo Moje nije od ovog svijeta. Kad bi bilo od ovog svijeta carstvo Moje, onda bi sluge Moje branile da ne bih bio predan Jevrejima; ali carstvo Moje nije odavde." Pilat je smatrao Jevreje i Isusa jednom istom nacijom. Međutim, Isus je jasno Sebe izdvojio od Jevreja. To sve zavisi od toga da li neko posmatra duhovnim očima ili tjelesnim očima. Ako razmišljate duboko u duhu o Isusovim riječima, vi možete da dokučite porijeklo Isusa. Po porijeklu, Isus je jedan sa Bogom i kao Njegov Sin, On ima neograničenu vlast i moć. Ali da bi ispunio proviđenje spasenja, On je došao na ovu zemlju. Da je došao na ovu zemlju da postane njen Kralj, kao što su ljudi sa ove zemlje mislili da će kao takav On doći, armija anđela bi Njega pazila i štitila Ga. Međutim, Isusova namjera za dolazak na ovu zemlju je bila da postane žrtva iskupljenja za čovječanstvo koje je postalo roblje grijehu. Rezultat svega ovoga će učiniti Njega Kraljem kraljeva i Gospodara nad gospodarima.

„Ja nikakve krivice ne nalazim na Njemu"

„Onda Mu reče Pilat: 'Dakle si Ti car?' Isus odgovori: 'Ti govoriš da sam Ja car. Ja sam za to rođen, i zato dođoh na svijet da svjedočim istinu. I svaki koji je od istine sluša glas Moj.' Reče Mu Pilat: 'Šta je istina?' I ovo rekavši iziđe opet k Jevrejima, i reče im: 'Ja nikakve krivice ne nalazim na Njemu.'" (18:37-38)

Isus je govorio sa duhovnim značenjem ali Pilat nije mogao da razumije. Kao da nije ni znao šta je pšitao, on je ponovo postavio pitanje: „Dakle si Ti car?" „Ti govoriš da sam Ja car. Ja sam za to rođen, i zato dođoh na svijet da svjedočim istinu. I svaki koji je od istine sluša glas Moj."

Osoba koja ima dobro srce i koja se plaši Boga iz centra njegovog srca zna i vjeruje da je Isus Sin Božji i da je On došao na ovaj svijet kao Spasitelj. Ali zato što Pilat nije mogao da razumije Isusove duhovne riječi, on je postao frustriran. Još veće ispitivanje bi postalo besmisleno. Po poslednji put on je izneo ovo pitanje: „Šta je istina?"

On nije očekivao odgovor. Ovo pitanje je bila čista namjera da očisti njegovo zbunjeno srce. Odmah zatim, on je izašao pred masu ljudi. Odmah kako su vidjeli Pilata, masa ljudi je počela opet da se miješa. Ovog puta, Pilat je viknuo njima. Ma koliko da je to masa željela da čuje, on nije mogao da osudi nevinog čovjeka kao grešnika. „Ja nikakve krivice ne nalazim na Njemu."

Isus, koji je bio ispitivan u Pilatovoj sudnici, bio je miran i staložen. Onj nije prigovarao ni na jednu riječ niti je pokazivao ljutnju. Niko ne bi mogao da pronađe u zlo u Njemu. Samo da dostojnom mudrošću i duhovnim značenjem On je odgovarao na data pitanja Njemu. Da je On imao zrno zla u Sebi, On bi protestovao sa grubim riječima ili bi ispoljavao ljutnju i frustraciju kako bi ukazao na Njegovu nevinost. Međutim Isus nije imao zla tako da je On odgovarao na svako pitanje sa mirom i u duhu.

Ali nije da je On govorio sa duhovnim riječima zato što nije mogao jasno da opravda Sebe kao bezgriješnog. On je već ponizno prihvatio u Njegovom srcu da će ubrati patnju na krstu da bi se pokorio Božjoj volji do tačke smrti. Ovdje mi ponovo možemo da vidimo da je Isusova patnja na krstu Božja volja i proviđenje.

„'A u vas je običaj da vam jednog pustim na Pashu, hoćete li, dakle, da vam pustim Kralja judejskog?' Onda svi povikaše opet govoreći: 'Ne ovog, nego Varavu.' A Varava bješe hajduk." (18:39-40)

Da bi oslobodio Isusa, Pilat je osmislio prevaru. Da bi pridobio srca Jevreja, svake godine za vrijeme Pashe, podkralj bi pustio jednog zatvorenika koga bi narod izabrao.

Pilat je mislio da je hvatanje Isusa bila jednostavna zavjera visokih svještenika i vođa, ali reakcija mase ljudi je bila za njega iznenađenje. Uticaj visokih svještenika i vođa je već bio veoma velik. „Ne ovog, nego Varavu."

Varava je bio poznati kriminalac koji je bio optužen za ubistvo i metež. Ali Jevreji su željeli da obese Isusa, koji je bio bezgriješan, umjesto Varave. Jevreji su postali vjerni alati Sotone koji je želio da se ubije Isus.

Da bi ubio Isusa, Sotona je dodirnuo njihova zla srca; međutim ono što je bilo skriveno iza svega ovoga je Božje proviđenje. Sotona je mislio da ako zakove Isusa na krstu i Njega ubije, njegova sopstvena moć i vlast nad ovim svetom će biti večna. Međutim, on je u stvari kopao sopstveni grob kada je ovo pomislio. On nije shvatao da se zakon smrti ne odnosi na Isusa, zato što je Isus bezgriješan.

Šta mislite šta je prolazilo kroz Isusove misli u sredini ljudskih ljutitih prijetnji i zahtjeva koji su se bacali i vrtjeli kao uzburkano more? Naravno, Isus je znao da će biti ispiutivan i osuđen da preuzme krst zbog Božjeg proviđenja i skrivene volje; ali Isus je takođe bio i na raskrsnici emocija u ovom trenutku.

Šta mislite kako se Isus osjećao kada je vidio samo nekoliko ljudi koji su ga dočekivali sa palminim lišćem prije par dana, a sad viču o Njegovom raspeću? On nije bio tužan niti frustriran zato što je bio prisiljen da pati bez prikladnog uzroka. Ne. On nije čak bio niti uplašen niti je bio ispunjen strahom zbog onoga sa čime je trebalo da se suoči. On je međutim, bio uništen činjenicom da su baš ti ljudi koji su stvoreni po liku Božjem griješili i pokoravali se glasu Sotone i ponašali se kao njegovi robovi.

Sa druge strane, Isus se takođe osvrnuo na službu koji je On vodio do sada. On je uzdigao žrtvu zahvalnosti ka Bogu, jer od trenutka kada je došao na ovu zemlju pa sve do ovog momenta, svi događaji koji su prošli desili su se u skladu sa Božjom voljom. Radost i zahvalnost su ispunili Isusovo srce, jer zbog Njegove patnje, Božja volja i proviđenje mogu konačno biti ispunjeni i završeni.

Poglavlje 19

Isus na krstu

1. Pilat odobrava smrtnu kaznu
   (19:1-16)

2. Isus je zakovan na krstu
   (19:17-30)

3. Isus je sahranjen u grobnici
   (19:31-42)

Pilat odobrava smrtnu kaznu

Pilat je bio u ozbiljnoj dilemi. Zato što Isus nije imao nijedan grijeh, Pilat je želio da ga pusti u skladu sa običajima Pashe, ali Jevreji su bili protiv toga toliko ujdinjeni da on nije znao šta da radi. Masa ljudi Jevreja koji su se okupili ispred Praetorijuma je toliko njemu vikala da pusti ubicu Varava i umjesto njega da ubije Isusa, koji je bio bez grijeha. U ovom momentu, masa se već pretvorila u rulju. „*Nemoj se ti ništa miješati u sud tog Pravednika, jer sam danas u snu mnogo postradala Njega radi*" (Jevanđelje po Mateju 27:19). Baš tada, Pilat se sjetio poruke koju mu je žena poslala. Međutim, u sredini buke i haosa koja se nije smirivala, on je morao da donese odluku.

Razlog zašto je Isus išiban i krunisan sa krunom od trnja

„Tada, dakle, Pilat uze Isusa i šiba Ga. I vojnici spletavši vijenac od trnja mjetnuše Mu na glavu, i obukoše Mu skerletnu haljinu, i govorahu: 'Zdravo, Kralju judejski!' I bijahu Ga po obrazima." (19:1-3)

Pilat je htio Isusa da izbičuje a kada se masa umiri i malo smiri, htio je Njega da pusti (Jevanđelje po Luki 23:22). U to vrijeme, Rimski vojnici su bili jaki i dobro uvježbani. Bičevi koje su oni koristili bili su od kožnih traka sa oštrim kostima ili ugrađenim metalima, da bi samo gledanje na te trake natjeralo ljude da puze.

Bez i trunke savjesti, vojnici su počeli da bičuju Isusa sa bičevima. Svaki put kada bi bič udario i zario se u tijelo Isusa, dijelovi Njegovog mesa bi se kidali i Njegove koske su bile vidljive. Iz svake trake koja je nanijela ranu tekla je crvena krv. Nakon toga, vojnici su uzeli dugačku bodljikavu žicu i savili su je u obliku krune, stavili je na Isusovu glavu i pritisnuli je iz sve snage na sve strane. Oštro bodlje se zarilo u kožu i potekla je krv. Onda su stavili ljubičasti plašt na Njega, podsmijevali Mu se i udarali Ga u lice. Ljubičasto platno i kruna simboliziju kraljevanje ali oni su Isusa obukli u ljubičasti odor i stavili su mu krunu da bi se Njemu podsmijevali. Neki su se vojnici kljanali kao da su bili ljubazni prema kralju i sa prezirom su govorili: „Zdravo, Kralju judejski!"

Da, Pilat je ovo odobrio ali ovo se nije dogodilo po njegovoj volji. Kao što je zapisano u Isaiji 53:5: „*Ali On bi ranjen za* naše prestupe, izbijen za naša bezakonja; kar bješe na Njemu našeg mira radi, i ranom Njegovom mi se iscjelismo," ovaj događaj je već bio prorokovan.

Takođe je zapisano u 1. Petrovoj Poslanici 2:24: „*Ranom Njegovom mi se iscjelismo.*" Prema tome mi možemo da kažemo da su se sve ove stvari dogodile kao dio ispunjenja Božjeg proviđenja. I kao što se kaže: „*Bez prolivanja krvi ne biva oproštenje*" (Poslanica Jevrejima 9:22), Isus je bo bičevan i On je prolio Njegovu krv da bi platio za naše grijehove. Kroz ovu žrtvu, grijeh koji je korijen svih bolesti i problema, bio je iskupljen.

A razlog zašto je Isus morao da nosi krunu od trnja je bio dio Božjeg proviđenja da se odkupe svi grijehovi koje smo počinili u mislima. Ljudi obično imaju misli neistine, koje su suprotne Božjoj volji. Neprijatelj Sotona kontroliše ove misli kako bi ljudi rasli daleko od Boga i kako ne bi mogli da imaju vjeru. Ako čovjek nastavi da prima neistine misli koje mu Sotona neprestano daje, krajnji rezultat je vječna smrt ili Pakao. Zbog toga je Isus dobio krunu od trnja i platio za sve grijehove u našim mislima.

Čak i dok je patio zbog bola oštrih kaiševa i krune od bodlja, Isus se nije opirao. On je u tišini preuzeo patnju (Isaija 53:7). Umjesto toga, On je osjećao tugu za ljude koji su se Njemu podsmijevali i šibali Ga. On je osjećao sažaljenje prema njima, zato što su učestvovali u ovim zlim djelima zbog neznanja. Ali znajući da je ovo bio put koji će doneti mir između čovječanstva i Boga i put ka spasenju svijeta koji je išao ka smrti, Isus je imao strpljenja i istrajao je (2. Korinćanima Poslanica 5:18-20).

„Onda Pilat iziđe opet napolje, i reče im: 'Evo Ga izvodim k vama napolje, da vidite da na Njemu ne nalazim nikakvu krivicu.' A Isus izađe napolje pod vence od trnja i u skerletnoj haljini. I reče im Pilat: 'Evo Čovjeka!'" (19:4-5)

Da bi umirio masu i utvrdio uzrok da oslobodi Isusa, Pilat je naredio da se Isus izbičuje a onda je Njega izveo iz Praetorijuma. „Evo izvodim Ga k vama napolje, da vidite da na Njemu ne nalazim nikakvu krivicu."

Natopljen krvlju jer je bio izboden kajševima i krunom od bodlji, Isusovo lice bilo je neprepoznatljivo. Čak i dok su gledali na Isusa, koji je bio bezgriješan, kako stoji pred njima u tako jadnom stanju, masa nije osjetila ni trunku krivice u njihovj savjesti. Dok su gledali na krv to ih je učinilo još više nemilosrdnijim. Pilatova poslednja strategija da oslobodi Isusa počela je da opada.

„A kad Ga vidješe glavari svještenički i momci, povikaše govoreći: 'Raspni ga, raspni!' Pilat im reče: 'Uzmite ga vi i raspnite, jer ja ne nalazim na Njemu krivice.' Odgovoriše mu Jevreji: 'Mi imamo zakon i po zakonu našem valja da umre, jer načini Sebe sinom Božijim.'" (19:6-7)

U sredini mase, visoki svještenici i oficiri, uzvikivali su da Isus bude razapet. Masa se teško uzrujala zbog njihovog uzbuđenja, tako da je podsticaj na raspeće bio samo pitanje vremena. U stvarnosti, oni su takođe vidjeli moć koju je Isus izvodio. Oni su znali da je On iscjeljivao bolesne i pokazivao milost prema siromašnim i slabim. Ali oni su slušali Sotonin glas dok su vikali o Isusovom raspeću i činili su da i masa uradi isto.

Strah koji je Pilat osjetio u ovo vrijeme je jasno zabeleženo u dokumentu koji je on poslao imperatoru Cezaru u Rimu. Ovaj dokument, koji se danas čuva u Aja Sofiji u Turskoj, bilježi podatke o tome kako je Isus uhvaćen, ispitivan i pogubljen.

„Onda sam naredio da bude bičevan, u nadi da će ih to zadovoljiti, ali to je samo pojačalo njihov bes. Onda sam tražio posudu i oprao sam ruke u prisustvu bučne mase, a prema tome posvjedočio sam da po mojoj proceni Isus Nazarećanin nije učinio ništa vrijedno smrti; ali uzalud; bio je to život za kojim su ovi jadnici bili žedni.

Često u našem građanskim pobunama, bio sam svjedok velike masovne mržnje, ali ništa ne može da se uporedi sa ovim slučajem u kojem sa ja bio svjedok. Može se zaista reći da su se u ovom slučaju svi fantomi paklenih regija okupili u Jerusalimu. Masa je izgledala kao da ne hoda, već kao da se njiše i kovitla kao vrtlog, valja zajedno u živim talasima od portala Praetorijuma pa do gore Sionske, urlanjem, vriskom, kricima i drekom, koji se do sada nikada nisu čuli u osvajanju Panonije niti u uzrujanosti na forumu."

Pilat se iznenada uplašio da bi mogla nastati pobuna i

da bi mogao izgubiti sopstveni život. Nakon što je odlučio da više ništa ne može da uradi, on je pokušao da se očisti od odgovornosti njegovog suda predavajući Isusa ljudima kako bi oni mogli da preuzmu situaciju nadalje. „Uzmite ga vi i raspnite, jer ja ne nalazim na Njemu krivice."

Kao sudija, Pilat je jasno znao da Isus nema ni jedan grijeh. Međutim, on nije bio u mogućnosti da iznese pravednu presudu pa je prenio potpunu odgovornost na narod. U strahu od ljudi, on je na njihov zahtjev predao njima nevinog čovjeka. Koliko kukavička je bila njegova odluka!

Bog ne daje nasumično jednoj osobi zlu ulogu a drugoj dobru ulogu. On radi sa svakom osobu u skladu sa centrom srca te osobe. U ispunjenju plana spasenja kroz Isusovo žrtvovanje na krstu, svaka osoba koja je bila uključena iskorišćena je u skladu sa kojom vrstom posude je on ili ona bila.

„Mi imamo zakon i po zakonu našem valja da umre, jer načini Sebe sinom Božijim."

Kada su oni rekli „zakon" ovde, oni su se odnosili na „Mojsijev Zakon" koga su se striktno pridržavali. Jevreji su se raspravljali da zato što je Isus Sebe nazvao Božjim Sinom, On je počinio grijeh koji se kažnjava smrću. Pismo koje ovo podržava je pronađeno u Izlasku 20:7: *„Ne uzimaj uzalud ime GOSPODA Boga svog; jer neće pred GOSPODOM biti prav ko uzme ime Njegovo uzalud."* Takođe, Levitski Zakonik 24:16 govori: *„Ko bi ružio ime GOSPODNJE, da se pogubi, sav narod da ga zaspe kamenjem. I došljak i domorodac koji bi ružio ime Gospodnje, da se pogubi."*

Jevreji su mislili da je Isus bio osoba kao i oni. Zbog toga kada je On Sebe nazvao Božjim Sinom, oni su mislili da bogohuli na Boga. Međutim, Isus nikada nije uzimao uzaludno Božje ime, niti je bogohulio Njegovo ime. On je samo davao slavu Bogu. Ovo je bilo zbog njihovog neznanja i zla da nisu prepoznali Isusa, koji je odista bio pravi Sin Božji.

Da su oni ispravno poznavali Božje srce i volju koja je sadržana u zakonu, oni ne bi pokušali da ubiju Isusa, koji je došao kao Mesija. Ali zbog percepcije „pravednosti" Zakona zasnovanim na njihovim sopstvenim mislima i okvirima, oni nisu mogli da donesu ispravnu odluku. Oni su umjesto toga mislili da je ubijanje Isusa „prava" stvar koja treba da se učini.

„Zato onaj ima veći grijeh koji Me predade tebi"

„Kad, dakle, Pilat ču ovu riječ, poboja se većma; i opet uđe u sudnicu, i reče Isusu: 'Odakle si Ti?' A Isus mu ne dade odgovora. A Pilat Mu reče: 'Zar meni ne govoriš? Ne znaš li da imam vlast raspeti Te, i vlast imam pustiti Te?' Isus odgovori: 'Ne bi imao vlasti nikakve nada Mnom kad ti ne bi bilo dano odozgo; zato onaj ima veći grijeh koji Me predade tebi.'" (19:8-11)

Jevreji su tvrdili da moraju da ubiju Isusa zato što je On tvrdio da je „Božji Sin." Sa jedne strane, Pilat, nakon što je čuo ovu izjavu, još više se uplašio. Iako je Pilat bio nejevrejin, On je osjetio neobjašnjiv strah ispred Isusa, zato što se On razlikovao od bilo koje druge osobe i imao je duhovnu moć kao ni jedna druga osoba. Neznajući šta da čini, Pilat se vratio u Praetorijum i pitao je Isusa: „Odakle si Ti?"

Isus nije odgovorio. On je znao da čak i ako odgovori Pilatu, On će ga predati masi ljudi zato što ih se plašio. To je isto kao što se navodi u Jevanđelju po Jovanu 2:24-25: „*Ali Isus ne povjeravaše im Sebe; jer ih sve znaše, i ne trebaše Mu da ko svjedoči za čovjeka; jer Sam znaše šta bješe u čovjeku.*" Pilat sam nije poznavao njegovo sopstveno srce. On se samo osjećao frustrirano ispred Isusa koji mu nije odgovorio. Tako da je opet pitao: „Ne znaš li da imam vlast raspeti Te, i vlast imam pustiti Te?" Iako je unaokolo nervozno gledao i osjećao se teskobno zbog pritiska od jevreja, Pilat se hvalio da ima moć da promjeni situaciju. Na ovo, Isus mu je dao odgovor koji će Pilat možda, a možda i neće shvatiti: „Ne bi imao vlasti nikakve nada Mnom kad ti ne bi bilo dano odozgo."

Misleći da ne postoji niko drugi u cijeloj Judeji ko ima veće moći od one koju je on imao, Pilat nije mogao da razumije ovu izjavu. Zato što sva moć i vlast pripadaju Bogu, čak iako je neko podkralj moćne nacije poput Rima, on je pod Božjom vlašću (Poslanica Rimljanima 13:1). Prema tome, ako Bog ne dozvoli, niko ne može ništa da učini. Neznajući ovu istinu, Pilat se šepurio svojom moći.

Zato što je Bog znao da je Pilat prilično površan i da će predati Isusa ljudima, On je dozvolio ovu situaciju, kao dio Njegovog proviđenja. Kada se osoba sa površinskim srcem suoči sa teškom situacijom, on će donijeti odluku koja će njemu samom biti od velike koristi. Ove karakteristike ne isplovljavaju na površinu u normalnim okolnostima, vać kada se suočava sa teškim i okolnostima pod pritiskom, osoba od ove vrste će se ili iskrasti iz ove situacije ili će smisliti neku laž. Ako osoba im zlo u srcu, to zlo će isplivati na površinu ili na jedani ili na neki drugi način.

Na kraju, kako bi zadržao njegov status i moć, Pilat daje na zahtjev Jevreja. Međutim, velika odgovornost pada na Judu Iskariotskog koji je predao Isusa njemu. Zbog toga je Isus rekao da je njegov grijeh veći.

„Od tada gledaše Pilat da Ga pusti, ali Jevreji vikahu govoreći: 'Ako ovog pustiš nisi prijatelj Cezaru; svaki koji sebe carem gradi protivi se Cezaru.' Pilat, dakle, čuvši ovu riječ izvede Isusa napolje, i sede na sudijsku stolicu na mjestu koje se zove Kaldrma a jevrejski Gavata." (19:12-13)

Pilat je, na njegov najbolji način, pokušao da oslobodi Isusa. Njemu nije bilo prijatno da pogubi nekoga ko nije počinio ni jedan zločin i mučio ga i san njegove žene. Tek onda su jevreji rekli nešto što je Pilata gurnulo do samog kraja: „Ako ovog pustiš nisi prijatelj Cezaru; svaki koji sebe carem gradi protivi se Cezaru." Bez obzira da li je to istok ili zapad, kazna za izdaju je smrt. Naročito za političara, to je težak zločin i životi članova njegove porodice mogu biti ugroženi. Gurnut uz samu ivicu, Pilat je takođe znao da će se suočiti sa nekom vrstom posledica zbog ovog događaja.

Suđenje Pilata koji se plašio mase

„A bješe petak uoči Pashe oko šestog sahata. I Pilat reče Jevrejima: 'Evo, Kralj vaš!' A oni vikahu: 'Uzmi, uzmi, raspni Ga!' Pilat im reče: 'Zar Kralja vašeg da razapnem?' Odgovoriše glavari svješternički: 'Mi nemamo kralja osim Cezara.' Tada im Ga dakle predade da se razapne." (19:14-16)

U stanju da se hvata za poslednju slamčicu, Pilat je sjeo na stolicu sudije i pitao je poslednji put Jevreje: „Zar Kralja vašeg da razapnem?" Iako je jasno znao da Isus nije počinio nijedan zločin, Pilatovo srce je bilo potreseno jer je sam sebe vidio u kobnoj situaciji. Njegovo površno i slaboumno srce je jasno bilo otkriveno. Jevreji su bili toliko odlučni da vide Isusovu smrt da su izgubili osjećaj razumijevanja do te mjere da nisu znali šta govore. „Mi nemamo kralja osim Cezara."

Jevreji su govorili da nemaju drugog kralja osim Cezara, imperatora Rimskog carstva, naciju koja je vladala nad Izraelom u to vrijeme. Ovo je kao i kada ljudi pate u koloniji pod vlašću neprijatreljske nacije dok izdaju njihov sopstveni narod i zaklinju se na vjernost neprijateljskoj naciji. Oni nisu oklijevali kada su govorili stvari suprotne njihovom nacionalnom vjerovanju a čak su i prodavali ime Boga, njihovog Oca i kralja. Oni su bili toliko opsednuti da ubiju Isusa da su čak i ostavili po strani njihovu vjeru u GOSPODA Boga. Oni su bili totalno zadubljeni u njihove zakone i sampravednost da su činili protiv Božje volje a da bi postigli njihov cilj, oni su ostavili sa strane njihovu vjeru.

Da ne bi bio optužen kao izdajnik, Pilat je odlučio da se solidariše sa Jevrejima. Tako da je na kraju dao presudu da se ubije Isus. Odmah prije ovoga, on je zapovjedio da mu se donese zdjela sa vodom i oprao je ruke ispred mase. On je namenski ovo uradio da bi pokazao da nema ništa sa ovim pogubljenjem. *„Ja nisam kriv u krvi ovog pravednika: vi ćete vidjeti"* (Jevanđelje po Mateju 27:24).

Kada su vidjeli da će se ispuniti njihov zahtjev, ljudi su postali još više odlučniji. *„Krv Njegova biće na nas i na djecu našu!"* (Jevanđelje po Mateju 27:25). Oni nisu imali predstavu kakvu vrstu katastrofe će ove riječi kasnije donijeti njima i njihovoj djeci. Jevreji su mnogo godina proveli raštrkani nakon što su izgubili njihovu zemlju, a smrt miliona Jevreja od ruku Nacista za vrijeme Drugog svjetskog rata su posljedice koje se ne mogu u potpunosti odvojiti od ovih riječi.

Isusova smrt je bila dio Božjeg proviđenja koje je planirano prije početka vremena. Za vrijeme ispunjavanja ovog plana, svaka osoba je iskorišćena kao dobar alat ili kao loš alat, u skladu sa vrstom posude koja je on ili ona bila. U Pilatovom slučaju, zato što je njegovo srce bilo površno i nepravedno, on je završio tako što je odigrao ključnu ulogu u smrti Isusa.

Isus je zakovan na krstu

Nakon što je primio smrtnu presudu, Isus je bio još više bičevan. Obično, Rimski vojnici bi skidali odjeću osuđenicima, savijali bi ih ili vezali na stub i šibali bi ih bez milosti. Samo iz ovoga, kaže se da su mnogi osuđenici padali u nesvijest ili izgubili njihove živote. Iz ovog teškog šibanja, Isus je takođe bio u stanju onesposobljavanja. Bez mrvice brige, Rimski vojnici su natjerali Isusa da nosi težak krst.

„A oni uzeše Isusa i odvedoše, i noseći krst Svoj iziđe na mjesto koje se zove Kosturnica a jevrejski Golgota. Onde Ga razapeše, i s Njim drugu dvojicu s jedne i s druge strane, a Isusa u sredi." (19:17-18)

Jednom kada je osoba osuđena na pogubljivanje na krstu,

on mora da nosi krst do mjesta gdje će biti zakovan, sve do Golgote, do mjesta gdje će biti zakovan baš na taj krst. Dok je pravio svaki težak korak na uskom „putu suza," Isus je pao mnogo puta. Iako je On bio Sin Božji, zato što je imao meso i kosti kao i mi, On nije mogao a da ne bude iscrpljen. Dok su postajali nestrpljivi, Rimski vojnici su natjerali osobu zvanu Simon iz Kirineje (današnja Libija) da ponese krst i ide za Isusom (Jevanđelje po Luki 23:26).

Šta mislite šta je Isus prolazilo kroz misli dok je nosio krst od Pilatovog Praetorijuma pa sve do Golgote? On nije samo mislio o težini krsta ili o bolu koji je osjećao u Njegovm tijelu. Kako je On nosio krst, prisećao se mnogo događaja. On je razmišljao o namjeri Boga u stvaranju čovjeka i o značenju kultivacije čovjeka. On je takođe razmišljao od krajnjem razlogu zašto je morao da bude predan kao žrtva iskupljenja i duboko u srcu On je uzdigao molitvu zahvalnosti.

Baš kao što je zapisano u Jevanđelju po Jovanu u 1. Poglavlju, Isus koji je riječ došao je na ovaj svijet u tijelu i On je prvobitno jedan sa Bogom i On je bio sa Bogom od samog početka. Prema tome On je sve znao od početka stvaranja. Kada je Bog stvorio nebo i zemlji i sve žive stvari između, Pismo navodi: „*I vide Bog da je dobro*" (Postanak 1:25). Ali kada su stvari počele da se mijenjaju zbog ljudskog grijeha, Isus je osjetio bol zajedno sa Ocem Bogom.

Sa ljudske tačke gledišta, sa svim Njegovim pratiocima koji su nestali, bez imalo snage ili moći, Isus nije bio ništa više od jadnog i bednog kriminalaca. Međutim sa duhovne tačke gledišta, ovo je bio veličanstven momenat kada je Isus mogao da ispuni najveću misiju ljubavi. Ovo je bio trenutak kada je Onaj koji je imao neograničenu slavu, vlast i moć, odustao od svega kako bi postao žrtva iskupljenja za grijeh čovječanstva. Ovo je bio istorijski momenat sa velikom misijom-Božji skriveni plan od početka vremena, spasenje čovječanstva će biti ispunjeno.

Na kraju, oni su stigli do vrha Golgote. Golgota, što na hebrejskom znači „lobanja," bilo je mjesto pogubljenja, odmah izvan zidina Jerusalima. Kako bi uvećali osjećaj poniženja, ispred svih posmatrača, vojnici su skinuli Isusovu odjeću i položili Ga na krst. Onda su zakovali Njegove ruke i noge. Zvik koji je odzvanjao od udarca čekića, donio je jezu u srcima posmatrača.

Oblik ogromnog krsta bio je podignut kao da puca ka nebu. Kako je težina cjelokupnog tijela bila usmjerena ka zakovanim rukama i nogama, neopisiv bol pogodio je cijelo tijelo. Razapeće je bilo naokrutnija vrsta pogubljenja. Kada se upoređuje sa ostalim vrstama pogubljenja, razapeće na krstu je činilo da osoba koja je razapeta trpi bol veoma dugo vremena. S vremena na vrijeme možda je bilo slučajeva kada bi oni koji su izvršavali pogubljenje pokazivali milost prema kriminalcu i razbili bi mu cevanicu, ili bi proboli njega po tijelu da bi doživio bržu smrt. Ali u većini slučajeva, kriminalci su ostavljani da pate u sporoj smrti od jednog do nekoliko dana. Pored bola što je zakovan na krstu, razapeta osoba je patila od velike dehidracije i pogoršanja svih organa u njegovom tijelu zbog slabe cirkulacije. Pored toga, on je morao i da trpi bube koje su letjele u okolini zbog mirisa krvi.

Međutim, Isus je patio od 9 sati ujutru do 3 sata popodne. Za razliku od norme, On je umro za 6 sati. U to vrijeme, dva pljačkaša su razapeta zajedno sa Isusom, jedan na svakoj Njegovoj strani. Ovo je bila tajan i neiskren proračun Jevreja koji su željeli da Isus izgleda kao da plaća dug za neki grijeh, baš kao i ovi pljačkaši.

„Pilat, pak, napisa i natpis i metnu na krst. I bješe napisano: 'ISUS NAZAREĆANIN, KRALJ JUDEJSKI.' I onaj natpis čitaše mnogi od Jevreja; jer mjesto bješe blizu grada gdje razapeše Isusa; i bješe napisano jevrejski, i grčki, latinski. A jevrejski glavari svještenički govorahu Pilatu: 'Ne piši: „Kralj judejski," nego da Sam reče: „Ja sam Kralj judejski."' Pilat odgovori: 'Šta pisah pisah.'" (19:19-22)

Pilat je bio kukavica koji je predao Isusa ljudima kojih se plašio, ali na kraju, on je poslušao njegovu savjest. Stoga je on natjerao vojnike da napišu natpis: „ISUS NAZAREĆANIN, KRALJ JUDEJSKI" i da ga stave na krst. On nije napravio ovaj natpis da bi se podsmijevao Isusu ili da bi Njega zavitlavao. Pilat je zaista osjetio da je Isus odista bio Kralj Jevreja.

Visoki svještenici su vidjeli natpis i bili su bijesni. Kao da su bili žrtve nekog teškog krivičnog djela, oni se nisu uzdržali da pitaju Pilata da promjeni natpis koji kaže: „Sam reče: 'Ja sam Kralj Judejski.'" Do samog kraja oni su pokušavali da opravdaju njihovo ponašanje dok su dodavali riječi: „Sam reče" da bi Isus izgledao kao griješnik. Ali govorivši: „Šta pisah pisah" Pilat je ponovo izrazio, da po njegovm mišljenju, Isus nije počinio ni jedan zločin.

Čak i u ovoj situaciji, Isus je mislio o ljubavi Božjoj., On je osjetio ljubav Božju, koji nije čak ni poštedeo Njegovog jednog i jedinog Sina da bi spasio ljude koji su postali robovi neprijatelju đavolu i Sotoni i koji su išli ka putu smrti. Uzimajući u obzir Božju ljubav u 1. Jovanovoj Poslanici 4:9-10 čitamo: „*Po tom se pokaza ljubav Božja k nama što Bog Sina svog Jedinorodnog posla na svijet da živimo kroza Nj. U ovom je ljubav ne da mi pokazasmo ljubav k Bogu, nego da On pokaza ljubav k nama, i posla Sina Svog da očisti grijehe naše.*"

Proviđenje iza kidanja Njegove haljine i bacanja Njegove dolame od strane vojnika

„A vojnici kad razapeše Isusa uzeše Njegove haljine i načiniše četiri dijela, svakom vojniku po dio, i dolamu; a dolama ne bješe šivena nego izatkana sva s vrha do dna. Onda rekoše među sobom: 'Da je ne deremo, nego da bacamo kocke za nju kome će dopasti da se zbude Pismo koje govori: RAZDJELIŠE HALJINE MOJE MEĐU SOBOM, A ZA DOLAMU MOJU BACIŠE KOCKE.'" (19:23-24)

Nakon što su razapeli Isusa, vojnici su učinili nešto što obično ne rade. Dok su međusobno razgovarali, oni su odlučili da podjele Isusovu haljinu i dolamu i da svako uzme dio toga. Oni su pokidali haljine na dijelove, svaki za po jednog vojnika, a zatim su razmišljali šta da rade sa tunikom jer je bila iz jednog dijela, pa su na kraju odlučili da bacaju kocke i vide kome će pripasti. „Da je ne deremo, nego da bacamo kocke za nju kome će dopasti."

Po spoljašnosti, to je samo izgledalo kao da su ovi vojnici cijepali haljine i bacali nasumično kockice, ali iz duhovnog gledišta, to nije bio slučaj. Ovaj događaj je već prorokovan u Psalmima 22:18: „*Djele haljine moje među sobom, i za dolamu moju bacaju žreb.*" Iako su vojnici vjerovatno mislili da su samo radili ono što su željeli, svi ovi događaji su se precizno odigrali po Božjem proviđenju. U svakom slučaju, Isusova odjeća nije bila skupa, niti toliko vrijedna da bi je vojnici djelili i zadržali za sebe. Ali zašto su oni pocijepali haljine i bacali kocke za Njegovu tuniku?

Ako pogledamo na istoriju Izraela 70 godine posle Hrista, mi možemo da vidimo zašto se ovo dogodilo. Zato što je Isus bio Kralj Jevreja, Njegova odjeća simbolizuje Izrael ili jevrejski narod. Činjenica da su vojnici podijelili Njegove haljine na četiri djela i da je svako uzeo po jedan dio, nagovještava način kako će identitet nacije Izraela biti uništen od strane nejevreja i način na koji će njegov narod biti raštrkan širom zemlje. Ovo je bilo proročanstvo da će nacija Izraela biti na kraju uništena od strane Rimljana, zato što su sami Jevreji ubili Isusa, koji je došao kao njihov Kralj i njihov Mesija.

U stvarnosti, u godini 70. posle Hrista, Rimski general Tit je zarobio Izrael i Hram je u potpunosti bio uništen da ni jedan kamen nije ležao preko drugog. 1.100.000 Jevreja je bilo ubijeno, a samo oko 9000 je preživjelo. I oni koji su preživjeli bivali su zarobljeni ili su se raštrkali. Ovo je razlog zbog kojeg su i dan danas Jevreji raštrkani širom svijeta.

Dok Isusove spoljne haljine simbolizuju fizički vid Izraela, Njegova unutrašnja odjeća simbolizuje unutrašnje srce naroda Izraela. Činjenica da je Isusova tunika bila bez šavova ili da je načinjena iz jednog dijela, znači da čak od rođenja Izraela kroz Jakova, njegova tekovina nikada nije miješana sa nejevrejima, što znači da je nacija Izraela napravljena od istorodnih ljudi.

A činjenica da tunika nije pokidana kao haljine, već je nakon bacanja kocka odneta u jednom komadu, simbolizuje činjenicu njihove nacionalnosti, ili njihovog srca za služenje Bogu, neiscijepana već dobro čuvana.

Ovo je bilo proročanstvo da iako je nacija bila uništena od ruku nejevreja i takođe i njena teritorija, srce Izraela prema Bogu se nije promijenilo. Baš kao što je Isusova tunika utkana iz jednog dijela i nije mogla da bude pookidana, srca Izraelaca nisu mogla da se pokidaju i njihova nacija je ponovo rođena. Hiljadu devet stotina godina nakon što je izgubila njen suverenitet, maja mjeseca 1948.godine, nacija Izraela je stekla svoju nezavisnost i iznenadila je cio svijet. I u vrlo kratkom periodu vremena nakon toga, nacija Izraela se razvila u jedne od najrazvijenijih nacija na svijetu, dokazavši da su ljudi Izraela izuzetni ljudi.

„A stajahu kod krsta Isusovog mati Njegova, i sestra matere Njegove Marija Kleopova, i Marija Magdalina. A Isus vidjevši mater i učenika koga ljubljaše gdje stoji reče materi Svojoj: 'Ženo, eto ti sina!' Potom reče učeniku: 'Eto ti matere!' I od onog časa uze je učenik k sebi." (19:25-27)

Pored Isusovog krsta, bili su ljudi koji su željeli Njemu da se podsmijevaju i da posmatraju Njegovu smrt; ali takođe pored Njegovog krsta bili su Njegovi voljeni učenici i žena koja je primila Njegovu milost. Ovi ljudi su bili u situaciji u kojoj su mogli da umru; ali zbog Isusa, oni su primili novi život a njihov tužan život se pretvorio u život od vrednosti. U trenutku kada su čuli da je Isus uhvaćen, oni su otrčali ka Isusu i sve do momenta dok nije izdahnuo Njegov poslednji dah, oni Njega nisu napustili. Čak i dok je patio na krstu, Isus je pogledao na djevicu Mariju, govorivši joj: „Ženo, eto ti sina!" a njemu je govorio: „Eto ti matere!"

Ovdje „sin" se odnosi na Njegovog voljenog učenika Jovana. Isus je govorio Mariji da treba da prihvati Jovana kao rođenog sina, a od Jovana je On tražio kao od djeteta Božjeg, da služi Mariji kao sopstvenoj majci.

A razlog zbog koga je Isus nazvao Mariju „ženom" a ne „majkom," nosi duhovno značenje. Isus je jednostavno rođen kroz tijelo djevice Marije, a ne kroz njen jajnik. On je začet Svetim Duhom i jedan je sa Bogom. Stvoritelj Bog je On koji jeste (Izlazak 3:14), a On je prvi i poslednji (Otkrivenje Jovanovo 1:17; 2:8), tako da On ne može da ima majku. Zbog toga ovdje Isus nije nazvao Mariju „majkom."

Čak iako ona nije bila Isusova majka, On je poznavao Marijino srce. Isus je razumio Mariju, koja je gledala Isusov rast i odrastanje od rođenja i on je razumio njeno srce bolje od bilo koga. Kako je Marija mogla da izrazi bol dok je gledala Isusa, kojeg je voljela više nego njen život, koji je umirao tako strašnom smrću na krstu?

„Gospode, moj Gospode! Uz Božju milost On ti je dozvolio

da dođeš na ovaj svijet kroz ovu jadnu i poniznu sluškinju, ali gledajući na Te tamo gore odavde, moje srce ne zna šta da čini. Dok sam Te gledala svaki momenat ja sam te odgajala, osjećala sam kao da ću se ja sresti sa Ocem na Nebesima... Uvijek sam bila brižna, čuvala sam dlaku na Tvojoj glavi.... kako sam Te gledala kako rasteš, uvijek sam se brinula da Tebi neko nenaudi da On ne bude nepoštovan na bilo koji način... a sada moram da svjedočim ovoj strašnoj smrti, šta da radim, Gospode? Šta da radim? Jer se moje jadnog srce ne može utješiti..."

Znajući Marijino srce veoma dobro, Isus je molio Jovana da joj služi kao svojoj sopstvenoj majci. Ovo nas uči da u vjeri, svako je brat ili sestra u našoj porodici. Jevanđelje po Mateju 12:48-50, opisuje: „*A On odgovori i reče onome što Mu kaza: 'Ko je mati Moja, i ko su braća Moja?' I pruživši ruku Svoju na učenike Svoje reče: 'Eto mati Moja i braća Moja! Jer ko izvršuje volju Oca Mog koji je na nebesima, onaj je brat Moj i sestra i mati,'*" uči nas o duhovnoj porodici.

Od ovog momenta pa nadalje, Jovan je služio Mariji kao sopstvenoj Majci i primio je u njegovu kuću. Dok je slušao Mariju kako je govorila o načinu na koji je Isus rastao, on je stekao još veću sigurnost da je On zaista bio Hrist i prema tome, on je bio u stanju da još svesrdnije prihvati njegov poziv.

Isus umire na krstu

„Potom, znajući Isus da se već sve svrši, da se zbude pismo reče: 'Žedan sam.' Ondje stajaše sud pun octa;

i oni napuniše sunđer octa, i nataknuvši na trsku, prinesoše k ustima Njegovim. A kad primi Isus ocat reče: 'Svrši se!' I priklonivši glavu predade duh." (19:28-30)

Isus je znao da mu nije mnogo preostalo života. I što se više približavao Njegovoj smrti, time se više brinu za sve duše. „Žedan sam." Pošto je On prolio dosta krvi dugo vremena pod jakim suncem, naravno da je bio žedan. Ali kada je Isus rekao: „Žedan sam," to nije bilo samo zato što je osjećao fizičku žeđ. Ovo je takođe bio izraz da je Njegovo srce bilo žedno za spasenjem svih duša koje su umirale zbog njihovih grijehova.

Ljudi koji nisu razumijeli duhovno značenje iza ovog što je Isus rekao, stavili su sunđer sa kiselim vinom na granu trske i prislonili je na Njegova usta. Proročanstvo iz Psalma 69:21, koje govori: „*Daju mi žuč da jedem, i u žeđi mojoj poje me octom*" bilo je ispunjeno. Duhovno, vino simbolizuje krv. Isus koji pije kiselo vino simbolizuje činjenicu da je On ispunio Zakon Starog Zavjeta sa ljubavlju i da je On preuzeo na Sebe grijehove i kletve cijelog čovječanstva. U vremenima Starog Zavjeta, prije nego što je Isus došao na ovu zemlju, svaki put kada bi osoba zgriješila, on je trebao da ubije životinju i prinese je kao žrtvu paljenicu.

Ali zato što je Isus bio zakovan na krstu, prolio Njegovu krv za nas i dao nam vječnu žrtvu (Poslanica Jevrejima 10:10), mi više ne moramo da ubijamo životinje. Mi samo treba da prihvatimo Isusa Hrista sa vjerom i možemo da dobijemo oproštaj od naših grijehova. Kiselo vino predstavlja Zakon

Starog Zavjeta a novo vino predstavlja milost spasenja kroz Isusa Hrista. Tako da, da bi nama dao novo vino, Isus Sam je uzeo kiselo vino umjesto nas.

Isus je bio žedan zato što je prolio Njegovu krv. On je osjetio žeđ zato što je prolio Njegovu krv da bi nas spasio. Prema tome, da bi ugasili Gospodovu žeđ, mi moramo da otkrijemo pravu vrijednost Njegove krvi. Mi moramo da povedemo sve ljude-čije je živote Isus doveo i platio sa Njegovom krvlju-na put spasenja. Nakon što je popio kiselo vino, Isus je priznao: „Svrši se!" Ovo znači da je On uništio zid grijeha između nas i Boga i da je ispunio put spasenja. Nakon što je u potpunosti ispunio Njegovu misiju, Isus je uzviknuo: *„Oče, u ruke Tvoje predajem duh Svoj"* (Jevanđelje po Luki 23:46).

Nakon što je ovo rekao, Njegova glava je klonula i izdahnuo je poslednji Njegov dah. Ovo je izraženo u Pismu kao: „Predade Njegov duh." Ovo označava da će se kao spasitelj koji je ispunio put spasenja, Isus vratiti na Njegovu veličanstvenu poziciju.

Četiri jevanđelja bilježe sve riječi koje je Isus rekao sve dok On nije umro na krstu. Ove riječi su nazvane: „Poslednje sedam riječi na krstu" i svaka od njih sadrže duboko, duhovno značenje. Učenici i žena u podnožju krsta koji su samo gledali kako je Isus umro, plakali su i gorko žalili. Jedna od njih je bila Marija Magdalena, koja je plakala i tješila djevicu Mariju.

„Gospod, koji je dragocijeniji od mog života...
Gospod, koji mi je dao novi život i vodio dovde...
Bila sam skoro mrtva, i nisam imala život.
Ali Tebe sam srela i primila nov život.

Oslobidio si me od patnje
i poveo si me da živim kao prava osoba.
Gospode, kako možeš Ti biti tamo gore?
Kako Ti možeš tamo da patiš?
Gospode, ja ne mogu da živim bez Tebe.
Da mogu samo da sačuvam krv
To krvariš tamo gore...
Da samo mogu da preuzmem Tvoje patnje na sebe...
Kako da ugodim Tvom bolu?
Kako da podjelim Tvoju patnju?
Gospode, zašto ćeš umrijeti ovako?"

Marija Magdalena je gorko plakala u podnožju krsta zato što se osjećala bezmoćno; jer sve što je mogla da uradi je da posmatra Isusovu patnju. Iako je ona bila samo krhka žena i nije imala moć da bilo šta učini, osim da lije njene suze, njena ljubav prema Isusu bila je kao ni kod jednog drugoga. Iskrena ljubav u njenom srcu dotakla je Božje srce. Na ovaj način ona će kasnije dobiti blagoslov da postane prva osoba koja je srela Gospoda nakon Njegovog vaskrsenja.

Isus je sahranjen u grobnici

Bilo je negdje oko 3 sata popodne kada je Isus umro. U to vrijeme, sunce je izgubilo svjetlost, tako da je tama bila svuda. Zemlja se tresla i stijene su pucale. Neko je u stvari mogao da osjeti bol i tugu koju je Bog osjećao prema ljudskoj zlobi. U isto vrijeme kada je Isus preminuo, zavesa u Hramu se podjelila na dva dijela od vrha do dna (Jevanđelje po Luki 23:44-45).

„Zavesa Hrama" je zavesa koja odvaja Svetilište od Svetinje nad svetinjama. Zato što je Svetilište tamo gdje je prisustvo Božje bilo, prosječna osoba nije mogla da uđe u njega. Šta više, Svetinja nad svetinjama je mjesto gdje su samo visoki svješćenici mogli da uđu jednom godišnje. Činjenica da se zavesa Hrama odvojila na dva dijela simbolizuje kako je Isus uništio zid grijeha i postao žrtva iskupljenja. Zbog toga svako ko vjeruje u Isusa Hrista sada može da uđe u Hram i bogosluži i takođe da se

::: Isusov poslednji put i spomen crkva

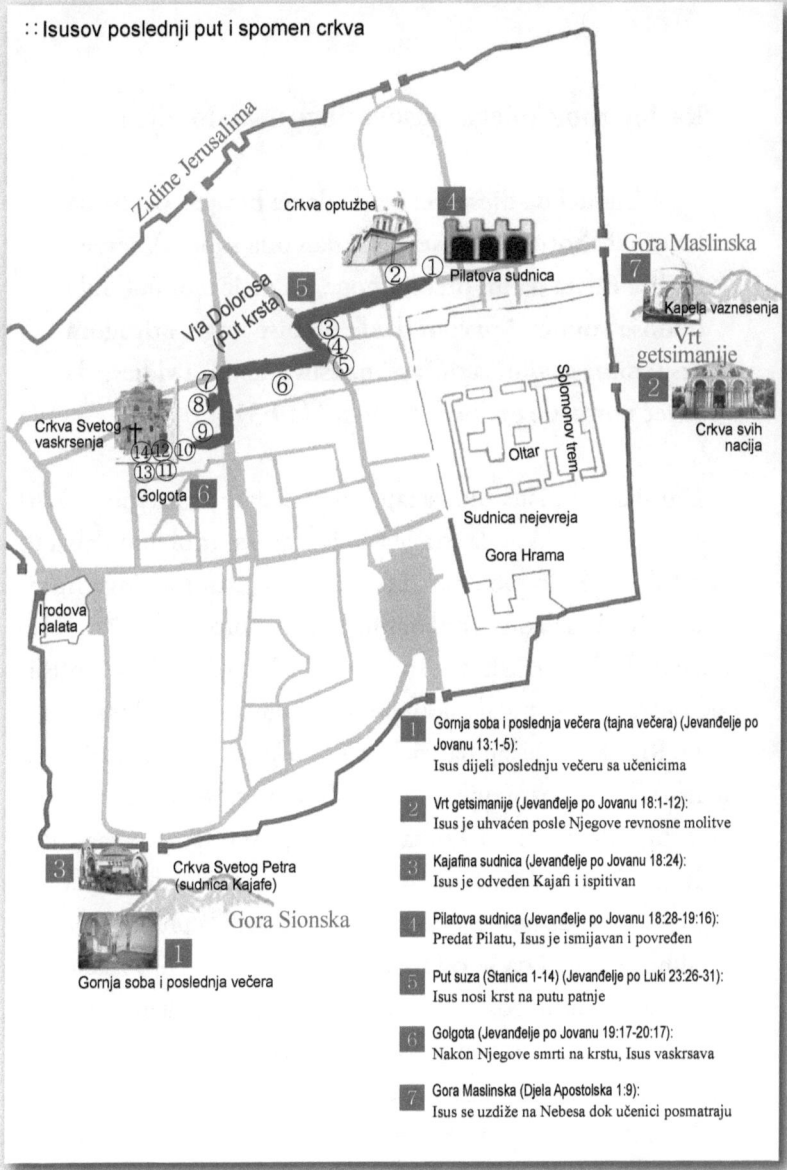

1. Gornja soba i poslednja večera (tajna večera) (Jevanđelje po Jovanu 13:1-5):
   Isus dijeli poslednju večeru sa učenicima
2. Vrt getsimanije (Jevanđelje po Jovanu 18:1-12):
   Isus je uhvaćen posle Njegove revnosne molitve
3. Kajafina sudnica (Jevanđelje po Jovanu 18:24):
   Isus je odveden Kajafi i ispitivan
4. Pilatova sudnica (Jevanđelje po Jovanu 18:28-19:16):
   Predat Pilatu, Isus je ismijavan i povređen
5. Put suza (Stanica 1-14) (Jevanđelje po Luki 23:26-31):
   Isus nosi krst na putu patnje
6. Golgota (Jevanđelje po Jovanu 19:17-20:17):
   Nakon Njegove smrti na krstu, Isus vaskrsava
7. Gora Maslinska (Djela Apostolska 1:9):
   Isus se uzdiže na Nebesa dok učenici posmatraju

direktno moli Bogu (Poslanica jevrejima 10:19-20).

Razlog zbog kojega Isusove noge nisu slomljene

„A budući da bješe petak, pa da ne bi tijela ostala na krstu u subotu (jer bješe veliki dan ona subota), Jevreji moliše Pilata da im prebiju noge, pa da ih skinu. Onda dođoše vojnici, i prvom dakle prebiše noge, i drugom raspetome s Njim, a došavši na Isusa, kad Ga vidješe da je već umro, ne prebiše Mu noge." (19:31-33)

Dan kada je Isus bio razapet je bio dan pripreme. „Dan pripreme" je petak, tako da je to bio dan za pripremu Sabata. Dan Sabata je bio sveti dan, tako da na taj dan niko nije ništa teško radio. U skladu sa Zakonom, nije bilo protvzakonito da se ostavi tijelo da visi na drvetu preko noći. Tako da su Jevreji otišli kod Pilata i tražili mu da slomi noge kriminalcima na krstu.

Po Rimskim običajima, tijelo kriminalaca se ostavljalo da visi na krstu kao upozorenje ljudima. Zbog toga su Jevreji morali da dobiju dozvolu od Pilata prije nego šta učine razapetim tijelima. Kriminalcima koji su bili razapeti na krst trebalo je dugo vremena da umru, zato što su oni mogli da prenose težinu na njihove noge i da se oslobode pritiska u njihovim rukama i grudima. Međutim, da su njihove noge bile polomljene, njihova cirkulacija bi odmah bila zaustavljena a zbog otežanog disanja i nepravilnog rada bubrega, oni bi brže umrli.

Na Pilatovu zapovijest, vojnici su odma polomili noge kriminalcima koji su bili na obe strane Isusa. Kada su otišli do

Isusa oni su vidjeli da je On već mrtav, tako da oni nisu Njemu lomili noge. Ovdje takođe postoji duhovno značenje. Isus je umro na krstu kao dio Božjeg proiviđenja, a ne zato što je On zgriješio. Prema tome Njegove noge ne bi mogli da polome kao kod kriminalaca.

Kao što je zapisano u Psalmima 34:20: „*Čuva Gospod sve kosti njegove, ni jedna se od njih neće slomiti*" Bog se pobrinu da Njegove kosti ne budu polomljene. Ovo je isti razlog zbog kojeg je Bog rekao Izraelcima da jedu jagnje, ali da mu ne lome ni jednu kosku (Izlazak 12:46; Brojevi 9:12). Jagnje je simbol za Isusa, koji je bio bez mrlje i mane.

Razlog zbog kojega je Isus proboden sa strane i zašto je morao da prolije svu Njegovu vodu i krv

„Nego jedan od vojnika probode Mu rebra kopljem; i odmah iziđe krv i voda. I onaj što vide posvjedoči, i svjedočanstvo je Njegovo istinito; i on zna da istinu govori da vi vjerujete. Jer se ovo dogodi da se zbude pismo: 'Kost Njegova da se ne prelomi.' I opet drugo Pismo govori: 'Pogledaće Onog koga probodoše.'" (19:34-37)

Čak i nakon potvrde da je Isus već umro, jedan od vojnika je uzeo koplje i probo je Njega sa strane. Čak i da je to uradio da bi provjerio da li je Isus zaista mrtav, mi možemo da vidimo čovjekovu zlu prirodu ovde. Sa strane gdje je bio proboden oštrim kopljem lila je voda i krv. Ovo je dokaz da je Isus došao u obliku čovjeka.

Čak iako je On bio začet po čovjekovoj krvnoj liniji, On je došao na ovu zemlju u potpunom obliku čovjeka, u obliku stvaranja. A do momenta dok nije izdahnuo Njegov poslednji dah, On je u potpunosti ispunio Njegovu misiju. Iako je po porjeklu On jedan sa Bogom, On je došao na ovaj svijet u tijelu čovjeka i potvrdio je Njegovu ljubav za nas sve do tačke prolivanja krvi i vode iz Njegovog tijela.

Postoji opet drugo duhovno značenje u činjenici da je Isus prolio svu Njegovu krv i vodu. Krv simbolizuje život (Levitski Zakonik 17:14), a voda simbolizuje Riječ Božju. Prema tome, prolivanje Njegove krvi i vode simbolizuje kako je On otkupio čovječanstvo sa Njegovim životom i Božjom Riječju, a time i porušio zid grijeha između Boga i nas. I zbog ove žrtve, mi ne samo da smo odlobođeni od grijeha, već i od svih kletvi koje stoje kao grijeh, kao što su bolesti, testovi i nevolje.

Za tjelesne oči, to izgleda kao mnogo strašna i užasna stvar koja se dogodila mladom čovjeku nazvanom Isus, koji je razapet i proboden kopljem sa strane. Međutim, za duhvne oči, ovo je bio događaj koji je ubrao sve plodove u Božjoj ljubavi. Riječi iz Biblije su istinite i one jesu istina. Sva Pisma su inspirisana Bogom (2. Timotijeva Polsanica 3:16). Prema tome, sve riječi Starog i Novog Zavjeta spojene su savršeno zajedno u strofama, a sva proročanstva ili su već ispunjena ili će se tek ispuniti (Isaija 34:16).

Zapisano je u stihu 37: „I opet drugo Pismo govori: 'Pogledaće Onog koga probodoše.'" U Otkrivenju Jovanovom 1:7 je zapisano: „*Eno, ide s oblacima, i ugledaće Ga svako* oko, i koji Ga probodoše; i zaplakaće za Njim sva koljena zemaljska. Da, zaista. Amin." Šta više: „Pogledaće Onog koga probodoše," označava činjenicu da će vidjeti vaskrslog Gospoda još jednom i takođe da će se Gospod vratiti poslednjeg dana. Prema tome, plan i proviđenje spasenja kroz Isusa nije samo savršeno po svom vremenu, već je takođe i bogato i savršeno konfigurisano.

Josif iz Arimateje, koji je pripremio grobnicu za Isusa

„A potom Josif iz Arimateje, koji bješe učenik Isusov ali kradom od straha jevrejskog, moli Pilata da uzme tijelo Isusovo, i dopusti Pilat. Onda dođe i uze tijelo Isusovo." (19:38)

Odmah nakon što je Isus osuđen na razapeće, ne samo Njegovi učenici, već i većina njih koja Ga je pratila, krili su se u strahu. Prema tome, u cilju očuvanja tijela Njegovog voljenog Sina, Bog je inspirisao čovjeka koji je iskusio Njegovu milost da pripremi Njegovu sahranu. Prvo, on je dao da Josif iz Arimateje pripremi grobnicu i smjesti tijelo Isusa. Biblija njega naziva bogatim čovjekom (Jevanđelje po Mateju 27:57), istaknutim članom Savjeta i onog koji je čekao na kraljevstvo Božje (Jevanđelje po Marku 15:43). On je takođe bio dobar i pravedan čovjek, koji nije dao svoj pristanak Sinedrionu da se uhvati i ubije Isus (Jevanđelje po Luki 23:50-51).

Nije bilo lako za člana Sinedriona da otvoreno kaže da je bio učenik Isusa. Jevreji su već odlučili da izbace iz sinagoge svakoga ko je tvrdio da je Isus bio Hrist (Jevanđelje po Jovanu 9:22). Zbog toga Pismo kaže: „*Josif iz Arimateje, koji bješe učenik Isusov ali kradom od straha jevrejskog,* " Josif nije javno otkrio činjenicu da je bio jedan od učenika. Mi možemo da vidimo koliko je atmosfera bila neprijateljska u to vrijeme za svakoga ko je vjerovao da je Isus bio Spasitelj.

Iako je Josif iz Arimateje krio činjenicu da je bio jedan od Isusovih učenika, on nije mogao samo da ignoriše Isusovu smrt. Zbog toga se on ponudio da sam iznese Njegovu sahranu. Tako da je on direktno otišao kod Pilata i tražio je tijelo Isusa (Jevanđelje po Marku 15:43). Pilat, koji je bio izuzetno neprijatan zbog smrti Isusa, dao je olako dozvolu Josifu.

Nikodim, koji je pripremio začine za sahranu

„A dođe i Nikodim, koji prije dolazi Isusu noću, i donese pomiješane smirne i aloja oko sto litara. I uzeše tijelo Isusovo, i obaviše Ga platnom s mirisima, kao što je običaj u Jevreja da ukopavaju. A bješe blizu onog mjesta gdje bješe razapet, vrt, i u vrtu grob nov, u koji niko nikad ne bješe metnut. Ondje, dakle, petka radi jevrejskog, jer bješe blizu grob, metnuše Isusa." (19:39-42)

Pored Josifa iz Arimateje, bio je još jedan čovjek koji je učestvovao u Isusovoj sahrani. Bio je to Nikodim, član jevrejskog vladajućeg Savjeta. On je ranije došao prvi put kod Isusa i slušao Ga kako govori o tome „biti ponovo rođen," nakon čega je priznao da je Isus bio čovjek od Boga i kasnije je Njega branio (Jevanđelje po Jovanu 3:7). On je donio mješavinu mirišljave smole i aloju, koja je težila negdje oko stotinu kilograma i obavio je Isusovo tijelo u platno i začine. Umotavanje tijela u platno i začine i stavljanje tijela u pećinu kao grobnicu, bio je jevrejski običaj za sahranu. Broj začina koje je Nikodim donio bio je jednak onom broju za kraljevsku sahranu. On je vjerovao iz dubine njegovog srca da je Isus bio vrijedniji od svih kraljeva ovog svijeta. Grobnica koja nikada do sada nije bila korišćena bila je u blizini mjesta razapeća. Mi ovdje takođe možemo da vidimo Božju ljubav i proviđenje. Pripremajući se unaprijed, ljudi koji su primili Njegovu milost, Bog je učinio da Isusova sahrana bude spremna i učinjena u potpunosti.

Mi moramo da pogledamo na sebe i da vidimo da li možemo isto da učinimo što su i Josif iz Arimateje i Nikodim učinili. Josif iz Arimateje i Nikodim su bili članovi Savjeta; tako da je bilo veoma teško za njih da urade otvoreno oni što su uradili, zbog njihove pozicije. Da su oni razmišljali o negativnim posljedicama sa kojima će se suočiti, oni vjerovatno ništa ne bi učinili zbog straha. Međutim, zbog milosti koju su primili od Isusa i zato što su Njega voljeli, oni su bili u mogućnosti da budu hrabri. U služenju Bogu i Gospodu, oni nisu tražili sopstvenu korist niti su pripajali njihove tjelesne misli. Umjesto toga, oni su samo činili iz iskrene vjere i ljubavi.

Poglavlje 20

Isus koji je vaskrsao

1. Ljudi koji su došli da posjete praznu grobnicu
(20:1-10)

2. Ljudi koji su sreli vaskrslog Gospoda
(20:11-23)

3. „Pošto me vide vjerovao si?"
(20:24-31)

Ljudi koji su došli da posjete praznu grobnicu

Četiri jevanđelja zapisuju službu Isusa, ali svako jevanđelje ima posebne karakteristike. Jedina mala razlika dolazi iz različite perspektive pisaca koji su bili inspirisani Svetim Duhom. Pored ove činjenice, sve informacije koje su zapisane u jevanđelima su istinite. Na primjer, apostol Jovan koji je napisao Jevanđelje o Jovanu, pisao je o vaskrsenju koje je bilo koncentrisano na Mariju Magdalenu. Ovo je zato što je on veoma dobro znao koliko je Marija Magdalena voljela Gospoda i koliko je Gospod volio nju.

U Jevanđelju po Mateju, zapisano je da su „Marija Magdalena i druga Marija" otišle da posjete grobnicu (Jevanđelje po Mateju 28:1), a u Jevanđelju po Luki jednostavno njih naziva „ženama" (Jevanđelje po Luki 23:55). Tako da kada sve ove zabilježene stvari stavimo zajedno, mi dobijamo jasnu sliku o tome šta se dogodilo.

Marija Magdalena je prva odtkrila praznu grobnicu

„A u prvi dan nedjelje dođe Marija Magdalina na grob rano, još dok se ne bješe rasvanulo, i vide da je kamen odvaljen od groba. Onda otrča, i dođe k Simonu Petru i k drugom učeniku koga ljubljaše Isus, i reče im: 'Uzeše Gospoda iz groba; i ne znamo gdje Ga metnuše!'" (20:1-2)

Ljudi koji su vjerovali u Isusa i Njega pratili bili su u velikoj traumi kada je Isus razapet, tako da nisu mogli a da ne osjećaju gorčinu. Marija Magdalena i djevica Marija, i još nekoliko žena stajale su u podnožju krsta gdje je Isus umro. Preovladane tugom, one nisu mogle da napuste krst. Tako da su one stajale tamo i posmatrale kada je Josif iz Arimateje pruzimao Isusovo tijelo, pripremao Njegovu sahranu i postavio Njega u grobnicu (Jevanđelje po Luki 23:50-55).

Zato što je sledećeg dana bio Sabat, Josif iz Arimateje, koji je bio član Savjeta, riješio je da preuzme stvari u svoje ruke. Kada je došao Nikodim sa začinima, njih dvojica su umotali tijelo u platno i začine i stavili su Isusovo tijelo u obližnju grobnicu. Nakon sahrane, Josif je pomjerio veliki kamen ispred ulaza u grobnicu. Tada su se žene prisetile i napustile su mjesto u žurbi da bi otišle da kupe začine i parfeme i stave ih na Isusovo tijelo. One su žurile, zato što će se uskoro dan završiti i počeće dan Sabata, što znači da neće moći niti šta da kupe niti šta da prodaju.

Zato što su njihova srca bila u potpunosti preokupirana Isusom, koji je umro, žene nisu ni znale kako će provesti Sabat. Nekoliko žena se brzo spremilo da odu do groba prije sutona prvog dana prije Sabata. Ali žene koje su bile zabrinute kako će da pomjere veliku stijenu koja je stajala ispred groba, čekala je nevjerovatna scena. Ko je pomjerio stijenu, niko nije znao, ali ulaz u grobnicu je već bio otvoren.

Nakon što su bile šokirane pred otvorenom grobom, Marija Magdalena i žena pogledale su unutra i nisu vidjele Isusovo tijelo. U tom momentu dva anđela prekrivenim svetlim, sjajnim svjetlima, pojavila su se pred njima. *„Što tražite Živoga među mrtvima? Nije ovdje, nego ustade!"* (Jevanđelje po Luki 24:5-6).

Žene su čule od anđela da je Isus vaskrsao iz mrtvih, ali one su bile toliko šokirane da nisu baš najbolje razumijele šta su anđeli mislili. Jednostavno prepune straha što su vidjele sjajne anđele i što su otkrile da je Isusovo tijelo nestalo iz grobnice, one su odjurile sa mjesta polu ošamućene. Marija Magdalena je pronašla Petra i Jovana i rekla im je o ovim vijestima: „Uzeše Gospoda iz groba; i ne znamo gde Ga mjetnuše!"

Ono što je Marija rekla bilo je dovoljno da šokira Petra i Jovana. Da, Isus jeste rekao Njegovim učenicima da će On umrijeti i da će vasrsnuti trećeg dana (Jevanđelje po Mateju 17:22-23). Međutim, nakon stvarnog svjedočenja o Isusovoj smrti, oni su bili u tolikoj traumi da nisu mogli da se sjete šta je Isus rekaoOni su zaista mislili da je neko stvarno ukrao tijelo Isusa.

Petar i Jovan provjeravaju praznu grobnicu

„A Petar iziđe i drugi učenik, i pođoše ka grobu. Trčahu, pak, oba zajedno, i drugi učenik trčaše brže od Petra, i dođe prije ka grobu, i nadvirivši se vide haljine gdje leže; ali ne uđe, dođe, pak, Simon Petar za njim, i uđe u grob, i vide haljine same gdje leže; i ubrus koji bješe na glavi Njegovoj ne s haljinama da leži nego osobito savit na jednom mjestu. Tada, dakle, uđe i drugi učenik koji najprije dođe ka grobu, i vide i vjerova." (20:3-8)

Čuvši vijesti od Marije Magdalene, Petar i Jovan su otrčali do groba. Jovan, koji je bio brži od Petra, stigao je prvi do groba. On je pogledao unutar grobnice. On nije mogao da vidi tijelo, već samo lanena platna koja su tamo bila položena.

Petar, bez daha, stigao je nešto kasnije i ušao je odma u grobnicu. Bez obzira koliko da je bio šokiran, on je samo vidio lanena platna i ubrus za lice. Čudan dio je da lanena platna i ubrus za lice nisu bili na istom mjestu. Ubrus za lice je uredno bio umotan na svom mjestu. Jovan je ušao posle Petra i bio je svjedok iste scene.

Činjenica da je ubrus bio uredno umotan jasno dokazuje da je Gospod vaskrsao. Da je neko ukrao Isusovo tijelo, baš kao što su se jevrejski oficiri plašili, oni ne bi imali priliku da ostave grobnicu u takvom urednom stanju. Oni bi samo uzeli tijelo prekriveno lanenim platnom; ili ako bi pomjerili platno, oni bi to uradili na brzinu da bi grobnicu ostavili u haosu, ostavivši platna na sve strane. Ali unutar grobnice, na način na koji su to

Petar i Jovan vidjeli, bilo je prilično mirno i uredno.

„Jer još ne znaše pisma da Njemu valja ustati iz mrtvih. Onda otiđoše opet učenici kućama." (20:9-10)

Psalmi 16:10 govore: „*Jer nećeš ostaviti dušu Moju u paklu, niti ćeš dati da Svetac Tvoj vidi trulost.*" Učenici nisu znali da je ovo bili proročanstvo Isusovog vaskrsenja. Oni su to razumijeli samo nakon što su lično sreli Gospoda. Vaskrsenje Gospoda nije samo prorokovano u Starom Zavjetu, već je o tome takođe i Isus govorio. Ali učenici su bili šokirani i zabrinuti, jer na osnovu situacije oni su to posmatrali sa njihovim fizičkim očima.

Pilatov izveštaj Rimskom imperatoru Cezaru daje detaljan opis ovog događaja.

„Dan nakon što je On sahranjen jedan od svještenika je došao u Praetorijum i rekao je da su toliko zabrinuti da će Njegovi učenici ukrasti tijelo Isusa i sakriti ga, a da će posle učiniti da to izgleda kao da je On vaskrso iz smrti kao što im je On predskazao i u šta su bili uvjereni. Ja sam ga poslao kod kapetana kraljevske garde (Malho) da mu kaže da povede jevrejske vojnike i postavi ih oko grobnice koliko god da ih je potrebno; pa ako se šta dogodi da mogu da krive sebe a ne Rimljane.

Kada je veliko uzbuđenje nastala oko grobnice

koja je pronađena prazna, osjetio sam još dublju zabrinutost nego ikada. Poslao sam po čovjeka Islama koji mi je ispričao sledeće događaje koliko ih se sjećam. Oni su vidjeli nježnu i lijepu svjetlost nad grobnicom. On je najprje, mislio da su žene dolazile da balzamuju tijelo Isusa jer je to njihov bio običaj, ali nije mogao da vidi kako su prošle pored straže.

Dok su ove misli prolazile kroz njegovu glavu, iza je cijelo mjesto bilo osvjetljeno i izgledalo je kao da su na tom mjestu bile mase mrtvih ljudi u njihovim posmrtnim haljinama.

Sve je izgledalo bučno i ispunjeno ushićenjem, dok je svuda okolo i iznad bila prelijepa muzika koju je ikada čuo i cio vazduh je izgledao ispunjen glasovima koji su slavili Boga. Sve to vrijeme je izgledalo kao da se zemlja kovitla i kupa kao da je pogođena i bolesna i nije mogao da stoji na njegovim nogama On je rekao da je izgledalo kao da se zmelja kupa pod njegovim nogama i da su ga njegova osjećanja napustila, tako da nije znao šta se događa.

Ja sam ga pitao kakvi su uslovi bili kada je došao sebi. On je rekao da je ležao na zemlji sa spuštenom glavom. Ja sam ga pitao da li možda njegova ošamućenost potiče od naglog buđenja i ustajanja, kao što se to ponekad dešava. On je rekao da nije spavao, jer je kazna za spavanje na dužnosti bila smrt. On je rekao da su neki od vojnika spavali a da neki tada nisu. Ja sam ga pitao koliko je ta scena trajala. On je odgovorio da ne zna ali je mislio da je trajala približno oko sat vremena. Pitao sam ga da li je otišao u grobnicu nakon što je došao sebi. On je odgovorio ne; zato što se plašio da čim nastane olakšanje svako će se vratiti svojim odajama. Pitao sam ga da li je bio ispitivan od svještenika. On je rekao da jeste. Oni su željeli da kaže da je to bio zemljotres, a da su oni zaspali, ponudili su mu novac ako kaže da su učenici došli i ukrali tijelo Isusa, ali on nije vidio učenike i nije znao da je tijelo nestalo sve dok mu nisu to rekli."

Gospodovo vaskrsenje nije priča koju su učenici ili hrišćani izmislili. To je istina, istorijski događaj. Nakon vaskrsenja, Isus je Sebe pokazao ne samo Mariji Magdaleni, već i Petru, nekolicini učenika a kasnije pet stotina braći u isto vrijeme (1. Korinćanima Poslanica 15:6). Oni učenici koji su svjedočili Gospodovom vaskrsenju postali su jedno u srcu i nisu se plašili smrti. Bez straha, oni su širili jevanđelje o Isusu Hristu i Njegovom vaskrsenju, gdje god da su išli. Ovo je zato što je vaskrsenje Gospoda život i sama snaga.

Ljudi koji su sreli vaskrslog Gospoda

Marija Magdalena je pratila Petra i Jovana nazad do grobnice. Čak i nakon što su se njih dvojica vratili kućama, jer nisu mogli da pronađu nikakve indicije o tome šta se dogodilo, Marija nije mogla da napusti grobnicu. Bilo joj je dovoljno teško da prihvati Isusovu smrt. Ali sada kada je Njegovo tijelo nestalo, šta mislite kako se ona osjećala? Ona je došla ujutru rano da stavi balzam na Isusovo tijelo a sada kada je Njegovo tijelo nestalo, nije postojao način koji bi ugodio njenom praznom i bespomoćnom srcu. Tako da je ona samo stajala ispred grobnice i iznova i iznova plakala.

„A Marija stajaše napolju kod groba i plakaše; i kad plakaše nadviri se nad grob; i vide dva anđela u bijelim haljinama gdje sjede jedan čelo glave a jedan čelo nogu gdje bješe ležalo tijelo Isusovo. I rekoše joj oni: 'Ženo! Što plačeš?' Reče im: 'Uzeše Gospoda mog, i ne znam gde Ga metnuše.'" (20:11-13)

Nakon nekog vremena plakanja, Marija je prestala i ponovo pogledala unutra u grobnicu. U jenom momentu ona je sumnjala u njene oči. Dva anđela obučena u bijelo sjedela su na Isusovo mjesto, jedan na glavu a jedan na noge. Anđeli su je pitali: „Ženo! Što plačeš?" Onda im ona reče: „Uzeše Gospoda mog, i ne znam gde Ga metnuše" (20:11-13).
Ovdje možemo da vidimo Marijino stanje misli. Jedinu nadu koja je ona imala je da ispoštuje Isusa tako što će staviti balzam na Njegovo tijelo. Osim toga, nije postojalo ništa što bi mogla da učini da uzvrati za Njegovu milost koju je primila od Njega. Ali čak i ova nada je sada nestala. Marija je toliko bila uznemirana da ona čak ni anđele nije mogla da prepozna, a kamoli da zamisli da je Isus vaskrsao.

Marija Magdalena sreće vaskrslog Gospoda

„I ovo rekavši obazre se natrag, i vide Isusa gdje stoji, i ne znaše da je Isus. I rekoše joj oni: 'Ženo, što plačeš? Koga tražiš?' A ona misleći da je vrtlar reče Mu: 'Gospodine, ako si Ga ti uzeo kaži mi gdje si Ga metnuo, i ja ću Ga uzeti.' Isus joj reče: 'Marija!' A ona obazrevši se reče Mu: 'Ravuni!' (koje znači učitelju)." (20:14-16)

Pogledavši brzo unazad, Marija je vidjela vaskrslog Gospoda, ali ona nije mogla Njega da prepozna. Onda je Gospod rekao Mariji: „Ženo, što plačeš? Koga tražiš?" Obuzeta tugom i bolom, ona je mislela da je On baštovan i odgovorila je: „Gospodine, ako si Ga ti uzeo kaži mi gdje si Ga metnuo, i ja ću Ga uzeti." Tako da, kada je Gospod rekao: „Marija!" tek tada je ona Njega prepoznala. Ona je dobila tu čast da bude prva osoba koja je srela vaskrslog Gospoda.

„Reče joj Isus: 'Ne dohvataj se do Mene, jer se još ne vratih k Ocu Svom; nego idi k braći Mojoj, i kaži im: „Vraćam se k Ocu Svom i Ocu vašem, i Bogu Svom i Bogu vašem."' A Marija Magdalina otide, i javi učenicima da vide Gospoda i kaza joj ovo." (20:17-18)

Marija Magdalena još nije mogla da vjeruje da je Gospod vaskrsao. Kako je ona mogla da ponovo izrazi njena osjećanja što je srela Gospoda kojeg je voljela više nego sopstveni život? Nekontrolisano su suze padala niz njene obraze. Kada Marija nije više mogla da kontroliše njenu radost i pokušala da se približi Isusu, On joj je dao zapovjed: „Ne dohvataj se do Mene, jer se još ne vratih k Ocu Svom; nego idi k braći Mojoj, i kaži im: 'Vraćam se k Ocu Svom i Ocu vašem, i Bogu Svom i Bogu vašem.'"

Nakon što je Gospod ispunio Njegov poziv kao Spasitelj, On je trebao da se vrati Bogu. Zato što je On sve završio, On je trebao da ide i vidi Oca a onda da primi slavu koja je bila za Njega pripremljena, koji je bio pravi poredak. Ali pošto se On još nije uzdigao do Njega, On je rekao ovo Mariji i rekao joj je da kaže učenicima ove vijesti o Njegovom vaskrsenju.

Onda, zašto se vaskrsao Gospod sreo sa Marijom prije nego što se sreo sa Ocem? Ovo je zato što su Marijina ljubav prema Gospodu i njeno srce bili više iznad drugih. Mnogi ljudi su sreli Gospoda, pratili Njega i Njega volueli, ali svačije unutrašnje srce i djela se razlikuju. Iako za kratko vrijeme, u poređenju sa učenicima koji su se krili zbog straha, Marija Magdalena se nije plašila da izgubi njen život. Da je mogla da uzme krst umesto Gospoda, ona bi to vjerovatno učinila. Tako da primanje slave što je bila prva osoba koja je je srela Gospoda, nije čista slučajnost.

Apostol Jovan zapisao je tačno šta mu je Marija Magdalena rekla o njenom susretu sa vaskrslim Gospodom. Međutim, ona mu nije rekla detaljan razgovor koji je imala sa Gospodom. Od stvari koje je Gospod tražio od nje, ona mu je samo rekla veoma bitne koje su učenici trebali da znaju.

Gospod je rekao Mariji Magdaleni da kaže učenicima da je On vaskrsao i On je nju ohrabrivao da živi kao Njegov svjedok sve do određenog vremena. I On je obećao da će se u dogledno vrijeme, oni ponovo sresti. Marija nije mogla da sakrije njeno uzbuđenje i gdje god da je išla, ona je vikala: „Vidjela sam Gospoda! I ovo mi On kaza!" Ali čak i tada, učenici nisu mogli da vjeruju cijelim srcem.

Učenici ispunjeni radošću nakon što su sreli vaskrslog Gospoda

„A kad bi uveče, onaj prvi dan nedjelje, i vrata bjehu

zatvorena gdje se bjehu učenici skupili od straha jevrejskog, dođe Isus i stade na sredu i reče im: 'Mir vam.' I ovo rekavši pokaza im ruke i rebra Svoja. Onda se učenici obradovaše vidjevši Gospoda." (20:19-20)

Pošto je tijelo Isusa nestalo, učenici su se plašili kako će Jevreji reagovati. Visoki svještenici i masa ljudi koja ih je pratila, tražili su od Pilata da postavi stražu na Isusovoj grobnici zato što su se brinuli da će učenici ukrasti Isusovo tijelo. I tijelo je nestalo, tako da ono čega su se plašili da će se dogoditi, dogodilo se. Ovo je bila situuacija u kojoj će sva koplja biti uperena na učenike.

Negdje oko vječernjeg vremena, učenici koji su bili zabrinuti za ovu situaciju, su se okupili. I samo sigurnosti radi da će ih Jevreji vidjeti, zatvorili su sve prozore i čvrsto zaključali vrata. To je bilo tada. Vrata su bezbjedno bila zaključana, ali Gospod se pojavio među njima. Učenici su mislili da su vidjeli duh Gospoda (Jevanđelje po Luki 24:37). Onda je Isus progovorio učenicima koji su bili ispunjeni strahom i drhtanjem: „Mir vam." On je nastavio: „*Vidite ruke Moje i noge Moje, Ja sam glavom, opipajte Me i vidite, jer duh tijela i kostiju nema kao što vidite da Ja imam*" (Jevanđelje po Luki 24:39).

Učenici su došli sebi i prišli su Gospodu. Vidjevši ožiljke od zakovavanja Njegovih ruku i nogu i ožiljak sa strane od koplja, učenici su znali da je to morao da bude Gospod. Tek tada su oni potvrdili da je to bio Gospod i radovali su se. Postoji razlog zbog kojega Biblija zapisuje činjenicu da su vrata bila bezbjedno zaključana. Ovo je da bi nas naučio o vaskrslom tijelu, ili o telu koje se preoblikuje nakon vaskrsenja.

U 1. Korinćanima Poslanici 15:51-53 navodi se: *„Evo vam kazujem tajnu; jer svi nećemo pomrijeti, a svi ćemo se pretvoriti, u jedanput, u trenuću oka u poslednjoj trubi; jer će zatrubiti i mrtvi će ustati neraspadljivi, i mi ćemo se pretvoriti. Jer ovo raspadljivo treba da se obuče u neraspadljivost, i ovo smrtno da se obuče u besmrtnost."*

Odmah nakon Drugog Gospodovog dolaska u vazduhu, svi ljudi koji su vjerovali u Gospoda biće preoblikovani i uzdignuti u vazduh. Tada će se naša tijela pretvoriti u vaskrsla tijela koja nikada neće istrulijeti niti iščeznuti. A sa ovim tijelom, mi ćemo proslavljati Sedmogodišnje svadbeno vjenčanje u vazduhu a nakon sedam godina, vratićemo se na zemlju i provešćemo tu hiljadu godina.

Vaskrslo tijelo je stanje duha i duše spojene sa besmrtnim tijelom, tako da je vidljivo za oko i može da se rukom dodirne. Međutim, ono se u potpunosti razlikuje od našeg tijela danas. Sa vaskrslim tijelima, mi i dalje možemo da jedemo i pijemo, ali zato što su tijela besmrtna, mi nećemo biti ograničeni prostorom i materijama ove zemlje-mi ćemo moći slobodno da se krećemo gdje god da poželimo i bez uzdržanja. Zatvorena vrata ili betonski zidovi neće nas ograničavati.

Bez obzira na pol ili na godište osobe, njegovo/njeno tijelo će biti u najboljoj godini, 33-oj, i mi ćemo moći svakoga da prepoznamo. Nakon što provedemo hiljadu godina na ovoj zemlji i nakon što prođe sud Velikog bijelog prijestolja, svako od nas će otići na određeno mjesto na Nebesima i onda će se preoblikovati u savršena nebeska tijela.

Ogromna razlika između vaskrslog tijela i savršenog nebeskog tijela je da nebeska tijela pokazuju koliko je slave i nebeskih nagrada osoba dobila od Boga, a takođe i pokazuje koliko je osoba bila posvećena za vrijeme života na zemlji. Ovo je zato što će za vrijeme suda Velikog bijelog prijestolja, svaka osoba dobiti nagrade, slavu i moć u skladu sa tim kako je živio i činio ovdje na zemlji. Tako da gledajući samo na nebesko tjelo osobe, svako može vidjeti koliko je osoba voljela Boga i živjela u skladu sa Njegovom Riječju, kojem nebeskom mjestu boravka pripada i koliko su velike njegove nagrade i slava.

Gospod nam je dao nadu vaskrsenja

„A Isus im reče opet: 'Mir vam; kao što Otac posla Mene, i Ja šaljem vas.' I ovo rekavši dunu, i reče im: 'Primite Duh Sveti. Kojima oprostite grijehe, oprostiće im se; i kojima zadržite grijehe, zadržaće se.'" (20:21-23)

Pojavljujući se ispred učenika u Njegovom vaskrslom tijelu, On je usadio nadu za vaskrsenje u njima. On im je takođe rekao: „Primite Duh Sveti" i dao im je moć i vlast. A ta moć je bila moć za opraštanje grijehova: „Kojima oprostite grijehe, oprostiće im se; i kojima zadržite grijehe, zadržaće se" (20:21-23).

Kako bi spasio čovječanstvo od grijeha, Isus je visio na krstu i prolio je tamo Njegovu svetu krv. Zato što je On iskusio smrt bez ijednog grijeha, On je uništio moć smrti, vaskrao je i postao je Spasitelj. Tako da ljudi koji su postali jedno sa ovim Gospodm kroz vjeru, premjestiće se iz smrti u život. Gospod je otvorio u potpunosti put spasenja za nas. Zbog toga Gospod ima moć i vlast da oprašta grijehove. Međutim, Gospodovi učenici takođe imaju ovu moć i vlast da opraštaju grijehove u ime Isusa Hrista. Ovdje takođe postoji uslov. 1. Jovanova Posalnica 1:7 govori: *"Ako li u Vidjelu hodimo, kao što je On sam u Vidjelu, imamo zajednicu jedan s drugim, i krv Isusa Hrista, Sina Njegovog, očišćava nas od svakog grijeha."* Kako bi nas Isusova krv pročistila od naših grijehova, mi moramo da hodamo u Svjetlosti-što znači da mi moramo da živimo po Božjoj Riječi.

„Pošto me vide vjerovao si?"

Nakon što su sreli vaskrslog Gospoda, mnogi pratioci Isusa počeli su da žive novim životom. Strah koji su nekada imali, nestao je i bili su ispunjeni nadom vaskrsenja. Učenici i žene koji su pratili Isusa nisu mogli da sakriju njihovo uzbuđenje i oni su govorili o Gospodu gdje god da su išli. Nažalost, postojala je jedna osoba koja još nije srela vaskrslog Gospoda. A ta osoba je bio Toma, koji je nazvan Blizanac.

Toma sumnja u Isusovo vaskrsenje

„A Toma, jedan od dvanaestorice, ne bješe onde sa njima kad dođe Isus. A drugi mu učenici govorahu: 'Vidjesmo Gospoda!' A on im reče: 'Dok ne vidim na rukama Njegovim rana od klina, i ne metnem prsta svog u rane od klina, i ne metnem ruke svoje u rebra Njegova, neću vjerovati.'" (20:24-25)

Jednog dana, Toma se sreo sa učenicima i čuo je uzbuđenje u njihovim rečima: „Vidjesmo Gospoda!"

Čak iako su oni koji su se sreli sa Gospodom revnosno dijelili ono što su vidjeli, Toma jednostavno nije mogao da vjeruje. On je umjesto toga vikao jakim glasom: „Dok ne vidim na rukama Njegovim rana od klina, i ne metnem prsta svog u rane od klina, i ne metnem ruke svoje u rebra Njegova, neću vjerovati."

Čak iako je Toma vidio Isusova djela i bio je učen direktno od Njega, on je prihvatao stvari samo sa njegovim znanjem iz glave. On nije imao duhovnu vjeru. Suprotno tome, on ne bi pokazao takav nedostatak njegove vjere na tako hrabar način. Čak iako nije mogao zaista da vjeruje riječima drugih ljudi, on je vjerovatno mogao da iskusi neke pozitvine riječi sa nadom da je to što su govorili istina. Na ovaj način, kada neko pokuša da razumije duhovni svijet sa tjelesnim mislima, sasvim je prirodno da postoji granica do koje neko može paziti a nerazumijevanje će početi da raste.

Tomovo pokajanje i priznanje

„I posle osam dana opet bjehu učenici Njegovi unutra, i Toma s njima. Dođe Isus kad bjehu vrata zatvorena, i stade među njima i reče: 'Mir vam.' Potom reče Tomi: 'Pruži prst svoj amo i vidi ruke Moje; i pruži ruku svoju i metni u rebra Moja, i ne budi nevjeran nego vjeran.' I odgovori Toma i reče Mu: 'Gospod moj i Bog moj!' Isus mu reče: 'Pošto Me vide vjerovao si? Blago onima koji ne vidješe i vjerovaše.'" (20:26-29)

Osam dana je prošlo. Učenici su se opet okupili na jednom mjestu. Ovoga puta, Toma je bio sa njima. Sada, Toma nije mogao da vjeruje sopstvenim očima. Iako su vrata čvrsto bila zaklljučana, Gospod se pojavio. Bilo je baš onako kako su učenici rekli da se dogodilo prije nekoliko dana. „Mir vam."

Gospod je dao priliku Tomi, koji je imao toliko sumnje, da vjeruje. „Pruži prst svoj amo i vidi ruke Moje; i pruži ruku svoju i metni u rebra Moja, i ne budi nevjeran nego vjeran."

Ovdje mi ponovo možemo da osjetimo ljubav Gospoda. Bez obzira koliko osoba ima sumnje i ne vjeruje zbog tjelesnih misli koje ima, On ne odustaje od nje. On čini sve što On može kako bi pomogao njemu da ima iskrenu vjeru. Ovo je srce Gospoda i srce Boga. Prema tome, Toma je u potpunosti odbacio njegove tjelesne misli prošlosti i priznao je pred Gospodom: „Gospod moj i Bog moj!"

Gospod ga je ohrabrio da ima još veću vjeru. „Pošto me vide vjerovao si? Blago onima koji ne vidješe i vjerovaše."

Na kraju, kao i drugi učenici, Toma je postao nova osoba i živio je promjenjenim životom. Sa iskrenom vjerom, on je revnosno prihvatio poziv da bude apostol. Nemavši strah od smrti, on je otišao u Indiju i širio je jevnađelje, gdje je kasnije umro mučeničkom smrću.

Sada, na šta je Gospod mislio kada je On rekao: „Blago onima koji ne vidješe i vjerovaše?" Prošlo je negdje oko dvije hiljada godina od kako je Gospod vaskrsao i uzdigao se na Nebesa. U poređenju sa brojem ljudi koji su bili svjedoci vaskrsenja, sada ima mnogo ljudi koji nisu bili svjedoci vaskrsenju. Uprkos činjenici da nisu iz prve ruke bili svjedoci vaskrsenja, postoje mnogi ljudi koji žive gledajući prema Nebesima sa nadom u vaskrsenje! Apostol Pavle je takođe bio jedan koji nije bio svjedok vaskrsenju Gospoda sa njegovim očima; ali nakon što je sreo Gospoda, on je živio za jevanđelje i služio je svim svojim životom. Ovo je vrsta ljudi o kojima je Gospod govorio kada je On rekao da će biti blagosloveni zato što su vjerovali iako nisu vidjeli.

Namena bilježenja Jevanđelja po Jovanu

„A i mnoga druga čudesa učini Isus pred učenicima Svojim koja nisu pisana u knjizi ovoj; a ova se napisaše, da vjerujete da Isus jeste Hristos, Sin Božji, i da vjerujući imate život u ime Njegovo." (20:30-31)

Zato što Bog zna ljudska srca i njihove misli veoma dobro, On je dao da Njegov narod zapiše u Bibliju ove događaje koji će biti vodič za duhovani život ljudi i one događaje koji će izgraditi njihovu vjeru. Da je Biblija bilježila svaki detalj onoga što je Isus činio, zbog ograničenog ljudskog razmišljanja, umjesto da steknu još više vjere, ljudi bi izgradili prepreke za sebe i na taj način bi udaljili sebe od Biblije.

Čak i danas među vjernicima, postoje oni koji misle da je Biblija samo drugi vid mita ili knjiga sa izmišljenim pričama. Ali da su još čudesnije priče zapisane u Bibliji, šta bi se dogodilo? Tako da poznavajući ljudsko srce, Bog je dao da Njegov narod zapiše u Bibliji samo osnovne događaje koji pokazuju Isusovu božansku prirodu i ljudsku prirodu. On je vodio računa da ljudi najprije vjeruju u činjenicu da je Isus Sin Božji i da je On Hrist.

Međutim, kada osoba primi Svetog Duha, on može da razumije van ovih stvari i boravi dublje u duhovnom kraljevstvu. On čak može da razumije dublje stvari o duhovnom svijetu koje nisu zapisane u Bibliji. Dok ima dobar odnos sa Svetom Duhom, koji razumije čak i najdublje srce Boga, osoba može da čuje Njegov glas i primi velika učenja od Njega. Zbog toga je iznova i iznova, Gospod ponavljao učenicima da prime Svetog Duha.

Kapitel 21

Gospodova ljubav prema Njegovim učenicima

1. Gospod se pojavljuje na moru Galilejskom
(21:1-14)

2. „Ljubiš li me?"
(21:15-25)

Gospod se pojavljuje na moru Galilejskom

Učenici, koji su se krili u Jerusalimu da bi izbjegli Jevreje, stekli su novu snagu nakon što su sreli vaskrslog Gospoda. Zato što im je Gospod rekao da će otići u Galileju (Jevanđelje po Marku 16:7), oni su brzo otišli u Galileju, u oblast Tiverije. Zato što su većina učenika bili ribari iz tog kraja, Galileja je bilo poznato mjesto koje im je davalo smirenost.

„Posle toga opet se javi Isus učenicima Svojim na moru tiverijadskom. a javi se ovako. Bjehu zajedno Simon Petar i Toma, koji se zvaše blizanac, i Natanailo iz Kane galilejske, i sinovi Zevedejevi, i druga dvojica od učenika Njegovih. Reče im Simon Petar: 'Idem da lovim ribu.' Rekoše mu: 'Idemo i mi s tobom.' Onda iziđoše i odmah sjedoše u lađu, i onu noć ne uhvatiše ništa." (21:1-3)

Učenici su stigli u Galileju i tražili su Gospoda, ali nisu mogli da ga pronađu. Oni su dva puta sreli vaskrslog Gospoda u Jerusalimu, ali su do ovog trenutka već trebali da imaju poseban poziv. Dok učenici nisu znali koju vrstu posla trebaju sada da urade, Petar je rekao da ide na pecanje. Toma, Natanilo, Jakov i Jovan i još dva učenika su ih pratili. Učenici su cijelu noć proveli na brodu a opet ništa nisu upecali. Prije nego što su bili pozvani da budu učenici, Petar je radio kao ribar dugo vremena, tako da je bio vješt u pecanju. A sinovi Zevedeje, Jakov i Jovan živjeli su pomagajući njihovom ocu u poslovima oko broda, tako da svakako, oni su precizno znali kada može riba da se uhvati i gdje će najbolju uhvatiti. Ali čudno te noći, oni nisu mogli da uhvate ni jednu ribu. Njihovo znanje i iskustvo je bilo beznačajno.

„Bacite mrežu s desne strane lađe"

„A kad bi jutro, stade Isus na brijegu; ali učenici ne poznaše da je Isus. A Isus im reče: 'Djeco, eda li šta imate za jelo?' Odgovoriše Mu: 'Nemamo.' A On im reče: 'Bacite mrežu s desne strane lađe, i naći ćete.' Onda baciše, i već ne mogahu izvući je od mnoštva ribe." (21:4-6)

Ubrzo, nebo je počelo da svijetli. Učenici, koji su proveli noć na moru dok su plovili uz vjetar, postali su umorni. Baš tada, Gospod se pojavio pred njima treći put. Iako je On stajao na obali mora, učenici nisu Njega prepoznali. Tako da ih je On pozvao i rekao im: „Djeco, eda li šta imate za jelo?" „Nemamo," oni su odgovorili. Ne prepoznavajući glas Gospoda, učenici su dali jednostavan odgovor.

„Bacite mrežu s desne strane lađe, i naći ćete." Iako učenici nisu prepoznali glas Gospoda, oni su se samo povinovali. Onda, nešto neočekivano se dogodilo. Iako za cijelu noć oni nisu uhvatili ni jednu ribu, ovoga puta, bilo je toliko mnogo riba da im je falila snaga da je svu izvuku na brod.

Baš kao i ovo, u svemu što radimo, mi ne treba da zavisimo samo od naše sopstvene snage i mudrosti, već treba da steknemo snagu i moć povinujući se riječima Gospda. A kako je Isus pozvao Petra rekavši mu: „Učiniću vas lovcima ljudskim," kada se govori o djelima spasenja duša, ovo je naročito istina. Ma koliko da su veliki ljudsko znanje i mudrost, znanje i mudrost tijela imaju ograničenja.

Šta više, kada dođe do hvatanja duša, mi moramo da odbacimo potrebu da radimo stvari sa našim znanjem i moći. Mi treba da imamo ponizan stav da zavisimo samo od Gospoda i mi moramo da tražimo od Oca Boga Njegovu milost i moć.

Petar i učenici sreću Gospoda

„Onda učenik onaj koga ljubljaše Isus reče Petru: 'To je Gospod. A Simon Petar kad ču da je Gospod, zapreže se košuljom, jer bješe go, i skoči u more.' A drugi učenici dođoše na lađi, jer ne bješe daleko od zemlje nego oko dvjesta lakata, vukući mrežu sa ribom. Kad, dakle, iziđoše na zemlju, vidješe oganj naložen, i na njemu metnutu ribu i hljeb." (21:7-9)

Dok je svako koristio sopstvenu snagu da izvuče mrežu prepunu ribe, Jovan, koji je bio „učenik koga Isus ljubljaše," prepoznao je Gospoda prvi i rekao je Petru: „To je Gospod!"
Odmah nakon što je čuo šta je Jovan rekao, Petar je skinuo haljinu i skočio u more. Ovo je bilo dijelom zbog njegove brze spontanosti; ali najvažnije, ovo je bilo zbog njegove velike želje da se sretne sa Gospodom. On je čak i zaboravio da su sa brodom otišli daleko u more da bi uhvatili ribu. Brod je bio na oko stotinu metara od kopna.

Ovo je isti Petar koji se Isusa odrekao tri puta zato što je utonuo u sopstvene misli i nije mogao da pobjedi sopstveni strah. Ali nakon što se iz sveg srca pokajao, on je u potpunosti uništio nejgovu samopravednost i tjelesne misli. Tako da činjenica da Petar nije ni dva puta razmišljao kada je skočio u more da bi pratio Gospoda pokazuje njegovu transformaciju. On je postao osoba koja se samo fokusirala na Gospoda, bez kolebanja u bilo kojim okolnostima ili situacijama.

Drugi učenici su potrčali u manji čamac prepun mreže sa ribom. Kada su došli do obale, oni su vidjeli da već drveni ugalj gori i da se preko njega riba peče. Bio je i neki hljeb da im umine glad nakon teškog rada predhodne noći.

„Isus im reče: 'Prinesite od ribe što sad uhvatiste.' A Simon Petar uđe i izvuče mrežu na zemlju punu velikih riba sto i pedeset i tri; i od tolikog mnoštva ne prodre se mreža." (21:10-11)

Gospod im je rekao da donesu nešto ribe koju su tek uhvatili. Bez odlaganja, Petar se bacio na mrežu koja je bila na zemlji i ostali učenici su priskočili da mu pomognu. Ovdje mi možemo da vidim koliko su se učenici promjenili nakon njihovog susreta sa vaskrslim Gospodom.

Naravno, kada su ranije bili sa Isusom, oni se nisu ničega plašili jer je Isus imao nevjerovatnu moć, ali to nije bilo zbog njihove sopstvene vjere. Tako da, kada je Isus na kraju umro na krstu, oni nisu mogli da prevaziđu njihovu sopstvenu ograničenu moć i da opet budu obični, prosječni ljudi.

Međutim, nakon što su sreli vaskrslog Gospoda, oni su se promjenili. Oni su se oslobodili od okvira sopstvenih misli, stekli su vjeru i pokornost koja je zaista došla iz njihovih srca. Takođe ovog puta, oni su vidjeli da ima dovoljno ribe i hljeba da svi jedu, ali kada im je Gospod rekao da donesu još ribe, oni su imali vjeru da je tu postojao dobar razlog za Gospodove riječi.

Kada su brojali ribu koju je Petar izvukao, oni su vidjeli da ima stotinu pedeset i tri velike ribe. Sama činjenica da se mreža nije pokidala bila je veličanstvena sama po sebi.

Postoji duhovni značaj u tome da se mreža nije pokidala, iako su izvukli svu ribi koja je bila uhvaćena u njoj. Ono što mi možemo da naučimo iz ovoga je da blagoslov koji dolazi od Gospoda je veći i mnogo brojniji da ne možemo ni da zamislimo i ovaj blagoslov nikada neće prestati da teče.

3. Jovanova Poslanica 1:2 govori: *„Ljubazni, molim se Bogu da ti u svemu bude dobro, i da budeš zdrav, kao što je tvojoj duši dobro,"* i na mnogim drugim mjestima u Bibliji, Bog daje obećanje da kada živimo u skladu sa Božjom Riječju, On će nam dati sve vrste blagoslova. Posuda sa kojom mi

možemo da dobijemo Njegov blagoslov je spremljena kada se mi povinujemo Božjoj Riječi. Pripremati ovu posudu znači u potpunosti se povinovati Božjoj Riječi, umjesto da činimo ono što naše misli žele da činimo.

Gospod uči o vaskrsenju tijela

„'Isus im reče: Hodite i obedujte.' A nijedan od učenika nije smio da Ga pita: 'Ko si ti?' videći da je Gospod. A dođe i Isus, i uze hljeb, i dade im, tako i ribu. Ovo se već treći put javi Isus učenicima svojim pošto ustade iz mrtvih." (21:12-14)

Prije nego što su stigli u Galileju, učenici su sreli vaskrslog Gospoda dva puta. U ovo se teško vjeruje sa ljudskim mislima, ali nakon što su sreli vaskrslog Gospoda, oni su počeli u potpunosti da vjeruju u vaskrsenje. Zbog toga kada se Gospod pojavio pred njima, oni nisu pitali Njega odakle je On došao.

Gospod je dao ribu i hljeb učenicima koji su patili cijelu noć. Mi možemo ovdje da osjetimo Gospodovo nježno i ljubazno srce. Razlog zbog koga je On ovo učinio je da pokaže učenicima kako izgleda vaskrslo tijelo. Sa vaskrslim tijelom, u trenutku kada osoba pojede nešto, to se odma raspada i izlazi iz tijela kroz dah.

To će isto važiti i kada se nakon suda Velokog bijelog prijestolja naša tijela pretvore u savršena nebeska tijela i kada živimo na Nebesima sa savršenim nebeskim tijelima. Na Nebesima, ljudi piju vodu života, jedu sve vrste različitih plodova, piju mirise i srećni su. Piti mirise, znači mirisati predivne mirise. Naravno, jedan može da živi a da ne jede na Nebesima, ali kada neko pije mirise, on iskusuje veliku radost i sreću i njegov duh postaje zadovoljan i osvežen. Baš kao što se ljudi ovdje osjećaju zadovoljno i sretno kada jedu dobru hranu, ljudi na Nebesima se takođe osjećaju na ovaj način kada piju mirise svih različitih vrsta cvijeća i plodova. Kao kada se stavlja prafem, miris ulazi u tijelo i cirkuliše kroz cijelo tijelo, tako da će svako postati ispunjen i srećan.

Ne samo da je Gospod pokazao vaskrslo tijelo da bi učenici mogli da imaju vjeru, već je On i dodao i njihovu nadu za Nebesima kako bi mogli vjerno da ispune poziv koji im je bio dat. I pokazujući im oboje, Njegovu božansku prirodu i Njegovu ljudsku prirodu, On je osigurao da oni osjete Njegovu ljubav, Njegovu milost, Njegovu toplinu, kako bi mogli da uživaju u Njegovom zagrljaju.

„Ljubiš li me?"

Za učenike, koji su proveli to jutro sa Gospodom uz more Tiverije, dalo im je još više radosti od bilo kog drugog vremena. Susret sa Gospodom u periodu od tri puta, učinio je da njihova vjera narste i oni su svi počeli da imaju iskrenu vjeru. A kroz Petra, Gospod je objavio učenicima šta treba da rade u budućnosti. A kroz razgovor koji je On imao sa Petrom, mi možemo da osjetimo Gospodovo srce.

„Pasi jaganjce Moje"

„A kad obedovaše, reče Isus Simonu Petru: 'Simone Jonin, ljubiš li Me većma nego ovi?' Reče Mu: 'Da, Gospode; Ti znaš da Te ljubim. Reče mu Isus: Pasi jaganjce Moje.'" (21:15)

Nakon doručka, Gospod je pitao Petra: „Simone Jonin, ljubiš li Me većma nego ovi?" Iako je postojalo sramežno vrijeme kada se od odrekao Gospoda, sada je Petar imao savršenu priliku da prizna koliko je zaista volio Gospoda. A Petar reče: „Da, Gospode; Ti znaš da Te ljubim." Nakon što je čuo Petrovo priznanje, Gospod je njemu rekao: „Pasi jaganjce Moje."

U Izlasku, u Poglavlju 12, postoji scena gdje su Izraelci jeli jagnjad. Prije nego što je On bacio poslednju pošast smrt prvorođenčad kugom na Egipćane koji su išli protiv Božjih riječi, On je rekao Izraelcima način na koji će izbjeći ovu pošast. U noći pošasti, oni su trebali da zakolju jagnje, jedu meso pečeno nad ognjem i da stave krv jagnjeta na okvire vrata sa spoljašnje i unutrašnje strane njihovih domova. Ovo bi bio znak da Bog neće ubiti ljude tog doma.

Jagnje ovde simbolizuje Isusa Hrista (Jevanđelje po Jovanu 1:29; Otkrivenje Jovanovo 5:6-8). A krv jagnjeta je bio znak proročanstva da će sveta krv isusa Hrista oprostiti čovječanstvu grijehove kako bi ljudi mogli da izbjegnu smrt. Ono što ovo znači da baš kao u vremenima Starog Zavjeta za vrijeme Izlaska, Izraelci su jeli jagnje i stavljali njegovu krv na okvire vrata njihovih domova, a u Novom Zavjetu, jedan treba da jede Gospodovo tijelo i pije Njegovu krv kako bi stekao spasenje i primio vječni život. Jesti Gospodovo tijelo i piti Njegovu krv znači uzimati Božju Riječ kao hranu za srce, a pridržavati se Njegove Riječi znači živjeti u skladu sa njom (Jevanđelje po Jovanu 6:53).

Tako da kada je Gospod rekao: „Pasi jaganjce Moje" On mu je govorio da: „uči i širi riječ Gospoda koji je Jagnje Božje, koji je put, istina i život." To znači da mu je Gospod rekao da uči i širi Riječ Božju koja nas vodi ka blagoslovima. Razlog zbog kojeg Gospod nije rekao: „hrani ih Božjim riječima koje sam te Ja naučio," već „Pasi jaganjce Moje," je da njih nauči gdje treba da se fokusiraju dok šire jevanđelje.

Kada mi širimo jevanđelje, najvažnija stvar jevanđelja je krst spasenja Jagnjeta, Isusa Hrista. Mi moramo da preuzmemo činjenicu da je Isus, koji je bio bez grijeha, prolio Njegovu svetu krv da bi spasio čovječanstvo i mi takođe trebam da preuzmemo tajnu skrivenu u krstu, ili „poruku krsta."

Tako da vjernici koji dobro jedu „Jagnje," shvataju zašto je Isus Spasitelj i stiču vjeru i iskren život u njihovim srcima. Čak iako se desi da se suočavaju sa nevoljama, oni ne zaboravljaju Božju ljubav i ne udaljavaju se od njihove vjere. Zbog toga kada evangelizujemo i njegujemo mnogo duša, najvažnije je da ih hranimo „Jagnjetom" iznad svih ostalih svjetovnih učenja.

„Pasi ovce Moje"

„Reče mu opet drugom: Simone Jonin, ljubiš li Me? Reče Mu: 'Da, Gospode; Ti znaš da Te ljubim.' Reče mu Isus: Pasi ovce Moje." (21:16)

Vaskrsli Gospod je postavio opet isto pitanje Petru.
„Simone Jonin, ljubiš li Me?"
Reče Mu: „Da, Gospode; Ti znaš da Te ljubim."

„Pasi ovce Moje."

Često Biblija upoređuje „djecu Božju," ili „vjernike" ili „ovce." Isaija 53:6 govori: *„Svi mi kao ovce zađosmo, svaki nas se okrenu svojim putem, i GOSPOD pusti na Nj bezakonje svih nas,"* a Jevanđelje po Marku 6:34 navodi: *„I izašavši Isus vide narod mnogi, i sažali Mu se, jer bjehu kao ovce bez pastira; i poče ih učiti mnogo."* Pastir će čuvati njegove ovce i voditi ih ka tihim vodama ili zelenim pašnjacima. On će ih čuvati od opasnosti i vodiće ih na pravi put i pomagaće im da dobro i zrelo odrastu. Sluge ili upravitelji Gospoda, koji su primili poziv od Gospoda, koji je Glavni Pastir, su kao mali pastiri. Ovi ljudi revnosno moraju da hrane njihove ovce sa Božjom Riječju kako bi njihova vjera rasla i oni moraju da zaštite njihove ovce sa molitvom da čak iako nevolja stane na njihov put, ovca može da pobjedi kroz vjeru.

Tako da, baš kao što je Gospod prvo rekao: „Pasi ovce Moje," mi jasno moramo da učimo poruku o krstu, a kada dobijemo sigurnost spasenja, baš kao što je Gospod rekao: „Pasi ovce Moje," sljedeće što treba da uradimo je da povedemo vjernike da rastu u vjeri da bi mogli da postanu odabrana zrna pšenice.

„Pasi ovce Moje"

„Reče mu trećom: 'Simone Jonin, ljubiš li Me?' A Petar posta žalostan što mu reče trećom: 'Ljubiš li Me?' I reče Mu: 'Gospode, Ti sve znaš; Ti znaš da Te ljubim.' Reče mu Isus: 'Pasi ovce Moje.'" (21:17)

Gospod je postavio Petru tri puta isto pitanje. „Ljubiš li me?" Ne shvatajući Gospodovu namjeru i duhovni značaj Njegovog pitanja, Petar je postao malo uznemiren. Naravno on nije postao uznemiren zbog zlog srca ili zato što je bio uvređen. On je bio uznemiren zato što iako je volio Gospoda iz sredine njegovog srca on je morao da prizna da je još uvijek imao mnogo slabosti.

„Gospode, Ti sve znaš; Ti znaš da Te ljubim."
„Pasi ovce Moje."

S vremena na vrijeme postoje neki ljudi koji govore da je možda Gopod pitao Petra tri puta zato što se on jednom odrekao Njega tri puta. Međutim, Gospod ljubavi ne probada nečije srce sa prošlim greškama kada se neko pokaje i okrene od pogriješnog. Kao što je zapisano u Psalmima 103:12: „*Koliko je istok daleko od zapada, toliko udaljuje od nas bezakonja naša,*" dokle god se kajemo zbog naših grijehova, On ih se neće ni sjećati. Onda, zašto je Gospod rekao Petru: „Pasi ovce Moje."

Osoba koja je primila Isusa Hrista ne samo da počinje da živi obnovljenim životom, već takođe i njegova vjera raste i razvija se. Ali nisu svi isti. Postoje duše koje veoma dobro rastu a postoje duše koje se sporo mijenjaju, padaju u iskušenja, blijede, postaju uvredljive i venu. Gospodov poslednji zahtjev je bio Njegov način da kaže Petru da ne gubi snagu ili da ne odustaje kada dođe u dodir sa ovim vrstama duša i da revnosno ide i hrani ih istinom.

Kroz Gospodova ponavljana pitanja i kroz jako ohrabrenje,

mi možemo da vidimo Gospodove instrukcije kako Njegovi učenici treba da peuzmu njihove pozive. Prvo, učenici treba da nauče duše o Bogu i Isusu Hristu i povedu ih ka spasenju. Onda treba da im pomognu da se razviju u njihovoj vjeri i postanu odabrana pšenica. A čak iako neke duše izblijede ili postanu osušene, oni ne treba da odustanu od njih, već treba da ih revnosno vode. Gospod je htio da se uvjeri da će mnogi ljudi postati Božja djeca; zbog toga je On rekao Petru: „Pasi ovce Moje"-tri puta, da bi mogao da razumije i da se sjeća u njegovom srcu, koliko je važan ovaj poziv bio.

Ovaj momenat je bio veoma važan za Petra, jer je to bila prekretnica u njegovom životu. On je urezao u njegovom srcu razgovor koji je imao sa Gospodom i nosio ga još dugo godina. Kao rezultat, on je moćno mogao da ispuni njegov poziv. Nakon što je razumio srce Gospoda, Petar je posvetio njegov život u spašavanju duša i na kraju, njegov život se okončao mučeničkom smrću.

Gospod nije postavio Petru isto pitanje tri puta zato što On nije poznavao Petrovo srce. On je znao koliko ga Petar voli i On je znao koliko strasti je on imao za Njegovu službu. Ali natjeravši ga da prizna sa njegovim usnama, On je činio da Petar u potpunosti ureže njegov poziv u srcu. Iako je Isus postavio ovo pitanje samo Petru, isto pitanje se odnosilo na sve učenike. Ne samo to, odnosilo se na sve Božje sluge sve do Gospodovog povratka i na svu djecu Božju koji su najprije dobili Njegov blagoslov spasenja.

„Hajde za Mnom!"

„'Zaista, zaista ti kažem, kad si bio mlad, opasivao si se sam i hodio si kud si htio; a kad ostariš, širićeš ruke svoje i drugi će te opasati i odvesti kuda nećeš.' A ovo reče pokazujući kakvom će smrti proslaviti Boga. I rekavši ovo reče mu: 'Hajde za Mnom!'" (21:18-19)

Gospodovo učenje se nije ovde završilo. On je čak rekao Petru šta će mu se dogoditi u budućnosti. On mu je rekao da kada je on bio mlad, on se opasao i išao je gdje god je poželio, a kada postane star, njega će voditi drugi gdje on neće željeti da ide.

Kada je Gospod koristio ovde riječi „mlad" i „star," On se nije odnosio samo na godine osobe. On je objašnjavao da dok Petar moćno izvodi njegov poziv kao Gospodov svjedok to je vrijeme kada je „mlad," a kada Petrov poziv dođe do kraja, to je vrijeme kada je „star."

„Opasati se" ne znači da je neko stavio nešto oko struka, već je to simbol koji predstavlja „vlast." Kada je Gospod govorio kako je Petar „ospasao" sebe kada je bio mlad, „opasati" ovdje simbolizuje vlast Božje Riječi, ili „vlast u vjerovanju u Isusa Hrista." Tako da govoreći: „Petre, kad si bio mlad, opasivao si se sam i hodio si kud si htio" znači da će Petar uzeti „Božju vlast" i „vlast Božje Riječi" i ići će na sve strane da svjedoči o Gospodu. A kada je Gospod rekao „Petra, kad ostari, drugi će opasati i odvesti kuda neće," znači da kada Petrov poziv bude ispunjen „drugi koji su opasli Petra" ili „vlast ovoga svijeta" će odvesti do Petrovog mučenja.

Međutim, Petrova mučenička smrt nije samo uzrokovana od strane ljudi koji su imali vlast na ovoj zemlji; to će se dogoditi u sredini Božjeg proviđenja. Zato što je Petar znao za ovu volju Božju, on je mogao da se povinuje u radosti. „Širićeš ruke svoje" takođe označava da će Petar primiti njegovu mučeničku smrt bez opiranja.

Prema usmenoj istoriji, u kasnijim godinama, dok je Petar šitrio jevanđelje u Rimu, on je odlučio da neko vrijeme napusti to mjesto i izbjegne teške progone cara Nerona. Ali kada se približavao granici Rima, on je sreo Gospoda. Petar je bio šokiran i pitao je: „Quo vadis, Domine (Gospode, kuda ideš)?" Onda je Gospod pogledao na njega i rekao: „Idem u Rim da budem opet razapet od Mog naroda." Petar je brzo došao sebi i shvatio da je to bila Gospodova volja za njega da bude mučen u Rimu, tako da se vratio nazad. I na kraju, Petar je uhvaćen dok je širio jevanđelje i bio je razapet da bude mučenik. Prije nego što je sreo Gospoda, Petar je živio u njegovom vjerovanju u njegovu sopstvenu mudrost i snagu. Ali nakon što se promjenio, on je živio životom koji je Gospod želio-životom koji je slavio Boga.

Kada je Gospod rekao Petru: „Hajde za Mnom," On je govorio Petru da imitira vrstu života koju je On vodio. Kako bi ispunio Božju volju, Gospod je dao da sva slava nebesa dođe na zemlju i On je ponizio Sebe i predao do tačke smrti. I Gospod je tražio od Petra i od drugih učenika da idu za Njim i takođe da hodaju putem kojim je On išao.

Ali Gospod je rekao: „*Ko hoće da ide za Mnom neka se odreče sebe i uzme krst svoj i ide za Mnom*" (Jevanđelje po Luki 9:23). Baš kao što je Gospod odstupio sa Njegovog veličanstvenog mjesta kao Sin Božji i preuzo je tijelo siromašnog i niskog čovjeka, svako ko želi da prati Gospoda mora od sebe da se odrekne. Apostol Pavle, kao apostol nejevreja, poveo je mnoge ljude na put spasenja. On se takođe odrekao od sebe, priznavajući: „*Svaki dan umirem*" (1. Korinćanima Poslanica 15:31).

Nezamisliva slava je obećana za one koji se se be odriču i prate Gospoda na ovaj način. Kao što je zapisano u Jevanđelju po Jovanu 12:26: „*Ko Meni služi, za Mnom nek ide, i gdje sam Ja onde i sluga Moj nek bude; i ko Meni služi onog će poštovati Otac Moj,*" iako je put krsta težak i tegoban, to je put da bi stiglo do veličanstvenog mjesta gdje je Gospod. Otac Bog poštuje ljude koji idu ovim putem.

„**A Petar obazrevši se vide gdje za njim ide onaj učenik kog Isus ljubljaše, koji i na večeri leže na prsi Njegove i reče: 'Gospode, ko je taj koji će Te izdati?' Vidjevši Petar ovog reče Isusu: 'Gospode, a šta će ovaj?'**" (21:20-21)

Nakon što je čuo njegov poziv, on je primjetio da su učenici koji su Isusa voljeli njih pratili. Činjenica da ih je Jovan „pratio" pokazuje koliko je volio i zavisio od Gospoda i koliko je želio da se povinuje Njegovoj svakoj riječi.

Na poslednjoj večeri, Jovan je legao u krilo Isusa a kada je Isus bio razapet, on je bio uz Njegove noge, gdje je dobio od Isusa zahtjev da se brine o djevici Mariji. Sa ovim stvarima, mi možemo da vidimo koliko je Jovan bio blizak Isusu. Odjednom, Petar je bio radoznao o pozivu Jovana. „Gospode, a šta će ovaj?"

Zato što je Petar vjerovao da Gospod sve zna, on je takođe želio do detalja da sazna o Jovanovom pozivu.

„Isus mu reče: 'Ako hoću da on ostane dokle ja ne dođem, šta je tebi do toga? Ti hajde za Mnom!' Onda iziđe ova riječ među braćom da onaj učenik neće umrijeti: ali Isus ne reče njemu da neće umrijeti, nego: 'Ako hoću da ostane dok Ja ne dođem, šta je tebi do toga?'" (21:22-23)

Baš kao što se svako lice razlikuje, svačija je uloga različita, tako je i svačiji poziv od Boga različit. Neki ljudi će biti mučeni, kao Petar, a neki ljudi neće biti mučeni, kao Jovan. Međutim, ovo ne znači da je neko važniji a neko ne. Zbog toga je Isus rekao o ovome: „Šta je tebi do toga?"

Poziv od Boga ne može da se kvalifikuje kao mali ili veliki. Svaki poziv je važan. Važna je stvar, bez obzira na poziv, da svako od nas mora da prihvati poziv sa nepromjenjenim srcem Gospoda. Da bi istakao ovu vrstu srca, Gospod je ponovo rekao: „Ti hajde za Mnom!"

Takođe, razlog zbog koga je Gospod rekao o Jovanu: „Ako hoću da on ostane dokle Ja ne dođem," je da pokaže da on ima drugačiji poziv od Petra. Međutim, za razliku od Gospodove namjere, ove riječi su pogriješno učenici razumijeli da „onaj učenik neće umrijeti."

Da, apostol Jovan je jedini među učenicima koji nije bio mučen. Međutim, i to vrijeme, Isus nije samo govorio o tome da li će biti mučeni ili ne, već da svaka osoba ima različiti poziv. Ali pošto slušaoci nisu dobro razumijeli Njegovu namjeru, Njegove

:: Jovan prima Otkrivenje na ostvu Patmos

riječi su protumačene sa drugačijim značenjem.

Prema tome, kada mi čitamo Bibiliju, mi moramo da budemo veoma pažljivi u ovakvim stvarima. Ako mi tumačimo Bibliju u skladu sa sopstvenim mislima, mi možemo da izgradimo mnoge zablude. Tako da je veoma važno da ne razumijemo Bibiliju zasnovanu na bukvalnim značenjima riječi koje su u njoj opisane, već da razumijem Božje srce i namjeru koje su obuhvaćene u riječima Biblije kroz vođstvo Svetog Duha.

Jovan je otkrio namjeru Gospoda, tako da kada je pisao ovaj dio, on je zapisao: „Ipak Isus nije rekao da on neće umrijeti već: 'Ako hoću da ostane dok Ja ne dođem, šta je tebi do toga?'"

Jovan je razumio Isusovu namjeru kada je Petru rekao: „Ti hajde za Mnom." On je želio da Petar ne brine o pozivima drugih već da se jednostvano fokusira na praćenju Njega.

„A ima i drugo mnogo što učini Isus"

„Ovo je onaj učenik koji svjedoči ovo, koji i napisa ovo; i znamo da je svjedočanstvo njegovo istinito. A ima i drugo mnogo što učini Isus, koje kad bi se redom popisalo, ni u sami svijet, mislim, ne bi mogle stati napisane knjige." (21:24-25)

Riječi Boga koje su zapisane u Bibliji nisu samo izmišljene priče sa ljudskim mislima. Biblija bilježi zapise ljudi koji su primili riječi od Boga, dok ih je vodio Sveti Duh. Prema tome, svaka riječ u Bibliji je istina. Jevanđelje po Jovanu je takođe zapisano u ispunjenosti Svetim Duhom. Ono zapisuje informacije o situaciji koja se dogodila u to vrijeme i na precizan način kako se dogodila. Međutim, zato što nije mogao svaki detalj pojedinačno da zapiše o onome šta je Isus činio, on je uzeo samo osnovne informacije i njih je zapisao.

Da su u Bibliji svi detalji Božje volje i proviđenja zapisani, sve duhovne tajne, ne bi moglo sve da se zapiše-čak i da je nebo hartija a okean mastilo. Povrh toga, postoje mnogo truge tajne koje ne mogu da se objasne ili shvate sa jezikom ovog svijeta.

Ovo je razlog zašto je u svakom periodu vremena, On izabrao ljude koji su ugađali Njegovom srcu i dao im je otkrivenja o dubokom, duhovnom svijetu. Poslanica Efežanima

1:17 kaže: „*Da Bog Gospoda našeg Isusa Hrista, Otac slave, dade vam Duha premudrosti i otkrivenja da Ga poznate.*" A u Jevanđelju po Mateju 11:27 čitamo: „*Sve je Meni predao Otac Moj, i niko ne zna Sina do Otac; niti Oca ko zna do Sin i ako kome Sin hoće kazati.*"

Mi smo da sada studirali korake Gospoda. Gospod, koji je jedan sa Bogom, došao je na ovaj svijet da bi otovorio put spasenja, On se povinovao svakoj volji Božjoj da bi Njegovo proviđenje bilo ispunjeno. Poslanica Filipljanima 2:6-8 navodi: „*Koji, ako je i bio u obličju Božjem, nije se otimao da se uporedi s Bogom; nego [On] je ponizio Sam Sebe uzevši obličje sluge, postavši kao i drugi ljudi i na oči nađe se kao čovjek. Ponizio Sam Sebe postavši poslušan do same smrti, a smrti krstove.*"

Gospod nam je dao spasenje i vječni život tako što je prevazišao smrt i vaskrsao. Više od 2000. godina kasnije, Njegov uzvišen život i danas dalje mijenja brojne živote i pomaže njima da steknu vječni život. Ja se molim u ime Isusa Hrista da vi, čitaoci pratite korake Gospoda kao Njegovi svjedoci na kraju vremena i postanete vrijedne sluge za Njegovo kraljevstvo!

Epilog

Vaznesenje i drugi utješitelj

Gora Maslinska-kako samo ime kaže, velika drva maslina prave hlad na sve strane. Izgleda kao vrijeme koje je zamrzlo ili umrlo. A zeleno lišće koje raste na vrhovima drveća stvaraja osjećaj pritiska kod ljudi. Izgleda kao da smrt i život ovdje borave. Nakon Njegovog vaskrsenja, Gospod je proveo 40 dana pojavljujući se pred učenicima i učeći ih o djelima Božjeg kraljevstva. Kada je bilo vrijeme Njegovog vaznesenja, On je otišao na goru Maslinsku da bi Njegovim voljenim učenicima dao poslednju zapovijest.

U Djelima Apostolskim 1:4-5, On im je zapovjedio: „*I sabravši ih zapovjedi im da ne idu iz Jerusalima, nego da čekaju obećanje Očevo, 'koje čuste,' reče, 'od Mene;' Jer je Jovan krstio vodom, a vi ćete se krstiti Duhom Svetim ne dugo posle ovih dana.*" Više od bilo koga, učenici su iz prve ruke imali priliku da gledaju na život Gospoda. Ne samo da su vidjeli znakove i čuda koje je samo Bog mogao da izvodi, već su takođe i iskusili Gospodovu patnju na krstu, smrt i na kraju Njegovo vaskrsenje-kao direktni svjedoci. Nakon završetka Njegove misije kao Spsitelj, Gospod je sa vjerom vidio da će mnoge duše početi da primaju spasenje kroz Njegove voljene učenike.

"Idite po svemu svijetu i propovjedite jevanđelje svakom stvorenju. Koji uzvjeruje i pokrsti se, spašće se; a ko ne vjeruje osudiće se. A znaci onima koji vjeruju biće ovi: imenom Mojim izgoniće đavole; govoriće novim jezicima; uzimaće zmije u ruke, ako i smrtno šta popiju, neće im nauditi; na bolesnike metaće ruke, i ozdravljaće" (Jevanđelje po Marku 16:15-18).

"I gle, Ja ću poslati obećanje Oca Svog na vas; a vi sjedite u gradu jerusalimskom dok se ne obučete u silu s visine" (Jevanđelje po Luki 24:49).

"Nego ćete primiti silu kad siđe Duh Sveti na vas; i bićete Mi svjedoci u Jerusalimu i po svoj Judeji i Samariji i tja do kraja zemlje" (Djela Apostolska 1:8).

Nakon što je dao Njegovu posldnju zapovjest, Gospod je poveo učenike u Vitaniju, podigao Njegove ruke i blagoslovio ih; onda ih je On napustio i uzdigao se na nebesa (Jevanđelje po Luki 24:50-51). Začuđeni u velikoj sceni koja se odigrala ispred njih, učenici nisu bili u stanju da zatvore njihova usta. Prekriven oblacima, Gospod više nije bio vidljiv. Dok su učenici pažljivo gledali ka nebu, dva anđela obučena u bijelo došla su ispred njih: *"Ljudi Galilejci, šta stojite i gledate na nebo? Ovaj Isus koji se od vas uze na nebo tako će doći kao što vidjeste da ide na nebo"* (Djela Apostolska 1:11).

Učenici koji su bili svjedoci Gospodovog vaznesenja vratli su se u Jerusalim radosni i postali su jedno u srcu, moleći se zajedno i čekajući na obećanog Svetog Duha. Na dan Duhova, oni su se okupili i zajedno molili kao i ranije, a jak i brz vjetar je došao sa neba i Sveti Duh kao vatra, stao je da se odmori nad svakom osobom. Njihova cijela tijela postala su vrela i oni su osjetili ispunjenost koju nikada ranije nisu osjetili. U ispunjenosti Svetim Duhom, svaka osoba govori različite jezike kak joj Duh omogućava, a učenici koji su primili moć Svetog Duha išli su na krajeve svijeta da bi bili Gospodovi svjedoci.

Sa jednom ceremonijom, apostol Pavle je doveo tri stotina duša do pokajanja, a kada je zapovjedio u ime Isusa Hrista, osoba koja je bila bogalj od rođenja, ustao je, hodao i skakao. Ljudi su čak iznosili i bolesne na ulicei položili ih na krevete ili palete, da kada dođe Petar makar i njegova sjenka padne na svakog od njih.

Iako je u slučaju apostola Pavla, on kasnije sreo Gospoda, nakon što je dobio moć Svetog Duha, on nije mogao da bude povređen čak i kada ga je ujela otrovna zmija i on je vraćao u život mrtve osobe. Kada su ljudi uzimali svoje maramice i kecelje i stavljali ih na bolesne, oni bi bili iscijeljeni.

Ovakva različita djela Svetog Duha i danas se nastavljaju kroz svjedoke Gospoda koji su primili moć Svetog Duha. Kako se kraj vremena približava, mnogi čudesniji događaji se dešavaju. Sada, jedna stvar koja treba da nama bude jasna je da Gospod koji se uzdigao na nebesa će se vratiti na isti način. Mi moramo da budemo budni i živimo kao Njegovi svjedoci, u skladu sa Veliki savetom i mi moramo da se pripremimo da primimo Gospoda preteći Njegove korake-držući sebe čistim i svetim.

„Ne docni Gospod s obećanjem, kao što neki misle da docni, nego nas trpi, jer neće da ko pogine, nego svi da dođu u pokajanje" (2. Petrova Poslanica 3:9).

„Idite dakle i naučite sve narode krsteći ih va ime Oca i Sina i Svetog Duha, učeći ih da sve drže što sam vam zapovjedao; i evo Ja sam s vama u sve dane do svršetka vijeka" (Jevanđelje po Mateju 28:19-20).

„Amin. Dođi, Gospode Isuse" (Otkrivenje Jovanovo 22:20).

Autor:
Dr. Džerok Li
(Jaerock Lee)

Dr. Džerok Li je rođen u Muanu, Džeonam provinciji, Republika Koreja, 1943. godine. U svojim dvadesetim, Dr. Li je sedam godina patio od mnoštva neizlječivih bolesti i iščekivao smrt bez nade za oporavak. Međutim jednog dana u proljeće 1974. god, njegova sestra ga je odvela u crkvu i kad je kleknuo da se pomoli, živi Bog ga je momentalno izlječio od svih bolesti.

Od trenutka kad je Dr. Li sreo živog Boga kroz to divno iskustvo, on je zavolio Boga svim svojim srcem i iskrenošću, a u 1978. god., je pozvan da bude sluga Božji. Molio se revnosno uz nebrojene molitve u postu kako bi mogao jasno da razumije volju Božju, u potpunosti je ispuni i posluša Riječ Božju. Godine1982. je osnovao Manmin centralnu crkvu u Seulu, Koreja, i bezbrojna djela Božja uključujući čudesna iscjeljenja, znaci i čuda se dešavaju u njegovoj crkvi.

U 1986. god. Dr. Li je zareden za pastora na godišnjem Zasjedanju Isusove Sungkjul crkve Koreje, i četiri godine kasnije u 1990.god. njegove propovjedi su počele da se emituju u Australiji, Rusiji, na Filipinima i mnogim drugim zemljama, preko Radiodifuzne kompanije Daleki Istok, Azija radiodifuzne kompanije i Vašingtonskog hrišćanskog radio sistema.

Tri godine kasnije, 1993.god., Manmin centralna crkva je izabrana za jednu od „Svijetskih top 50 crkava" od strane magazina *Hrišćanski svijet (Christian World) (US)*, a on je primio počasni doktorat bogoslovlja od Koledža hrišćanske vjere, Florida, SAD, i 1996.god. Doktorat iz Službe od Kingsvej teološke bogoslovije, Ajova, SAD.

Od 1993.god., dr. Li prednjači u svjetskoj evangelizaciji kroz mnogo inostranih pohoda u Tanzaniji, Argentini, Los Anđelesu, Baltimoru, Havajima i Nju Jorku u Sjedinjenim Američkim Državama, Ugandi, Japanu, Pakistanu, Keniji, Filipinima, Hondurasu, Indiji, Rusiji, Njemačkoj, Peruu, Demokratskoj Republici Kongo, Izraelu i Estoniji. U 2002.god. je nazvan „svjetski oživljavaoc" od strane glavnih Hrišćanskih novina u Koreji, zbog njegovi moćnih službovanja u raznim prekomorskim pohodima. Naročito, njegov „Njujorški Pohod 2006., godine" održan u Medison skver gardenu, najvećoj svjetski poznatoj areni, bio je emitovana u 220 nacija, i u njegovom „Izraelskom ujedinjenom pohodu 2009" održanom u Internacionalnom konvencijskom centru u Jerusalimu on je smjelo propovjedao da je Isus Hrist Mesija i Spasitelj. Njegove propovjedi emitovane su za 176 nacija putem satelita uključujući GCN TV i bio je svrstan kao jedan od top 10 najuticajnijih hrišćanskih vođa 2009-e i 2010-e godine od strane popularnog Ruskog hrišćanskog časopisa *U pobjedu (In Victory)* i nove agencije *Hrišćanski telegraf (Christian Telegraph)* za njegovu moćnu svješteničku službu TV emitovanja i njegove inostrane crkveno pastorske službe.

Od Maja 2017.god., Manmin Centralna Crkva ima zajednicu od preko 120 000 članova. Postoji 11 000 domaćih i stranih ogranaka crkve širom planete, uključujući 56 domaćih ogranaka i do sad više od 102 misionara su opunomoćeni u 23 zemlje, uključujući Sjedinjene Države, Rusiju, Njemačku, Kanadu, Japan, Kinu, Francusku, Indiju, Keniju i mnoge druge.

Do datuma ovog izdanja Dr. Li je napisao 108 knjige, uključujući bestselere *Probanje Vječnog Života prije Smrti, Moj Život, Moja Vjera I i II, Poruka sa Krsta, Mjera Vjere, Raj I & II, Pakao,* i *Moć Božja.* Njegove knjige su prevedene na više od 76 jezika.

Njegov Hrišćanski rubrike se pojavljuju u *Hankok Ilbo, JongAng dnevniku, Dong-A Ilbo, Seul Šinmunu, Kjunghjang Šinmun, Hankjoreh Šinmun, Korejski ekonomski dnevnik, Šisa vijesti,* i *Hrišćanskoj štampi.*

Dr. Li je trenutno na čelu mnogih misionarskih organizacija i udruženja uključujući: predsjedavajući, Ujedinjene svete crkve Isusa Hrista; stalni predsednik, Udruženje svjetske hrišćanske preporodne službe; osnivač i predsjednik odbora, Globalna hrišćanska mreža (GCN); osnivač i član odbora, Mreža svjetskih hrišćanskih lekara (WCDN); i osnivač i član odbora, Manmin internacionalna bogoslovija (MIS).

Druge značajne knjige istog autora

Raj I & II

Detaljna skica predivne životne okoline u kojoj rajski stanovnici uživaju i preljepi opisi različitih nivoa nebeskih kraljevstva.

Poruka sa Krsta

Snažna poruka buđenja za sve ljude koji su duhovno zaspali! U ovoj knjizi ćete naći razlog zašto je Isus jedini Spasitelj i prava ljubav Boga.

Pakao

Iskrena poruka cijelom čovječanstvu od Boga, koji želi da čak ni jedna duša ne padne u dubine Pakla! Otkrićete nikad do sad otkriveni iskaz o okrutnoj stvarnosti Nižeg Hada i Pakla.

Duh, Duša i Tijelo I & II

Vodič koji nam daje duhovno objašnjenje duha, duše i tijela i pomaže nam da pronađemo kakvog „sebe" smo mi načinili da bi mogli da dobijemo moć da pobijedimo mrak i postanemo duhovna osoba.

Mjera Vjere

Kakvo mjesto stanovanja, kruna i nagrade su spremne za vas u Raju? Ova knjiga obezbjeđuje mudrost i smjernice za vas da izmjerite vašu vjeru i gajite najbolju i najzreliju vjeru.

Probuđeni Izrael

Zašto Bog upire Svoje oči na Izrael od početka svijeta pa do današnjeg dana? Kakvo Njegovo proviđenje je spremljeno za Izrael u poslijednjim danima, koji očekuje Mesiju?

Moj Život Moja Vjera I & II

Dr. Džeroka Lija autobiografija snabdjeva čitaoce aromatičnim mirisom, kroz njegov život izveden ljubavlju Božjom koji cvijeta u sredini mračnih talasa, hladnog jutra i najdublje beznadežnosti.

Moć Božja

Obavezno-pročitati, koja služi kao suštinski vodič po kojem čovjek može posjedovati pravu vjeru i iskusiti čudesnu moć Božju.

www.urimbooks.com

www.ingramcontent.com/pod-product-compliance
Lightning Source LLC
LaVergne TN
LVHW041746060526
838201LV00046B/918